Anonymous

Verzeichniß von der zur Verlassenschaft

Weyland Herrn Herzog Karls zu Pfalzzweybrücken

Anonymous

Verzeichniß von der zur Verlassenschaft
Weyland Herrn Herzog Karls zu Pfalzzweybrücken

ISBN/EAN: 9783743441415

Hergestellt in Europa, USA, Kanada, Australien, Japan

Cover: Foto ©ninafisch / pixelio.de

Weitere Bücher finden Sie auf **www.hansebooks.com**

VERZEICHNISS VON DER ZUR VERLASSENSCHAFT WEYLAND HERRN HERZOG KARLS ZU PFALZZWEYBRÜCKEN HOCHFÜRSTL...

Nachstehendes Verzeichniß enthält:

Stücke.

I. Goldene Medaillen und größere Münzen   80
II. Goldene Münzen — — — 578
III. Silberne Medaillen und geringere Denk=
münzen — — — — 525
IV. Thaler — — — — 838
V. Neuere silberne Münzen — — 918
VI. Silberne Münzen aus dem mittlern Zeit=
alter — — — — 336

Goldene Münzen.

A. Goldene Medaillen und größere Münzen.

a. Kaiserliche.

I. Römisch = Kaiserliche.

1. Leonora Filia Eduardi Reg. Portugal. Frid. III. Imp. Uxor. Die Prinzeßin auf einem Throne mit der Krone, Zepter und Reichsapfel.
R) Ut rosa flores splendore corusco praefulget, sic Leonora virtutum amato choro praestat. Eine Rose. wiegt 5 Ducaten.
2. Sub tripl. Math. Diadem. Pax et Justit. se osculab. Die Gerechtigkeit mit Schwerdt, das Sinnbild des Friedens mit Palmzweig, oben drey Kronen.
R) In mem. ausp. Elec. Math. Reg. Hu. et Bo. in reg. Ro. Der König auf dem Throne sitzend im Mantel mit Zepter und Reichsapfel. Oben 1612, neben $\frac{3}{13}$ — IV. wiegt 6 Ducaten.

3. Ferdinandus II D. G. R. I. S. A. H. Bo. Rex. Der Kaiser geharnischt mit Krone, Zepter und Reichsapfel, neben ihm zwey gekrönte Wappenschilde.
R) Archidu. Auf. Dux Bur. Mar. Mor. 1631. Der gekrönte doppelte Adler mit dem gekrönten Wappenschilde und umhangender Vließkette auf der Brust. w. 10 Ducaten.

4. Ferdin. III. D. G. R. Imperator S. A. Brustbild mit Spitzenkragen und Vließorden.
R) Ger. Hun. Bohemiae Rex A°. 1638. Der gekrönte doppelte Adler mit dem gekrönten Böhmischen W. auf der Brust. w. 10 Dukaten.

5. Ferdinandus III D. G. R. I. S. A. G. Hun. Bo. Rex. Brustbild mit Lorbeerkranz, Spitzenkragen und Vließorden.
R) Archid. Auf. Dux Bur. C. Tyr. C. 1648. Der dopp. gekr. Adler mit dem großen Wappen und Vließkette, Schwerdt und Zepter, unten der gekrönte Tyrolische Wappenschild. w. 10 Ducaten.

6. Carolus VI. D. G. Rom. Imp. S. A. G. H. H. & B. Rex, geharn. BB. mit Lorbeerkranz und Vließorden.
R) Divorum Carolo dedit hoc concordia pomum, der Reichsapfel auf einem Kissen, unten M. DCCXI. w. 6 Ducaten.

7. M. Therefia D. G. R. Imp. Ge. Hu. Bo. Reg. Brustbild.
R) Archid. Auft. Dux Burg. Com. Tyr. 1754. gekr. Reichsadler mit gekr. Wappen auf der Brust. w. 5 Ducaten.

8. Francifcus Hung. Boh. Rex Archid. Auft. M. D. Hetr. Brustbild mit Lorbeerkranz. Unten I. N. Wirt F.

R) Lege et fide. Der gekrönte Löwe mit dem Patriarchenkreuze und dem Oesterreichischen Schilde. w. 15 Ducaten.
9. Imp. Caef. Franciscus II P. F. Aug. BB. mit Lorbeerkranz.
R) Wie vorher &c. w. 15 Ducaten.
10. Imp. Caef. Franciscus II. P. F. Aug. BB. mit Lorbeerkranz.
R) Lege et fide. Die Reichs-Infignien. w. 15 Ducaten.

II. Rußisch-Kaiserliche.

11. Münze von Peter III von 1762. BB. im Harnisch und Zopf, Rußische Umschrift.
R) Der Rußische Adler und vier ins Kreuz gelegte gekrönte Wappen, zwischen demselben 1762, Rußische Umschr. w. 4 1/2 Ducaten.
12. BB. der Kaiserin Catharina II mit Lorbeerkr.
R) Die Statue Peter des Großen vom Jahre 1782 mit Rußischer Inschrift, am Fels Carl Leberecht F. w. 37 Ducaten.

b. Königliche.

I. Spanische.

13. Ferdinandus et Elifabet Dei G. gegen einander gekehrte gekr. BB.
R) Sub umbra alarum Tu. ein Adler mit dem gekr. W. w. 2 Ducaten.
14. Carolus II D. G. gekr. W. mit Vließkette.
R) Hispaniarum Rex 1687. Krückenkreuz in einer verzierten Einfassung. w. 7 1/2 Ducaten.

15. Philip. V. D. G. Hispan. et Ind. Rex. Geh.
BB. in Perücke und Ordenskette. 1740.
R) Initium sapientiae timor Domini
M̊ M̊. Befr. W. mit umhangender Vließket-
te, neben: M — 8. w. 8 Ducaten.
.I.F.
16. Carol. III. D. G. Hisp. & Ind. R. 1786.
Dessen geharn. Brustbild.
R) Auspice Deo. in utroque felix TM.
M̊. Gekröntes W. mit umhangender Vließ-
kette, neben 8. S. w. 8 Ducaten.

II. Portugiesische.

17. Iosephus I. D. G. Port. et Alg. Rex. Be-
lorbeertes BB. unten 1762.
R) Das Portugiesische gekr. Wappen ohne
Umschr. w. 4 Ducaten.
18. Maria I. et Petrus III. D. G. Port. et Alg.
Reges, beider belorbeertes BB. unten 1778.
R) Das Portugiesische gekrönte Wappen.
w. 4 Ducaten 14 Aß.

III. Französische.

19. Lud. XV. Rex Chtistianiss. Dessen BB.
R) Naissance de Monseigneur le Duc de
Bourgogne MDCCLI. w. 9 Ducaten 15 Aß.
20. Ludovicus XV. Rex Christianissimus BB.
(Roettiers Fils f. unten).
R) Sacrum aeternae concordiae pignus.
Ludwig XVI und Marie Antonie vor dem
Altare — der Adler und Schild mit drey Li-
lien, zwey weibliche Figuren mit Kronen,

die sich zum Zeichen der Eintracht umfassen. w. 9 Ducaten.
21. Ludovicus XVI. Rex Christianiss. BB. mit Krone, Mantel und Ordenskette.
R) Deo. Consecratori. Die Religion in einer Wolke über dem Altare salbt den davor knieenden König. Unctio Regia Remis 11. Iunii 1775. w. 6 Ducaten 10 Aß.
22. Ludovicus XVI. Fr. et Nav. Rex. Desselben Brustbild.
R) Argentoratum felix votis secularibus. MDCCLXXXI. in einem Kranze von Eichenlaub. w. 19 Ducaten.
23. Lud. XVI, Rex Christianiss. Desselben BB. (unten Du Vivier f.)
R) Foedus cum Helvetiis restauratum et stabilitum MDCCLXXVII. in einem Olivenkranze. w. 17 Ducaten.
24. Louis XVI. Roi de Fr. immolé par les factieux. BB. mit Cypressenkranz.
R) Pleurés et vengés le. Das weinende Frankreich in weiblicher Gestalt auf eine Urne gestützt, worauf der Namen Louis XVI befindlich. Im Abschnitte: Le XXI Janvier MDCCXCIII. w. 7 1/2 Ducaten.
25. Die nemliche.

IV. Englische.

26. Iacobus D. G. Ma. Brit. Fran. Hib. Rex. Belorbeertes BB. neben XX. w. 2 1/2 Ducaten.
R) Faciam eos in gentem unam. Gekröntes Wappen mit Kreuz.

V. Schwedische.

27. Gust. Adolp. D. G. Suec. Got. Wand. Rex. Brustbild mit Lorbeerkranz, Spitzenkragen, Harnisch und Feldbinde.
R) Maria Eleonora Suec. Got. Wand. Regina. BB. in reichgeschmücktem Gewande. w. 4 Ducaten.

VI. Preußische.

28. Fridericus Borussorum Rex justus armipotens. Des Königs belorbeerte Büste auf einem Fußgestelle, neben die Gerechtigkeit und die Göttin des Kriegs, die mit dem Schwerdte auf eine ausgebreitete Karte deutet (unten Loos).
R) Oliva lauro potior. Die Göttin des Kriegs schmückt ihren Helm mit einem Olivenzweige. Im Abschnitte: Litib. diremt. pace Teschen. D. XIII Mai MDCCLXXIX. w. 12 Ducaten.

29. Fridericus II. Borussorum Rex terris datus D. XXIV. Ian. MDCCXII. Des Königs BB. mit einer Zackenkrone. Sis bonus O. felixque Tuis.
R) Eine knieende weibliche Figur vor einem brennenden Altare, an dem man den Preußischen gekrönten Adler erblickt. Oben einige Strahlen durch die Wolken. Im Abschnitte: Coelo redditus D. XVII Augusti MDCCLXXXVI. w. 12 Ducaten.

c. **Churfürstliche.**

I. Maynzische.

30. Frid. Car. Iof. D. G. A. C. Mog. S. R. I. P. G. A. C. et El. C. W. BB. in Perücke, Mantel und Kreuz.
R) Inschr. von 16 Zeilen, auf das Jubiläum der Maynzer Universität 1784. w. 8 Ducaten.

II. Trierische.

31. Ioan. Hugo. D. G. Archi. Trev. S. R. I. Pr. El. Ep. Spir. BB.
R) In manibus tuis fortes meae. Drey Wappenschilde mit Fürstenhut, Staab und Schwerdt. w. 10 Ducaten.

III. Pfalzbayerische.

32. Sulzbachische Jubiläums-Medaille 1783.
A) Carolo Theodoro Electori Palatino-Bavaro Duci Sulzbacenſi Jubilario. Sacravit submiſſ. Electorale Dicaſterium Sulzb. Des Churfürsten Büſte auf einem Fußgeſtelle.
R) Inschr. von 12 Zeilen. w. 3 Ducaten.
33. Die nemliche.
34. Die nemliche.
35. Die nemliche.
36. Carolus Theodorus P. F. Aug. Instaurator. Brustbild mit Lorbeerkranz.
R) Laeta Saeculi V. Auſpicia. Minerva mit ihren Attributen an einer abgekürzten Säule ſitzend. Ein Altar, worauf ein Buch,

das die Geseke enthält, unten zwey Füllhör=
ner. Im Abschn. M. Nov. MDCCLXXXVI.
Heidelbergae. w. 12 Ducaten.
37. Die nemliche, kleiner. w. 6 Ducaten.
38. Car. Theod. D. G. C. P. R. V. Bav. Dux S. R.
I. A. et Elector. BB. mit Lorbeerkr.

R) Erit indelebile nomen. Minerva und
Saturn, hinten ein Tempel, wo in einem
Ringe der Namenzug C. T. stehet. Im Ab=
schnitte: MDCCXCII. A. A. Suscepto Regimine L. w. 17 1/4 Ducaten.

39. Die nemliche.
40. Laetitiae publicae Palatinatus Socia Bojaria.
Die Büste Carl Theodors wird von zwey
weiblichen Figuren, die die Pfalz und Bayern
vorstellen, gekrönt. Im Abschnitte: Carolo
Theodoro S. R. I. Electori Pio Fel. Pacif.

R) Der Bayerische Weckenschild an einer
Pyramide, von dem von einer Wolke umge=
benen Auge der Vorsehung bestrahlt. Neben
rechts und links an einem Palmbaume die
Schilde der Stände. Im Abschnitte: Cura
Ordinum A. M. DCCXCII. principat. sui se-
misaeculari. w. 12 Ducaten.

41. Carolus Theodorus S. R. I. Elector. BB.
im Harnische, Ordenskette und lang herab=
hangenden Haaren.

R) Deo conservatori optimi Principis,
Die Frömmigkeit an einem Altare opfernd.
Im Abschnitte: Pietas Ordinum Duc. Neob.
anno MDCCXCII Regiminis Sui L. w. 12
Ducaten.

42. Die nemliche.
43. Salutis Publ. per L. Ann. Stator. P. F. A.
Belorbeertes Brustbild.

R) Vota et gaudia Saec. Eine weibliche Figur mit der Mauerkrone neben einem Altare, an welchem das Pfälzische W. hängt, in der Rechten eine Opferschaale, in der Linken einen Kranz, neben Ac. Sc. — Decr. unten im Abschn. VIt. Dec. M. DCC. XCII. w. 10 Ducaten.

44. Die nemliche.
45. Carol. Theod. C. P. R. S. R. I. AR. D. EI. et III Vic. P. F. A. Geharn. BB. mit gebundenen Haaren.

R) Optimo Principi Iubilario Colleg. Palat. ad Rh. F. C. MDCCXCII. Allegorische Vorstellung, zwey weibliche Figuren, neben denselben der Pfälzische Löwe. w. 6 Ducaten.

46. Die nemliche.
47. Car. Theod. C. P. R. B. D. Elector. Mar. Leopoldina Auſtriaca. Beyder BB.

R) Nuptiae felices. Hymen mit empor gehaltener Fackel bekränzt die beyden an einem brennenden Altare gelehnten Pfälzischen und Oesterreichischen Wappenschilde. Im Abschnitte: XV. Kalend. Mart. M. DCCVC. w. 12 Ducaten.

48. Car. Theod. C. P. R. B. D. Elect. & Mar. Leopold. Ferd. A. A. Fil. Beyder BB.

R) Memoriae Connubii Augusti. Der aufrechtstehende Löwe mit dem Bayerischen Weckenschilde. Im Abschnitte: Devotiſſimi Ordines MDCCVC. w. 5 Ducaten.

49. Max. D. G. Co. Pa. Rh. Ut. Ba. D. S. R. I. Elector. Geharn. BB. in kurzen Haaren mit Umschlag und Bließorden.

R) Das mit der Vließ=Ordensfette umhangene Bayerische von zwey Löwen gehaltene Wappen mit dem Erztruchseſſen=Mittelſchilde und zwey Helmen, zwiſchen denſelben eine Krone. w. 5 Ducaten.

50. D. G. Maximilianus Iosephus Elector Bavariae. BB. in lang herabhangenden Haaren, mit Harniſch, Mantel, Stern, Ordensband und goldenem Vließe.
R) Bene Merentibus. Ein Kranz. Im Abſchnitte: Academia Boica MDCCLXIII. w. 10 Ducaten.

IV. Sächſiſche.

51. Nomen Domini turris fortiſſima. Der Churfürſt Johannes von Sachſen mit dem Barrette und Schwerdt. Oben 1530. 25 Iuny, neben: Ioannes, getheilt. Vier Wappenſchilde in der Inſchrift.
R) Confeſſ. Luter. Aug. exhibitae Seculum. Der Churfürſt Johann Georg im Churhabit, mit dem Schwerdt auf das Wappen geſtützt. Oben 1630. 25. Iuny, neben Ioh. Geor. w. 10 Ducaten.

52. Die nemliche.
53. Die nemliche, kleiner. w. 2 Ducaten.
54. Frid. Aug. El. Sax. Amalia Aug. Bipont. Beyder gegeneinander ſtehende BB. Im Abſchnitte: D. XVII. Ian. MDCCLXIX.
R) Das vermählte Paar vor einem Tempel am Altare, zwiſchen beyden der Gott Hymen, zur Seiten die Fruchtbarkeit und Weisheit, die ſie bekränzen. w. 44 Ducaten.

55. Frider. Aug. P. F. PP. Deßſelben BB.
R) Fides Civ. Friberg. Eine weibliche Figur mit Aehren und Fruchtkorbe. Im Abſchnitte: D. XII. Mai MDCCLXIX. w. 10 Ducaten.

d. Biſchöffliche.

I. Salzburg.

56. Guidobaldus D. G. Archi. Eps. Salisburg. Sed. Ap. Leg. Wappen mit Kreuz und Quaſtenhut, neben 1655 getheilt.
R) SS. Rudbertus et Virgilius Patroni Salisburgenſes, in der Mitte eine Kirche, w. 6 Ducaten.

II. Ollmütz.

57. Dei Gratia Carolus Epiſcopus Olomucenſis, Bruſtbild.
R) Dux Lothar. et Bar S. R. I. Ps. Re. Ca. Bo. Co. 1707. Das gekrönte Wappen mit Staab und Schwerdt auf einem Ordenskreuz. wiegt 5 Ducaten.

III. Würzburg.

58. Ioan. Phil. Fran. S. R. I. Pr. D. G. Eps. Herb. F. O. Dux ex S. R. I. Comit. de Schönborn Bruſtbild.
R) Pro Deo Caeſare et Patria. Biſchofsſtaab, Schwerdt, Lorbeer und Füllhorn, in der Ferne die Stadt Würzburg. Im Ab-

schnitte: Nat. 15. Febr. 1673. Elect. 18. Sept. 1719. w. 5 Ducaten.
59. Ioanl Philip. D. G. Ep. Herb. S. R. I. Pr. Fr. Or. Dux. Brustbild.
R) Suscipe et protege. Die Mutter Gottes in den Wolken, unten das von zwey Engeln getragene Wappen, neben 1707 getheilt. w. 2 Ducaten.

e. Fürstliche.

I. Braunschweigische.

60. Ser. Pr. & Dn. Georg. Wilhelm. D. G. Dux Br. et Luneb. Nat. 1624 D. $\frac{14}{24}$ Ian. Aetatis 80. Incip. 1703. Geh. BB. in Perücke.
R) Nummus gratulatorius et votivus Civitatis Luneburgensis. Inschrift von 14 Zeilen. w. 10 Ducaten.

II. Hessische.

61. Ludovicus D. G. Princeps Haered. Has. Darms. Geh. BB. mit Orden und Mantel.
R) Generis virtute tuebor. Ein Löwe mit Kriegsarmaturen. w. 49 Ducaten.

III. Oesterreichische.

62. Albertus et Elisabet Dei Gratia Archiduces 1613. Beyde mit Kronen im reichen Gewande auf einem Throne.
R) Austriae Duces Burgundiae et Comit. Fla. Großes Wappen mit Krone und Vließkette. w. 3 Ducaten.

IV. Pfalzgräfliche.

63. Ovale Medaille.
A) Iohan. D. G. Com. Palat. ad. Rhen. D. Bava. Geharn. BB. mit kurzen Haaren und Spanischem Kragen.
R) Comes Veldentiae et Sponhymii anno 1587. Wappen mit zwey Schilden. w. 5 Ducaten.

64. Ioh. D. G. Co. Pal. Rh. El. Pal. T. & A. D. Bav. &c. BB. in kurzen Haaren, Spitzenkragen, Harnisch und Binde.
R) Sac. Rom. Imp. Provisor et Vicarius Anno 1612. Wappen mit zwey Schilden. w. 5 Ducaten.

65. Car. Aug. C. P. R. Maria Amal. Sax. Beyder BB.
R) Perennitati Domus Aug. Ein Tempel mit 8 Säulen, über welchem Car. Theod. P. P. und der Pfälzische Wappenschild. Im Abschnitte: D. XII. Febr. MDCCLXXIV. w. 12 Ducaten.

66. Car. Aug. C. P. R. Maria Amal. Sax. Beyder BB.
R) Vota Publica S. P. q. B. Eine Pyramide mit dem herzoglichen Wappen. Unten im Abschnitte: D. V. Nov. MDCCLXXV. Das Wappen der Stadt Zweibrücken. w. 12 Ducaten.

V. Savoyische.

70. Chr. Fran. Car. Eman. Duces Sab. Beyder BB. im Gewande. 16, 8.

R) Principes Pedemon. Reges Cypri. Wappen mit Krone. w. 10 Ducaten.
71. Chr. Fr. Car. Eman. Duces Sab. P. P. Pe. RR. Cypri. Beyder BB.
R) Iuſtum deduxit per vias rectas. Die Mutter Gottes mit dem Jesuskinde. w. 7 Ducaten.

VI. Schleſiſche.

67. D. G. Iohan. Chriſt. et Geor. Rud. Fra. Beyder gegeneinander gekehrte BB.
R) Duc. Sil. Lig. et Breg. 610. Wappen mit drey Helmen. w. 4 Ducaten.

VII. Waldeckiſche.

68. Carol. D. G. P. Wald. C. P. E. R. Bruſtbild mit kurzen Haaren und Harniſch.
R) Ardua ad Gloriam via. Wappen mit Fürſtenhut. Unten 1752. w. 10 Ducaten.
69. Die nemliche, kleiner. w. 5 Ducaten.

f. Städtiſche.

I. Campen.

72. Mo. No. Au. Civi Campen. Valo. Transiſulan. Eine Figur mit Krone, Schwerdt und Schild in einem Schiffe.
R) Concordia parvae res creſcunt. Eine Sonne, abwechſelnd mit Lilien und Löwen, mit Krone in einer rund geſchweiften Einfaſſung. w. 2 Ducaten.

II. Hamburg.

73. Da pacem Domine in diebus noſtris, unten in einer Einfaſſung Hamburg. Die Stadt Hamburg und die mit Schiffen bedeckte Elbe.
R) Navigio ſtudio precibusque negotia creſcunt, oben in einer Wolke: Huius remigio. Merkur und andere Attributen des Handels. w. 10 Ducaten.

74. Deine Güte Herr ſey über uns, wie wir auf Dich hoffen. Das Auge Gottes in einer Strahlen-Einfaſſung über der Stadt Hamburg. Unten im Abſchnitte: Hamburg.
R) Gott lob der uns ſo gütig liebt, Dem Kriege wehrt und Friden gibt. Der Friede in weiblicher Geſtalt mit Palmzweig tritt auf die unter ihm liegenden Armaturen. Unten ao 1679. w. 5 Ducaten.

III. Lübeck.

75. Moneta nova Lubecenſis. Der heilige Oswald, unten das Stadtwappen, über welchem ein Engelskopf.
R) Leopoldus D. G. Roma. I. S. A. Der gekrönte doppelte Adler. w. 5 Ducaten.

IV. Münſter.

76. Ehr ſei Gott in der Höhe. Die Stadt Münſter. Ueber derſelben der Engel des Friedens.
R) Und den Menſchen Friedt auff Erden. Eine weibliche Figur mit dem Lorbeer-

zweige, Fruchtähren und Trauben. w. 2 1/2 Ducaten.

V. Regensburg.

77. In Domino fiducia nostra. Im Abschnitte: Ratisbona. Die Stadt Regensburg.
R) Franciscus I. D. G. Rom. Imp. Semp. Aug. Geharn. Brustbild mit Lorbeerkranz und Vließkette. Unten I. L. Oexlein. w. 5 Ducaten.

g. Miscellan.

78. Sigismundus ab Haimhausen S. R. I. Comes. Brustbild im Harnisch und Mantel.
R) Rei metall. numariaeq. per Bojoar. Praesidi de artibus meritiss. Grati animi monum. D. D. D. Fr. And. Schega. MDCCLX. w. 12 Ducaten.
79. Eine Bergwerks=Medaille mit: Procul abhinc armorum strepitus von 1759. w. 7 7 Ducaten.
80. Eine Rupie. w. 3 1/2 Ducaten.

B) Gerin-

B. Geringere goldene Münzen.

a. Kaiserliche.

I. Römisch=Kaiserliche.

Karl V.

1. Carolus V. Imperator. Der dopp. Reichs=
adler mit Krone und Wappen auf der Brust.
R) Hifpaniarum et vtriusque Sicilie Rex.
Kreuz mit Krone und K. K.

Rudolph II.

2. Rudol. II. D. G. R. I. S. A. G. H. B. Rex.
Der Kaiſer geharniſcht mit Zepter, Reichs=
apfel und umgürteten Schwerdt.
R) Archid. Auſ. Du. Bur. Ma. Mo. 1585.
Wappen mit Krone und Vließkette.
3. Die nemliche.
R) Statt Du. *Dux* 1590.
4. Rudolphus II D. Gr. R. I. S. A. G. H. B. Rex.
Der Kaiſer geharniſcht, wie auf den vorher=
gehenden, zur Seite rechts und links die ge=
krönten Wappenſch. von Böhmen und Ungarn,

R) Archid. Auſt. Dux Burg. Ma. Mo. 1610. Der gekrönte doppelte Adler mit dem Oeſterreichiſchen Wappenſchilde auf der Bruſt.

Mathias.

5. D. Mathiae Ro. Imp. et Annae Conjug. Auguſt. Beyder gekr. BB.

R) Norimberga ovans foelicem gratulatur ingreſium. Drey Wappenſch). Unten 1612.

6. Mathias D. G. R. I. S. A. G. H. B. Rex. Der Kaiſer geharniſcht, mit Zepter, Reichsapfel und umgürteten Schwerdt, neben der Böhmiſche und Ungariſche Wappenſchild.

R) Archid. Auſt. Dux Bur. Mar. Mor. 1617. Gekr. dopp. Adler mit gekr. Oeſterreichiſchen Wappenſchilde auf der Bruſt.

Ferdinand II.

7. Ferdinandus II. D. G. R. I. S. A. G. H. B. Rex. Gekröntes Bruſtbild in Spaniſchem Kragen.

R) Archidux Auſtri. Dux Bur. Sil. &c. 1631. Der doppelte gekr. Adler mit Schwerdt, Zepter und gekr. Wappen auf der Bruſt.

Leopold I.

8. Leopoldus Hung. et Boh. Rex coron. in Regem Romanorum I. Auguſti MDCLVII. Die Kaiſerkrone von zwey ſchwebenden Engeln getragen.

R) Conſilio et induſtria. Zwey Aerme aus einer Wolke mit Zepter und Schwerdt, oben

das durch Wolken ſtrahlende Auge der Vor=
ſehung, unten die gekrönte Weltkugel.
9. **Leopoldus D. G. R. I. S. A. H. E. B. Rex.**
Bruſtbild in langer Perücke mit Lorbeerkr.
R) Archid. Auſ. Dux. B. Co. Tyr. 1683.
Der dopp. gekr. Adler mit Schwerdt und
Zepter, das von der Vliesketre umgebene W.
auf der Bruſt.
10. **Leopoldus Aug. Imp. Caeſar. P. F. 1689.**
Geharn. Bruſtbild in langer Perücke mit Lor=
beerkranz und Vliesorden.
R) Eleonora Mag. Tereſ. C. P. R. B. L
C. e. M. D. Rom. Imp. Bruſtbild.
11. **Leopoldus D. G. R. I. S. A. H. B. R^x** Ge=
harniſchtes und belorbeertes Bruſtbild in lan=
ger Perücke.
R) Archid. Auſ. D. B. Styriae. 1693.
Gekr. mit der Vliesketre umgebenes W.

Joſeph I.

12. **Ioſephus Rex Ungariae coronatus in Regē
Romanorū Auguſtae die 26. Ianu. 1690.**
Die Krone von zwey ſchwebenden Engeln ge=
tragen.
R) Amore et timore. Ein mit Lorbeer=
beerzweig umwundenes Schwerdt, oben das
Aug der Vorſehung.
13. **Ioſephus D. G. Ro. Impe. S. A.** Geharn.
Bruſtbild in langer Perücke mit Lorbeerkranz
und Vliesorden.
R) Ger. Hun. Bohèmiae Rex 1706. Der
gekr. dopp. Adler mit Schwerdt und Zepter,
den Böhmiſchen Wappenſchild auf der Bruſt.

14. Iofephus D. G. Rom. Imp. S. A. G. H. B. Rex. Geharn. Brustbild in langer Perücke mit Lorbeerkranz und Vließorden.
R) Archidux Auft. Dux. Bu. Com. Tyr. Gekrönter Wappen mit dem Tyrollschen Mittelschilde und Vließ-Ordenskette.

Karl VI.

15. Carolus VI. D. G. Rom. Imp. S. A. Ger. Hif. Hu. B. Rex. Geh. Brustbild in langer Perücke mit Lorbeerkranz und Vließkette.
R) Archid. Auft. Dux. Burg. & Sü. 1712. Dopp. gekr. Adler mit Schwerdt und Zepter, auf der Brust den gekr. von der Vließkette umgebenen Oesterreichschen Wappensch.

16. Car. VI. D. G. R. I. S. A. Geharnischtes Brustbild in Perücke.
R) Archid. Au. D. Bur. Princ. Transfyl. 1724. Gekr. dopp. Adler mit Schwerdt und Zepter, und dem mit der Vließkette umgebenen gekr. Wappen.

17. Car. VI. D. G. R. I. S. A. G. Hi. Hu. Boh. Rex. Der Kaiser im Mantel mit Krone, Zepter und Reichsapfel.
R) Archid. Auft. Dux Bu. Com. Tyrol. 1735. Der dopp. gekr. Adler mit Schwerdt und Zepter, und dem Böhmischen gekrönten mit Ordenskette behangenen Wappenschilde auf der Brust.

18. Car. VI. D. G. R. I. S. A. G. Hi. Hu. B. Rex. Der Kaiser im Mantel mit Krone, Zepter und Reichsapfel.
R) Archid. Auft. Dux Bu. Com. Tyrol. 1737. Gekrönter dopp. Adler mit Schwerdt

und Zepter, den Böhmischen gekrönten mit Ordensfette umhangenen Wappenschild auf der Brust.

19. Die nemliche von 1739.

Franz I.

20. Franciscus D. G. Rom. semp. Aug. Geh. und belorbeertes Brustbild.

R) Felicium temporum reparatio. Eine Himmelskugel, auf welcher ein Phönix steht, neben zwey Genii, der eine mit der Kaiserkrone, der andere mit dem Füllhorne. Im Abschnitte: Elect. 13. Sept. Coronat. 4. Oct. 1745.

21. Franc. D. G. R. I. S. A. Ger. Ier. Rex. Belorbeertes Brustbild.

R) Tu Domine spes mea. Dopp. gekr. Adler mit Schwerdt und Zepter, dem gekr. mit Ordensfette behängten Wappen auf der Brust.

22. M. Theresia D. G. Ro. I. G. Hu. Bo. Reg. Brustbild.

R) Ar. Au. Dux Bu. Me. P. Tran. Co. Ty. 1756. Dopp. gekrönt. Adler mit gekröntem Wappenschilde auf der Brust.

23. Die nemliche.

R) Statt Me. steht nur M. 1767.

24. Die nemliche.

Joseph II.

25. Auf seine Römische Königskrönung mit virtute et exemplo. 1764. 3 April.

26. Iof. II. D. G. R. I. S. A. Ge. Hu. Bo. Rex. Geharn. und belorbeertes Bruſtbild.
R) Arch. Auſt. D. B. Lo. M. Dux Het. 1786. Der doppelte gekr. Adler mit Schwerdt und Zepter und gekrönt. Wappenſch. auf der Bruſt.
27. Der nemliche Avers.
R) Arch. A. D. Burg. Loth. M. D. H. 1787. Der gekr. dopp. Adler, wie Nro. 26.

Leopold II.

28. Leopoldus II Romanorum Imperator. Belorbeertes Bruſtbild.
R) Felicitas publica. Ein Altar mit den Kaiſerlichen Inſignien. Im Abſchnitte: Elect. Francof. D. XXX. Sept. MDCCLXXXX.
29. Auf seine Krönung 9. Oct. 1790 mit pietate et concordia.
30. Die nemliche, etwas kleiner.
31. Die nemliche, etwas kleiner als die vorhergehenden.
32. Leop. II. D. G. R. Imp. S. A. Ge. H. Bo. Rex. Belorbeertes Bruſtbild.
R) Arch. A. D. Burg. Loth. M. D. H. 1790. Dopp. gekrön. Adler mit Schwerdt, Zepter und gekröntem Wappenschilde auf der Bruſt.

Franz II.

33. Krönungsmünze vom XIV. Iul. 1792 mit lege et fide.
34. Franc. II. D. G. R. Imp. S. A. G. Hu. Bo. Rex. Belorbeertes Bruſtbild.

R) Arch. A. D. Burg. Loth. M. D. H. 1792. Dopp. Adler mit Krone, Schwerdt, Zepter und dem gekrönt. mit der Ordenskette umgebenen Wappen auf der Brust.

II. Rußisch-Kaiserliche.

Peter I.

35. Mit Rußischer Umschrift. Peters I geharn. Brustbild mit Lorbeerkranz.
R) Rußische Umschr. 1712. Dopp. Adler mit Krone, Zepter und Reichsapfel auf der Brust, den Schild mit dem heil. Georg.
36. Petrus Alexii I. D. G. Ruß. Geharn. und belorbeertes Brustbild.
R) Imp. M. Dux Moscoviae 1716. Gekr. doppelter Adler mit Zepter, Reichsapfel und St. Georgenschild.

Peter II.

37. Peters II geharn. und belorbeertes Brustbild, Rußische Umschrift.
R) Doppelter Adler, wie auf der vorhergehenden, mit Rußischer Umschr. 1729.

Anna.

38. Der Kaiserinn Anna gekröntes Brustbild.
R.) Doppelter Adler mit Krone, Zepter, Reichsapfel und dem mit der Ordenskette umgebenen Schild mit dem Ritter St. Georg. Rußische Umschr. 1730.

39. Die nemliche von 1739.
40. Die nemliche.

Elisabeth.

41. Der Kaiserinn Brustbild mit Krone, Rußische Umschrift.

R) Der doppelte Adler, wie Nro. 38. von 1744.

42. Der Kaiserinn Brustbild mit Krone, Rußische Umschrift.

R) Der doppelte Adler mit Krone, Zepter und Reichsapfel und Georgenschild ohne Ordenskette, Rußische Umschr. 1756.

43. Der Kaiserinn Brustbild, Rußische Umschr.

R) Der dopp. Adler mit Krone, Zepter, Reichsapfel und Georgenschild mit umhangender Ordenskette, Rußische Umschr. 1757.

Katharina II.

44. Der Kaiserinn Brustbild mit Rußischer Umschrift.

R) Wie Nro. 43. von 1763.

45. Eine kleine Goldmünze mit dem gekr. Brustbild und gekrönten Chiffre von 1777, mit Rußischer Umschrift.

46. Eine etwas größere mit gekröntem Brustbilde und Rußischem Adler von 1779.

b. Königliche.

I. Spanische.

Ferdinand und Isabella.

47. Ferdinandus et Helisabet Dei Gra. Re. Bey=
ber gegeneinander gekehrte gekr. BB. zwi=
schen denselben S.
R) Sub umbra alarum tuarum Pro. Ein=
facher Adler mit dem gekrönten Wappen auf
der Brust.
48. Ferdinan. et Elisab. Dv. R. P. Imp. Camp.
Va. Beyder gegeneinander gekehrte gekrönte
BB. zwischen denselben C.
R) Der nemliche.
49. Fernandus et Elisabet Dei Graci. Beyder
gekr. BB. oben S.
R) Der nemliche.
50. Die nemliche.

Johanna und Karl I.

51. Ioanna et . . . . . Wappen mit Krone.
R) Sicilia . . . . Reges. Krücken=
kreuz in Einfassung.
52. Ioana et Karlos D. Gracia Ra. R. Arr. Bey=
ber gekr. BB. zwischen denselben ein C.
R) Ioana et Karolus Aragonum. Ge=
kröntes Wappenschild, neben L — S.

Karl V.

53. Carolus V. Imperator.
Die nemliche wie Nro. 1. nur etwas kleiner und mit Weglassung des K auf dem Revers.

54. Caro. D. G. Ro. Imp. Hisp. Rex Dux Burg. z. Fr. Gekröntes Wappen.
R) Da mihi virtute : cotra hostes tuos 1545. Lilienkreuz, zwischen demselben abwechselnd der dopp. Adler und der Castillantsche Thurn.

55. A) Der nemliche, nach Burg. steht Co. Fl.
R) Der nemliche, 52.

Philipp II.

56. Dominus mihi adjutor. Philipps II BB.
R) Phs. D. G. Hispaniaru. Rex Co. Fl. Gekröntes Wappen.

57. A) Der nemliche.
R) Phs. D. G. Hisp. z. Rex Dux Gel. Wappen mit Krone.

58. Phs. D. G. Hisp. z. Rex Dux Br. Das mit der Vließkette umgebene und gekr. Wappen.
R) Dominus mihi adjutor. Der heilige Andreas. Neben: 15 — 68.

59. Die nemliche.

60. Philippus II. Dei Gratia. Das gekr. Wappen. Neben: II. D.
R) Hispaniarum Rex. Krückenkreuz in einer Einfassung.

Philipp IV.

61. Phil. IIII. D. G. Hifp. et Indiar. Rex. Ein aufrechtstehender gekrönter Löwe hält mit der einen Klaue ein Schwerdt, mit der andern eine auf einem Postamente liegende Kugel. Im Abschnitte: 1656.
R) Archid. Auſt. Dux Burg. Brab. z. Gekr. mit der Vließkette umgebenes W.

Karl III.

62. Carolus III. D. G. 1767. Brustbild.
R) Hispaniarum Rex P. M. I. Gekr. W. Eine kleine Münze.

63. Carol. III. D. G. Hifp. R. 1772. Brustbild.
R) Das mit der Vließkette umgebene gekrönte Wappen. Neben: M. P. I.
Eine kleine Münze.

64. Carol. III. D. G. Hifp. et Ind. R. Geharn. Brustbild. Unten 1788.
R) In utroque felix. H. D. F. M. M. Das mit der Vließkette umgebene gekrönte Wappen. Neben i. S.

65. A) Wie Nro. 63. von 1788.
R) Das mit der Ordenskette umgebene und gekrönte Wappen. Neben S. C.

66. Eine unförmliche und eckige Münze mit Kreuz und Wappen. Zu 2 Ducaten.

67. Die nemliche.

II. Portugiesische.

Johann III.

68. Ioanes III Portugale. Gekr. Wappen.
    R) In hoc signo vinces. Ein Kreuz.
69. Ioanes III Portugalie. Gekr. Wappen.
    R) Der nemliche.
70. Ioanes III R. Portuga. Gekröntes Wappen. Neben L — R.
    R) Der nemliche.
71. Ioanes III R. Port. Gekröntes Wappen. Neben R — I.
    R) Der nemliche.
72. Ioanes III R. Port. Gekröntes Wappen. Neben R — I.
    R) Der nemliche.
73. Ioa. III Por. et Al. R. Gekr. Wappen.
    R) Der nemliche.
74. Ioa. III. Por. et Al. R. D. G. Gekr. W.
    R) Der nemliche.
75. Ioa. III Por. et Al. R. D. G. und N. C. verkehrt. Gekröntes Wappen.
    R) Der nemliche.

Sebastian.

76. Sebastianus I. Rex Portug. Das gekr. W.
    R) Der nemliche.

Johann V.

77. Joannes V. D. G. Port. et Alg. Rex 1722.
    R) In hoc &c. Das gekrönte Wappen. Eine kleine Münze.

III. Französische.

Karl VIII.

78. Carolus Dei Gracia Francorum Rex. Der gekrönte Dreylilienschild, rechts und links eine Lilie mit Krone.
    R) XPE. regnat XPE. imperat XPE. vincit. Ein Blumenkranz mit Kronen dazwischen in einer Einfassung.
79. A) Der nemliche, das gekrönte Wappenschild mit drey Lilien.
    R) XPS. regnat XPS. &c. Lilienkreuz mit einem neben eingestempelten fremden Wappenschilde.
80. A) Der nemliche.
    R) XPE. regnat &c. Ein Blumenkreuz in einer viermal geschweiften Einfassung, vier Kronen außerhalb in der Einzackung.

Ludwig XII.

81. Ludovicus Dei Gracia Francorum Rex. Gekröntes Wappenschild mit drey Lilien.
    R) XPS. regnat &c. Lilienkreuz.
82. Ludovicus Dei Gra. Francorum Rex. Gekr. Wappen mit drey Lilien.
    R) XPS. regnat &c. Lilienkreuz.
83. Die nemliche.
84. Ludovicus Dei Gracia - - - - - - - - - - Gekröntes Wappen mit drey Lilien von zwey Stachelschweinen gehalten.
    R) XPS. regnat &c. Lilienkreuz, zwischen demselben zwey L und zwey Stachelschweine abwechselnd.

Franz I.

85. Fraciſcus Dei Gra. Fracorum Rex. Vierfeldiges Wappen mit drey Lilien 1 und 4 —
und Delphin 2 und 3.
R) XPS. regnat &c. Lilienkreuz.
86. A) Der nemliche.
R) Der nemliche. Oben und unten ein gekröntes F.
87. Franciſcus Dei Gra. Francorum Rex. Gekr.
Wappen mit drey Lilien.
R) XPS. regnat &c. Lilienkreuz.
88. Franciſcus Dei Gracia Francorum Rex. Gekröntes Lilienwappen. Oben ein Stern.
R) XPS. regnat &c. Lilienkreuz. Oben
und unten ein gekr. F.
89. Franciſcus Dei G. Francorum Rex. Gekr.
Wappen mit drey Lilien, oben ein Stern,
unten M.
R) XPS. regnat &c. Lilienkreuz, abwechſelnd mit Lilien und F. unten M.
90. D. Franciſcus Dei G. Francorum Rex. Gekröntes Wappen mit den drey Lilien, oben
ein Stern.
R) XPS. regnat &c. Lilienkreuz, abwechſelnd mit Lilien und F. in den Ecken.
91. Die nemliche.
92. Die nemliche.
93. Die nemliche.
94. Die nemliche.

Ludwig XIII.

95. Lud. XIII. D. G. Fr. et Nav. Rex. Belorbeertes Bruſtbild, unten 1642.

R) Chrs. regn. vinc. imp. Das boppelte
gekrönte L. kreuzförmig gelegt, mit Lilien in
den Ecken.

Ein halber Louisd'or.

Ludwig XIV.

96. Lud. XIIII. D. Gr. et Nav. Rex. Belorbeertes Brustbild, unten 1646.

R) Chrs. regn. &c. Das doppelte gekrönte L. kreuzförmig gelegt, mit Lilien in
den Ecken.

97. Die nemliche von 1652.

Ludwig XV.

98. Lud. XV. D. G. Fr. et Nav. Rex 1716.
Brustbild.

R) Chrs. regn. Bekröntes Lilienwappen
mit den beyden hervorstehenden Zeptern.

Ludwig XVI.

99. Lud. XVI. D. G. Fr. et Nav. Rex. Brustbild.

R) Chrs. regn. &c. Wappen von Frankreich und Navarra.

Ist eine von denen, wovon der Stempel
an der Stirne abgesprungen ist.

100. Die nemliche.

IV. Englische.

Heinrich VIII.

101. Henric. VIII. Rutilans rosa si — — — — —. Eine getr. Rose, neben rechts und links ein gekröntes R.
R) Dei G. Aglie Franc. z. Hibern. Rex. Gekröntes Wappen, rechts und links ein gekröntes R.

102. Henric. Di. Gra. Rex Aglie z. Fra. Der Erzengel Michael den Drachen tödtend.
R) Salva nos Xpe. Ré. Ein Schiff mit dem Wappen und Kreuze.

Eduard VI.

103. Edwardus Dei Gra. Rex Angl. z. Franc. Der Erzengel Michael den Drachen tödtend.
R) Per crucem tuam salva nos XPE. Redemt. Ein Schiff mit dem Wappen und Kreuze.

Jakob I.

104. Iacobus D. G. Mag. Bri. Fr. et Hi. Rex. Belorbeertes Brustbild.
R) Henricus rosas regna Iacobus. Gekröntes Wappen.

Georg II.

105. Georg. II D. G. M. Br. F. & H. Rex F. D. Belorbeertes Brustbild.

R) Br.

R) Br. et L. Dux S. R. I. A. T. & E.
1729. Vier im Kreuz liegende gekr. Wappenschilde, in der Mitte ein Ordensstern.

106. Georgius II Dei Gratia. Belorbeertes
Brustbild.
R) M. B. F. et H. Rex F. D. B. et L. D.
S. R. I. A. T. et E. 1739. Gekr. Wappen.
(Doppelte Guinee).

107. Georgius II Dei Gratia. Belorbeertes
Brustbild.
R) Der nemliche, 1756. (Einf. Guinee).

Georg III.

108. Georgius III. Dei Gratia. Belorbeertes
Brustbild.
R) Der nemliche, von 1779. (Einfache
Guinee).

V. Schwedische.

Gustav Adolph.

109. Gustav. Adolphs. D. G. Suec. Goth. Vand.
Rex Mag. Pri. Des Königs belorbeertes
Brustbild mit Spitzenkragen.
R) Finl. Dux Etoh. et Car. Do. Ing.
Gekr. Wappen. Oben 1632.

110. Gustav. Adolph. D. G. Suec. Goth. Vand.
R. Belorbeertes Brustbild.
R) Pr. Finl. Dux Ethon. et Carel. Dom.
Inger. Gekröntes Wappen, 1634.

Christina.

111. Christina D. G. Suec. Goth. Vand. Regina. Gekröntes vorwärts sehendes Brustbild.
R) Pr. Finl. Dux Ethon. et Carel. Dom. In. 1645. Gekröntes Wappen.
112. Die nemliche, von 1648.
113. Die nemliche.

Karl XI.

114. Carolus XI. Dei Gratia. Belorbeertes BB.
R) Sue. Goth. Wand. Rex. 1669. Ein aus der Namens-Chiffre, drey Kronen und Löwen formirtes und gekröntes Kreuz.

Karl XII.

115. Carolg. XII. D. G. Rex Sue. Geharnischtes Brustbild in kurzen Haaren.
R) Fact. est Doming Protector meg. Der gekrönte doppelte Namens-Chiffre, mit drey Kronen, und unten 1717.

Friedrich.

116. Fridericus D. G. Rex Sueciae. Geharnisches Brustbild in langer Perücke.
R) Landgrav. Hassiae. Gekröntes Wappen, 1731.
117. Frider. D. G. Rex Suec. Geharn. Brustbild in langer Perücke.
R) Landgr. Hassiae. Gekröntes Wappen. Neben 17 — 50. Unten Cassel.
118. Die nemliche.

Adolph Friedrich.

119. Adolphus Frid. D. G. Rex Sueciae. WB.
  R) Salus publica salus mea 1765. Das mit der Ordenskette umhangene gekr. W.
120. Die nemliche von 1767.
121. Die nemliche von 1770.

Gustav III.

122. Gustavus III D. G. Rex Sueciae. Desselben Brustbild.
  R) Fäderneslandet. Das mit der Ordenskette umhangene gekr. Wappen, unten 1773.
123. Die nemliche von 1774.
124. Die nemliche von 1782.

VI. Dänische.

Johann.

125. Ioh's Dei Gr. Rex Dacie. Der König im Mantel mit Krone, Zepter und Reichsapfel, unten ein Wappenschild.
  R) Monet. aurea regni Dacie. Gekröntes Wappenschild auf einem Kreuze.

Christian IV.

126. Christianus IIII D. G. Dan. R. Der König geharnischt, mit Zepter, Krone und Reichsapfel.
  R) Iustus Iehovah (dieses Wort mit Hebräischer Schrift) Iudex 1644.

Friedrich III.

127. Fridericus III D. G. Dan. Nor. Brustbild mit Krone.
R) Vandal. Gothor. q. Rex 1660. Das kreuzförmig liegende und gekr. doppelte F.

128. Frid. III D. G. Dan. Nor. V. G. Rex. Geharnischtes Brustbild mit Lorbeerkranz.
R) Dux Sl. Ho. Sto. Dit. Co. Ol. Del. Gekröntes W. 1668.

Friedrich IV.

129. Frid. IIII. D. G. Rex Dan. Nor. V. G. Geharn. Brustbild in langer Perücke.
R) Dominus mihi adjutor. Gekrönt. mit doppelter Ordenskette umhangenes Wappen, 1726.

VII. Ungarische.

Sigismund.

130. Sigismundi D. G. R. Ungarie. Vierfeldiges Wappen.
R) S. Ladislaus Rex. Der heil. Ladislaus. Neben M — K.

131. Sigismundi D. G. R. Ungarie. Vierfeldiges Wappen.
R) S. Ladislaus Rex. Der heil. Ladislaus. Neben I. C.

Mathias Corvinus.

132. Mathias D. G. R. Ungarie. Vierfeldiges Wappen. Im dritten Felde ein Rabe mit dem Ringe im Schnabel.
    R) S. Ladislaus Rex. Der Heilige mit Helleparde und Reichsapfel. Neben ein N. und ein Schildgen mit zwey Hammern.
133. Die nemliche.
    R) Neben K. E.
134. Die nemliche.
    R) Neben K. und ein Schild.
135. A) Der nemliche, statt des Wappens die Mutter Gottes mit dem Jesuskinde.
    R)
136. Die nemliche.
    R) Neben N. und Schild.
137. Die nemliche.
    R) Neben K. p.
138. Die nemliche.
    R) Neben N. Schild mit zwey Hammern.

Wladislaus.

139. Wladislai D. G. R. Ungarie. Die Mutter Gottes mit dem Jesuskinde.
    R) S. Lacislaus Rex. Der Heilige mit Hellep. und Reichsapfel. Neben K. — S. E.
140. Wladislaus R. Ungarie. Die Mutter Gottes mit dem Jesuskinde. Unten ein Wappenschild.
    R) S. Ladislaus Rex &c. Neben H. und Einhornskopf.
141. Wladislai D. G. R. Ungarie. Mutter Gottes mit dem Jesuskinde. Unten ein Wappensch.

R) S. Ladislaus Rex 1515. Der Heilige mit Helleparde und Reichsapfel. Neben H — und Einhornskopf.

Ferdinand I.

142. Ferdinand. D. G. R. Ungarie. Mutter Gottes mit dem Kinde. Unten ein Wappensch.
R) S. Ladislaus Rex 1540. Der Heilige, neben K. B.
143. Die nemliche.

Rudolph II.

144. Rudol: II D. G. R. I. S. A. G. H. B. Rex. Der Kaiser geharnischt mit Zepter, Streitkolben und Schwerdt.
R) S. Ladislaus Hun. Rex. Gekr. Wappen, neben 1578. getheilt.

145. Rudol. II. D. G. Ro. I. S. Au. Ge. Hu. B. R. Die Mutter Gottes mit dem Kinde, unten ein kleiner Wappenschild.
R) S. Ladislaus Rex 1579. Der Heilige, neben — K. B.

146. Die nemliche von 1590.

147. Rudol. II. D. G. Rom. Im. S. A. G. H. B. R. Der heil. Ladislaus. Neben L. — S.
R) Patrona Hungariae. 98. Die Mutter Gottes mit dem Kinde.

Mathias.

148. Matt. D. G. R. I. S. A. Ge. Hu. B. Rex. Der Kaiser mit der Krone, Mantel, Zepter

Reichsapfel mit umgegürtetem Schwerdte.
Neben K. B.
R) Ar. Au. Du. Bu. Ma. Mo. Co. Ty.
1613. Die Mutter Gottes mit dem Jesuskinde auf einem halben Monde. Unten ein
gekrönter Wappenschild.

Bethlen Gabor.

149. Gab. D. G. El. Hu. Da. Cr. Sc. Rex. Geh.
Brustbild mit Zepter.
R) Tranf. Pr. et Sic. Co. 1620. Die Mut-
ter Gottes mit dem Kinde auf einem halben
Monde. Unten ein gekr. Wappenschild.

Ferdinand III.

150. Fer. III. D. G. R. I. S. A. Ge. Hu. B. Rex.
Der Kaiser im Mantel mit Krone, Zepter
und Reichsapfel. Neben K — B.
R) Ar. Au. Du. Bu. Ma. Mo. Co. Ty.
1653. Die Mutter Gottes mit dem Kinde
auf einem halben Monde. Unten ein gekrönter Wappenschild.

Leopold I.

151. Leopoldus D. G. R. I. A. G. Hu. Bo. Rex.
Der Kaiser im Ornate. Neben $\frac{N-B.}{P-O.}$
R) S. Imma. Vir. Mar. M. Dei P. Hung.
1685. Die Mutter Gottes mit dem Kinde.
Unten ein gekr. Wappenschild.
152. Leopold. D. G. R. I. S. A. G. H. B. Rex.
Der Kaiser im Ornate. Neben K — B.

R) Ar. Au. Dn. Ba. M. Mo. Co. Ty. 1688. Die Mutter Gottes mit dem Kinde, und unten der gekr. Wappenschild.

Malcontenten.

153. Mon. Nov. Aur. R. Hung. Gekröntes W.
R) Patrona Hung. 1704. Mutter Gottes mit dem Kinde auf einem halben Monde in einer Wolke, neben K. B.

Karl VI.

154. Carol. VI. D. G. R. I. S. A. Ge. Hi. H. B. Rex. Der Kaiser im Ornate, neben K — B.
R) Patrona Regni Hungariae 1738. Die Mutter Gottes mit dem Kinde und dem halben Monde zu Füßen, unten ein Wappenschild.

Maria Theresia.

155. Mar. Theresia D. G. Reg. Hung. Boh. Brustbild.
R) Archid. Auft. Dux Burg. Com. Tyr. 1742. Das gekr. Wappen.

156. M. Ther. D. G. R. I. G. H. B. R. A. A. D. B. C. T. Die Königinn im Ornate, neben K — B.
R) Patrona Hungariae. 1751.

157. M. Theref. D. Gr. Imp. Hu. Bo. Reg. Brustbild.
R) Patrona Hungariae 1771.

Leopold II.

158. Ungarische Krönungsmünze vom XV. Nov. 1790. mit Pietate et Concordia, aufrechtstehender gekrönter Löwe mit dem Patriarchenkreuze und Oesterreichischem Schilde.
159. Die nemliche, kleiner.
160. Leop. II D. G. R. I. S. A. G. H. B R. A. A. D. B. et L. Der Kaiser im Ornate.
  R) S. Maria Mater Dei Patrona Hung. 1792. Die Mutter Gottes ic.

Franz II.

161. Krönungsmünze vom 6. Jun. 1792. Lege & fide. Der aufrechtstehende gekr. Löwe mit Patriarchenkreuz und Oesterreichischem Sch.
162. Die nemliche, kleiner.
163. Franc. II. D. G. R. I. S. A. G. H. B. R. A. A. D. B. et L. Der Kaiser im Ornate.
  R) S. Maria Mater Dei Patrona Hung. 1793. Die Mutter Gottes ic.
164. Auf die Krönung seiner Gemahlinn Maria Theresia X. Jun. 1792.
  Imitari malim quam vocari. Die Krone mit Zepter und Lorbeerzweig.

VIII. Böhmische.

Friedrich.

165. F. D. G. Rex Bo. C. P. R. El. D. B. Der Böhmische Löwe.
  R) Moneta nova aurea. 1621. Das Pfälzische Wappen.

Karl VI.

166. Carol. VI. D. G. R. I. S. A. G. H. H. B. R. A. D. A. Der Kaiser im Ornate, hält mit der rechten Hand den bekrönten Böhmischen Schild.
R) Hoc Patrocinio restauratur. Der heil. Nepomuck in einer Wolke, unten eine Eule, über einer in dem Abschnitte befindlichen Sonne: 1727.

Franz II.

167. Krönungsmünze vom IX. Aug. 1792. mit Lege & fide, wie Nro. 161.
168. Die nemliche, kleiner.
169. Krönungsmünze seiner Gemahlinn Maria Theresia mit Imitari malim quam vocari, wie Nro. 164.
170. Die nemliche, kleiner.

IX. Polnische.

August III.

171. D. G. Augustus III Rex Poloniarum. Geharn. Brustbild mit Krone.
R) Sac. Rom. Imp. Archim. et Elect. 1752. Gekröntes Polnisches Wappen mit dem Sächsischen Mittelschilde.
172. D. G. Augustus III Rex Poloniarum. Geharn. Brustb. mit Krone im Hermelinmantel.
R) Sac. Rom. Imp. Archim. et Elect. 1756. Polnisches Wappen mit dem Sächsischen Mittelschilde, unten (10. Th.)

173. D. G. Frid. Auguſt. Rex Pol. Dux Sax,
I. C. M. A. & W. Geharniſchtes Bruſtbild
im Mantel.
R) Sac. Rom. Imp. Archim. et Elect.
1757. Das Polniſche gekrönte Wappen mit
dem Sächſiſchen gekrönten Mittelſchilde.
174. Die nemliche von 1763.

X. Preußiſche.

Friedrich Wilhelm I.

175. Frid. Wilh. D. G. Rex Boruſſiae. Belor=
beertes Bruſtbild in langen Haaren.
R) Nec ſoli cedit. Der gegen die Sonne
fliegende Adler. Unten: H. F. H. 1713.
176. Frid. Wilh. D. G. Rex Bor. El. Br. Geh.
Bruſtbild im Zopfe.
R) Wappen mit Krone und gefr. Preußi=
ſchen Herzſchilde. Oben 17 — 32. Unten
F. G. N.
177. Frid. Wilh. D. G. Rex Bor. El. Br. Geh.
Bruſtbild im Zopfe.
R) Gekrönter Ordensſtern, in welchem
das Motto: Suum cuique. Unten E. G. N.
1737.
178. Die nemliche.
179. Frid. Wilh. D. G. Rex Bor. El. Br. Geh.
Bruſtbild im Zopfe und Hermelin.
R) Pro Deo et milite. Der gekrönte Na=
mens=Chiffre F. W. im Kreuze, in der Mitte
der Preußiſche Adler, unten E. G. N. 1740.

Friedrich II.

180. Fridericus Borussorum Rex. Deßelben Brustbild.
R) Veritati et Iustitiae. Im Abschnitte: Homag. Berol. D. 3. Aug. MDCCXL.
181. Die nemliche.
182. Die nemliche.
183. Fridericus Borussorum Rex. Geharnischtes Brustbild.
R) Der Preußische Adler über Kriegsarmaturen schwebend. Oben 1745. Unten E. G. N.
184. Die nemliche von 1746.
185. A) Der nemliche.
R) Der Adler zwischen Kriegsarmaturen. Oben eine Krone. Unten 1751.
186. Die nemliche.
187. Fridericus Borussorum Rex. Deßelben Brustbild.
R) Der Adler zwischen Kriegsarmaturen. Oben 1753. Unten A. (Friedrichsd'or).

Friedrich Wilhelm II.

188. Fried. Wilhelm. Koenig von Preussen. Geharn. Brustbild mit Hermelinmantel und Ordensband.
R) Der Adler auf Kriegsarmaturen. 1786. A. (Fried. d'or).

c. Churfürstliche.

I. Maynzische.

Conrad.

189. Conradi Arepi. Ma'. Der Erzbischoff mit dem Krummstaabe, unten das Wappen.
R) Moneta nova aurea Bin. Das Rad in einem Schilde und gezackter Einfassung.
190. Die nemliche.

Albert.

191. Al. A. Ep. M. — — Mey. etc. Der Erzbischoff auf dem Throne, unten der Maynzer Schild.
R) Mone. aure. Ren. Das Maynzer Wappen, in den drey Ecken die Wappenschilde der übrigen Rheinischen Churfürsten.

Georg Friedrich.

192. Georgi. Frider. Archep. Mo. et E. P. Worm. Das Wappen. Neben 16 — 29.
R) Ducatus novus aur. Elector. Mogunt. Einfassung, unten mit dem Rade.

Anselm Casimir.

193. Anselmi Casimiri D. G. Archiep. Mog. S. R. I. per G. A. C. Wappen, neben 16 — 36.

R) Ducatus novus aur. Elector. Moguntiae. In einer Einfassung.
194. Anselmg. Casimirg. D. G. Archiep. Mog. S. R. I. per G. A. C. Wappen.
R) Moneta nova aurea Elect. Mogunt. Oben 1641.
195. Anselmus Casimirus D. G. Archiep. Mog. S. R. I. Brustbild mit kurzen Haaren und Gewand.
R) Per Ger. Arc. Can. Pr. Ele. Das Wappen mit Krone, Schwerdt und Krummstaab. Oben 1644 getheilt. Dopp. Ducat.
196. Anselm. Casimir. D. G. Ar. Ep. Mo. S. R. I. per G. Ar. Ca. P. E. In einer viereckigen verzierten Einfassung.
R) Das mit dem Fürstenhute gezierte W. mit Schwerdt, Kreuz und Staab in einem Kranze. Oben 1645.

Johann Philipp.

197. Ioann. Philip. D. G. Archiep. Mog. S. R. I. Archic. Princ. El. Brustbild im Gewande.
R) Episc. Herbip. et orien. Franco. Dux 1650. Wappen mit Fürstenhut, Schwerdt, Kreuz und Staab.
198. Die nemliche von 1655 mit orient. Franco. D.
199. Die nemliche mit Franc. Dux.
200. Die nemliche.

Lotharius Friedrich.

201. Lothar. Frid. D. G. Ar. Ep. Mog. S. R. I. A. C. P. E. Brustbild im Gewande.

R) Ep. Wor. et Spir. P. P. Weiſ. et O.
1673. Wappen mit Fürſtenhut.

Lotharius Franz.

202. Friedens = Ducate 1696.
Ara pacis. Ein Altar, woranf Waffen
verbrannt werden. Neben: Ein — Duc. L.
F. D. G. A. et E. M. E. B.

II. Trieriſche.

Cuno.

203. Cuno. Areps. Trever. Der heil. Petrus mit
Kreuz und Schlüſſel zwiſchen zwey Säulen.
R) Sacri imperii moneta Veſ. Wappenſchild in einer verzierten Einfaſſung, oben ein
kleiner Schild.

Otto.

204. Ottonis Arepi Tr'. Der Erzbiſchoff mit der
Mütze und Staab.
R) Moneta nova aurea. Ouen. Das W.
in einer Einfaſſung.

III. Cöllniſche.

Hermann von Heſſen.

205. Hmai' Electi Eccle. Colon. Der heil. Petrus mit Schlüſſel und Buch. Unten das
Heßiſche Wappen.

R) Mone. nova aure. Bonne. Das vier-
selbige Wappen auf einem Kreuze.
206. Die nemliche.
207. Die nemliche.
208. Die nemliche.
209. Hmai Archepi Colo. Der heilige Petrus.
Unten das Heßische Wappen.
R) Wie auf den vorigen.
210. Hmai Arep. Colo. Der heil. Johannes.
R) Mo. au. Rene's' 1504. Wappen mit
den drey Rheinischen Churfürstlichen Wappenschildern auf den Ecken.
211. Die nemliche.

Anton.

212. Anto. Ele. Ec. Colon. Der heil. Johannes
sitzend. Unten der Köllnische Wappenschild.
R) Mo. au. Renensis 1557. Wappen mit
der drey Rheinischen Churfürsten Wappenschildern.

Friedrich.

213. Fride. Ele. Eccle. Col. Der heil. Johannes. Unten das Cöllnische Wappen.
R) Mon. au. Rene. 1565. Wappen mit
der übrigen Rheinischen Churfürsten Wappenschildern in den Ecken.

Salentin.

214. Salentinus D. G. Elect. Colon. Geharn.
Brustbild, neben 1573., mit vier Wappensch.
in der Umschrift.
R) Mo.

R) Mo. No. Rhe. Elect. Pri. confociat. Die Wappen der vier Rheinischen Churfürsten in einem Schilde.

215. Salen. D. G. Elect. Ec. Col. et Adm. Pad. Geharn. Brustbild.

R) Moneta nova aurea Tuitien. 75. W.

216. Die nemliche.

Maximilian Heinrich.

217. Max. Hen. D. G. Arc. Col. preg. Brustbild. Unten 1667.

R) Ep. et Prin. Leod. Dux Bui. Ma. Fr. Co. I. H. Pfalzbayerisches W. mit Krone.

Joseph Clemens.

218. Ioseph. Clem. D. G. A. C. S. R. I. P. El. E. F. R. A. B. U. B. D. Brustbild in Perücke, Mantel und Kreuz.

R) Ducatus aureus Coloniensis. Wappen mit Krone, Schwerdt und Staab. Oben 1694.

Clemens August.

219. Clem. Aug. Archiep. et El. Colon. BB. im Mantel und Kreuze.

R) Tuo praesidio. Die Mutter Gottes neben dem gekrönten Wappen. Im Abschnitte: 1759.

IV. Pfalzbayerische.

Ludwig V.

220. Ludwic'. C. P. R. Dux Ba. Der Churfürst mit bedecktem Haupte im Gewande, das Schwerdt in der rechten Hand.
R) Moneta nova aurea Bac. Das Pfälzische Wappen in einer verzierten Einfassung.
221. Ludv'. C'. P. R. Dux Bavar. Das Pfälzische Wappen auf einem Kreuze.
R) Moneta nova aurea Ba. Die Wappenschilder der drey übrigen Rheinischen Churfürsten.

Friedrich II.

222. Fridericus Com. Pal. Elector. Der Churfürst im Churhabite mit Schwerdt und Reichsapfel.
R) Mo. no. aurea Heidel. Das Pfälzische Wappen, auf den drey Ecken die Wappenschilder der übrigen Rheinischen Churfürsten.
223. Die nemliche.

Karl Ludwig.

224. Car. Lud. D. G. Co. Pa. Rh. El. et Vic. Der Pfälzische Löwe.
R) Dominus providebit. 1657. Leerer Schild. (Goldgulden)
225. Carol. Lud. D. G. Com. Pal. Rh. S. R. Imp. Archith. Pr. El. D. Bav. Geharn. Brustbild mit Feldbinde.

R) Dominus providebit 1659. Drey Wappenschilder mit einem Helme.

226. Die nemliche vom Jahre 1662.

Johann Wilhelm.

227. D. G. Ioh. Wilh. C. P. R. S. R. I. Archid. El. eiusque. Brustbild in langer Perücke.
R) In p. R. S. et Fr. I. Prov. et Vicarius 1711. Der doppelte Adler mit dem gekrönten Pfälzischen und Erztruchseffen-Schild auf der Brust, unten N.—P. (wiegt 5 Ducaten)

228. D. G. I. W. C. P. R. S. R. I. Arc. El. eiusque. Brustbild in Perücke.
R) In p. R. S. et Fr. I. Prov. et Vicarius. Doppelter Adler ꝛc. (wiegt 2 Ducaten)

Karl Philipp.

229. C. P. C. P. R. S. R. I. A. T. et El. 1720. Geharn. Brustbild in Perücke.
R) Der gekrönte Namens-Chiffre mit zwey Ordensketten, ohne Umschrift.

230. Car. Phil. D. G. C. P. R. S. R. I. Archit. et Elect. Geharn. Brustbild in langer Perücke mit Ordensband und Vließkette.
R) Mon. nov. aur. Pal. Drey Wappenschilder mit Krone von Löwen gehalten und mit den zwey Orden behangen. Unten R—F. 1732.

231. Die nemliche von 1733.

232. Car. Philip. D. G. Elec. Palatinus. Brustbild, 1733.

R) Moneta nova aurea Palati. Das Wappen mit Einfassung, das geschlungene OC. und doppelte P. P. kreuzförmig gestellt, mit Krone.
233. Die nemliche von 1736.
234. Sechs dergleichen Viertels = Carolinen von 1736, den vorigen vollkommen gleich, nur stehet auf dem Rev Mone. statt Moneta.
235. Car. Phil. D. G. El. Palatinus. BB.
R) Ducatus Palatinus. Die drey Wappenschilder mit Krone. Im Abschn. 1737.

Karl Theodor.

236. C. Phil. Theodor. et M. Elisab. Augusta. Beyder BB. Unten: C. P. R. D. B. I. C. M. Duc. Sulb.
R) Connubio iunctis stat Palatina Domus. Die beyden Wappen mit Krone. Im Abschnitte: Senat. et Pop. Mannh. D. 13. Ian. 1742.
237. Die nemliche.
238. Dieselbe.
239. Car. Th. D. G. C. P. R. S. R. I. A. T. & El. Brustbild mit Hermelinmantel. Unten: F. O.
R) Dominus regit me 1748. Der gekrönte Namens-Chiffre im Kreuze. (Doppelter Ducaten).
240. D. G. Car. Th. C. P. R. S. R. I. A. T. & El. Geharn. Brustbild im Mantel.
R) Der gekrönte Hubertus = Ordensstern, 1750.
241. Die nemliche.
242. Die nemliche.

243. **A)** Wie Nro. 240.
R) Dominus regit me 1750. Drey Wappenschilder mit Krone und dem Hubertusorden. (Doppelter Ducaten)
244. Car. Theodor. D. G. C. P. R. S. R. I. A. T. & El. Brustbild.
R) Sic fulgent littora Rheni. Die Stadt Mannheim. Im Abschnitte: Ad norm. Conv. 1763.
245. Die nemliche.
246. Die nemliche vom Jahre 1764.
247. Die nemliche.
248. Car. Theodor. D. G. C. P. R. Utr. Bav. Dux. Brustbild.
R) S. R. I. Archid. et El. Dux I. Cl. et M. Das gekrönte Wappen mit Palm- und Lorbeerzweig, unten 1778.
249. Die nemliche von 1780.
250. Die nemliche von 1781.
251. Die nemliche.
252. Stadt Mannheim. Der gekrönte aufrechtstehende Pfälzische Löwe mit dem Stadtwappen.
R) Bei Carl Theodors 50 jaehrigen Iubel-Feier D. 31. Dec. 1792.
253. Die nemliche.

Maximilian I.

254. Maximilianus D. G. Co. Pa. Rh. Utrq. Bojaiae Dux MDC. XVIII. Das von zwey Löwen gehaltene und gekrönte Pfalzbayerische Wappen.
R) Vita dulcedo et spes nostra. Die Mutter Gottes mit dem Jesuskinde, Krone und Zepter. (Doppelter Ducaten)

255. Max. Co. P. R. V. Ba. D. S. R. I. Archid. et El. Das gekrönte mit der Bließkette umhangene Wappen, oben 16—42.
R) O. Maria ora pro me. Die Mutter Gottes mit dem Kinde, vor ihr der kniende Churfürst. Im Abschnitte eine Krone und Reichsapfel.

256. Die nemliche von 1646.

Ferdinand Maria.

257. F. M. V. B. & P. S. D. C. P. R. S. R. I. Ar. & El. L. L. Geharn. BB. mit Halsbinde.
R) Clypeus omnibus in te sperantibus. Gekröntes Wappen, neben 1674. Oben die Mutter Gottes mit dem Kinde.

258. Die nemliche.

Maximilian II Emanuel.

259. M. E. V. B. & P. S. D. C. P. R. S. R. I. A. et E. L. L. Geharn. Brustbild in langer Perücke und Halsbinde, unten 1687.
R) Tuta stat Bavaria tua sub praesidio. Die Mutter Gottes mit Zepter neben dem gekrönten Wappen.

Karl Albrecht.

260. C. A. V. B. & P. S. D. C. P. R. S. R. I. A. & E. L. L. Brustbild.
R) Clypeus omnibus in te sperantibus. Mutter Gottes mit Jesuskind und Zepter neben dem gekrönten Wappen. Unten 1730.

261. Die nemliche.

Maximilian III Joseph.

262. Max. Iof. H. I. B. C. &c. Bruſtbild. Im Abſchnitte: Homagium recept. a ſtatibus Bavariae die XVII. Iul. MDCCXXXXVII.
    R) Gaudent parere regenti. Ein vierſpänniger Wagen.
263. D. G. Max. Iof. U. B. D. S. R. I. A. & E. L. L. Bruſtbild.
    R) Das von zwey Löwen gehaltene gekr. und mit der Ordenskette umhangene Wappen, unten 17—57.
264. D. G. Max. Iof. U. B. D. S. R. I. A. & E. L. L. Bruſtbild.
    R) Ex auro Iſarae. Ein Flußgott, in der Entfernung ein Theil der Stadt München. Im Abſchnitte: MDCCLX.
265. Die nemliche, wie Nro. 263. vom Jahre 1765.

V. Sächſiſche.

Albert.

366. Albertus D. G. D. Saxoni. Der Reichsapfel in einer Einfaſſung.
    R) Mo. aurea Lipcenſi. Der heil. Johannes, unten der Sächſiſche Schild.
267. Die nemliche.

Johann Georg I.

268. Verbum Dni manet in aeternum 16—17. Der Churfürſt Johann Georg im Churhabite, unten das Wappen, neben Ioh. Geor.

R) Seculum Lutheranum 15—17. Der Churfürst Friedrich III. Neben: Frid—III.
269. Die nemliche.
270. Confess. Luther. Aug. exhibitae Seculum. Neben Ioh. Geor. Oberhalb 1630. 25 Iuny. Des Churfürsten Brustbild im Churhabite, mit dem Schwerdte sich auf das Wappen lehnend,

R) Nomen Domini turris fortissima. Des Churfürsten Johann Brustbild mit dem Barrette, das bloße Schwerdt in der Hand. Neben Ioa—nes, oben 1530. 25. Iuny. Vier Wappenschilder in der Umschrift.
271. Die nemliche.
272. Die nemliche.
273. Die nemliche.
274. Ioh. Georg. D. G. Dux Sax. Iul. Cl. et Mo. Der Churfürst im bloßen Haupte geharnischt, mit Feldbinde, umgürtetem Schwerdte und einem Schwerdte in der rechten Hand.

R) Sa. Ro. Imperi Archim. et Ele—1639. Das Wappen, unten S. D.

Johann Georg II.

275. Ioh. Georg. II. D. G. Dux Sax. Iul. Cl. et Mont. Der Churfürst im Churhabite, in der Rechten das Schwerdt, vor sich den Churhut.

R) Sac. Rom. Imp. Archim. et Elect. 1662. Wappen, unten C. R.

Friedrich August.

276. D. G. Frid. Aug. R. P. D. S. A. M. & El. in prov. Iuris Sax — Provisor et Vicarius.

Der König zu Pferd mit Krone, Harnisch, Mantel und Schwerdt.

R) Decus et praesidium. Der schwebende gekrönte einköpfige Adler. Im Abschnitte: Provisor Imperii iterum MDCCXLV.

277. D. G. Frid. August. Rex Pol. Dux Sax. I. C. M. A. & W. Geharnischtes Brustbild im Gewande.

R) Sac. Rom. Imp. Archim. et Elect. 1749. Das gekrönte Polnische Wappen mit dem gekrönten Sächsischen Mittelschilde, unten F. W. O. F.

Friedrich August III.

278. Frid. August. D. G. Dux Sax. Elector. Brustbild.

R) Das Sächsische gekr. Wappen zwischen zwey Lorbeerzweigen; unten 1768 E. D. C.

279. Die nemliche, unten 1781 I. E. C.

280. A) der nemliche.

R) Die zwey Churfächsischen Schilde mit Lorbeerkränzen umwunden und mit dem Churhute bedeckt. Unten I. E. C. Im Abschnitte: 5. Thaler 1785.

Auf das Jubiläum der Universität Leipzig.

281. Frid. Bellic. Dux et El. Sax. F. A. L. 1409. Der Churfürst im Churhabite mit dem Schwerdte.

R) Iubilat alma Lipsia laete Deo. D. 4. Dec. Die Stadt Leipzig, oben ein Schild.

VI. Brandenburgische.

Georg Wilhelm.

282. Georg. Wilh. D. G. Mar. Bra. S. R. I. Archic. El. Brustbild im Churhute, Spitzenkragen und Mantel.

R) Mone. nova aurea Ducis Pruss. Das gekr. Wappen, neben 16 — 38.

Friedrich Wilhelm.

283. Frid. Wilh. D. G. M. B. S. R. I. A. C. et E. D. Pr. Geharn. Brustbild.

R) Mon. nova aurea. Duc. Pruss. Das gekr. Wappen, neben $\frac{1-6}{5-7}$.

284. Eine ähnliche von 16 — 63.

285. Frid. Wilh. D. G. March. Br. S. R. I. Archic. et Pr. Elec. Geharn. und gekr. Brustbild mit dem Schwerdte.

R) Supremus Pruss. Princ. Dominus & Heres. 1667. Das Wappen, neben C — G.

286. Frid. Wilh. D. G. M. Br. S. R. I. Ar. El. Geharn. Brustbild in langer Perücke.

R) Das Zeichen der Erzkämmerer-Würde in einer runden Einfassung, worauf: Honi soit qui mal y pense, zwischen zwey Palmzweigen. Oben eine Krone, 16 — 80.

d. Päbstliche.

Paulus III.

287. Paulus III Pont. Max. Das gekr. Päbstliche Wappen.

R) S. Paulus vas electionis. Der Apostel Paulus mit dem Schwerdte.

288. Paulus III Pont. Max. Das gekr. Wappen.

R) S. Paulus alma Ro. Der heil. Paulus mit dem Schwerdte.

Pius V.

289. Pius V. Pont. Max. Das gekr. Wappen.

R) Docet Bononia. Blumenkreuz, mit zwey Wappenschildern unten.

Gregorius XIII.

290. Gregorius XIII. Pon. M. Das gekrönte Wappen.

R) Beare soleo amicos meos. Brustbild des Heilands.

Clemens IX.

291. Clem. IX. Pont. Max. Gekr. Wappen.

R) Candor lucis aeternae. Die Mutter Gottes auf dem halben Monde stehend.

Clemens XII.

292. Clemens XII. P. M. 1739. Die Römische Kirche in der Wolke, in der Rechten die Schlüssel, in der Linken einen Tempel haltend.

R) Dedit pignus. Das Päbstliche gekr. Wappen, über demselben der heil. Geist.

Benedikt XIV.

293. Bened. XIV. P. M. 1744. Die Römische Kirche in einer Wolke sitzend ꝛc.

R) Repente de coelo. Das gekr. Päbstliche Wappen mit dem heil. Geiste.

294. Ben. XIV. P. Max. A. XII. Eine ähnliche von 1752.

Clemens XIII.

295. Clemens XIII. Pont. M. An. I. Gekrönte Päbstliche Wappen mit gekröntem Mittelsch.

R) Supra firmam petram 1758. Die Römische Kirche in einer Wolke ꝛc.

Clemens XIV.

296. Clem. XIV. Pont. M. A. I. Gekr. W.

R) Fiat pax in virtute tua 1769. Die Römische Kirche.

297. Clem. XIV. Pont. M. A. I. Gekr. W.

R) Fiat pax &c. 1769. Die nemliche, etwas kleiner.

298. Clem. XIV. Pont. M. A. V. Gekr. W.

R) Fiat pax &c. 1773.

e. Erzbischöfliche.

Salzburg.

Ernst.

299. Ernestus cof. in Arep. Salz. v. Ba. Dux. Pfalzbayerisches Wappen, oben 1543.

R) S. Rudbertus Epus. Der heil. Rupert, unten ein Schild.

Michael.

300. Michael D. G. Areps. Salz. A. S. L. Wappen mit Bischofsmütze, neben 15—50.

R) S. Rudbertus Epus. Der heil. Rupert.

Johann Jakob.

301. Ioan. Iac. D. G. Archieps. Salz.
R) Apo. Se. Leg. Wappen mit Bischofsmütze, Kreuz und Staab, neben 15—67. (Doppelter Ducaten).

302. Ioa. a. D. G. Ar. Eps. S. A. S. Le.
R) Wappen mit Bischofsmütze, Kreuz und Staab, neben 15—68.

303. Ioa. Ia. D. G. Ar. Eps. Salz. A. S. L. 15—69. Der heil. Rupert, vor sich das vierfeldige Wappen haltend, neben S.—R.
R) Maximilia. Impe. Aug. P. F. Decr. Der doppelte gekr. Adler.

304. Io. Ia. D. G. Ar. Eps. Sal. A. S. L. 1578. Der heil. Rupert, wie Nro. 303.

R) Rudol. II. Imp. Auguſ. P. F. Decr. Der doppelte gekr. Adler.

Wolfgang Theodor.

305. Wolf. Theod. D. G. Areps. Sal. A. S. L. Wappen mit Quaſtenhut.
R) Sanctus Rudbertus Eps. Salz. 1598. Der heil. Rupert ſitzend mit dem Salzkorbe. (Doppelter Ducaten).

Marcus Sitticus.

306. Marc. Sitt. D. G. Areps. Sal. A. S. L. Wappen mit Quaſtenhut.
R) Sanctus Rudbertus Eps. Sal. 1617.

Paris.

307. Paris D. G. Arieps. Sal. S. A. L. Wappen mit Quaſtenhut.
R) Sanctus Rupertus Eps. Salisb. 1632. Der Heilige ſitzend.
308. Paris D. G. Archi. Eps. Sal. Se. Ap. L. Wappen mit Quaſtenhut.
R) Sanctus Rudbertus Eps. Salisb. 1642. Der Heilige.
309. Die nemliche von 1646.

Guidobaldus.

310. Guidobaldº D. G. Ar. Ep. Sal. Se. Ap. L. Wappen mit Quaſtenhut.
R) Sanctus Rudbertus Eps. Salisb. 1655. Der Heilige ſitzend.
311. Die nemliche von 1667 mit *Salisburg*.

Maximilian Gandolph.

312. Max. Gand. D. G. Ar. Ep. Sal. Se. Ap. L. Wappen mit Quastenhut.
R) S. Rudbertus Eps. Salisburg. 1679. Der Heilige ꝛc.
314. Die nemliche von 1686.

Johann Ernst.

314. Io. Ernestg. D. G. Archiep. Sal. Se. Ap. L. Wappen mit Quastenhut.
R) S. Rudbertus Ep. Salisburg. 1689. Der Heilige ꝛc.
315. Die nemliche von 1698. Statt Se. Ap. L. stehet nur S. A. L.

Franz Anton.

316. Franc. Anton. S. R. I. Pr. de Harrach. Brustbild.
R) D. G. Archiep. et S. R. I. Princ. Salisb. S. S. A. L. 1711. Wappen mit Fürstenhut, Quastenhut, Staab, Kreuz und Schwerdt.
317. Die nemliche.
318. Franc. Anto. D. G. Archi Pr. S. A. L. S. A. L. Wappen mit dem Fürstenhute, Staab, Kreuz und Schwerdt, neben denselben der Quastenhut.
R) S. Rudbertus Eps. Salisburg. 1716. Der Heilige mit dem Staabe und Salzkorbe.
319. D. G. Archiep. & S. R. I. Princ. Salis. S. S. A. L. Gekr. Wappen mit Staab, Kreuz, Schwerdt und Quastenhut.

R) S. Rudbertus Eps. Salisburg. 1718.
Der Heilige mit Krummſtab und Salzkorb.
320. Wie Nro. 316. von 1720.
321. Franc. Anto. D. G. Arch. & Pr. Sal. S. A. L. Gekröntes Wappen mit Staab, Kreuz, Schwerdt und Quaſtenhut.

R) S. Rudbertus Eps. Salisburg. 1723. Der Heilige ꝛc.

Leopold.

322. Leopoldo. D. G. Arch. Pr. Sal. S. A. L. Das gekrönte Wappen mit Staab, Kreuz, Schwerdt und Quaſtenhut.

R) S. Rudbertus Eps. Salisburg. 1733.
323. Leopoldus D. G. Arch. et Princeps. Bruſt= bild.

R) Salisburg. S. Sed. Ap. Leg. Ger. Pri. 1739. Wappen mit Staab, Kreuz, Schwerdt und Quaſtenhut.
324. Die nemliche von 1743.

Jakob Ernſt.

325. Iacobus Ern. D. G. Arch. et Princeps. Bruſtbild in Perücke.

R) Salisburg. S. Sed. Ap. Leg. Ger. Pri. 1746. Wappen mit Staab, Kreuz, Schwerdt, und Quaſtenhut.

Andreas.

326. Andreas D. Arch. & Prin. Salis. S. A. L. Wappen mit Staab, Kreuz, Schwerdt und Quaſtenhut.

R) S.

R) S. Rupertus Eps. Salisburg. 1747.
Der Heilige ſitzend ꝛc.

327. Andreas D. G. Arch. et Princeps. Bruſtbild in Perücke.
R) Salisburg. S. Sed. Ap. Leg. Ger. Pri.
1749. Wappen mit Staab, Kreuz, Schwerdt
und Quaſtenhut.

328. Wie Nro. 326. von 1752.

Sigismund.

329. Sigismundus D. G. Archiepiſcopus. Bruſt-
bild in Perücke.
R) S. R. I. Pr. Sal. S. S. Ap. Leg. nat.
Ger. Primas 1756. Wappen mit Staab,
Kreuz, Schwerdt und Quaſtenhut.

330. Die nemliche von 1758.
331. Die nemliche von 1760.

Sede vacante.

332. Capitulum Salisburg. regnans ſede vacante. Wappen.
R) S. Rupertus Epiſcopus Salisburgenſis
1772.

Hieronymus.

333. Hieronymus D. G. A. et P. S. A. S. L.
n. G. Prim. Bruſtbild in Perücke.
R) Wappen mit Fürſtenhut und Mantel,
Staab und Schwerdt, inwendig das hervorragende Kreuz mit dem Quaſtenhute.

k. Bischöffliche.

I. Bamberg.

Friedrich Karl.

334. Frid. Carl. I. G. Ep. Bamb. & Herb. S. R. I. Pr. F. O. D. Das von zwey Löwen gehaltene gekrönte Wappen, oben mit einem Kreuze, rechts und links zwey Helme.
R) Pro fide & patria candide et cordate. Schild mit dem Namens-Chiffre, mit Fürstenhut und Mantel, unten 17—29.

II. Breslau.

Philipp Gotthelf.

335. Phil. Gotth. D. G. Pr. de Schaffgotsch. BB.
R) Epis. Wrat. Pr. Niss. et Dux Grottk. 1752. Das behelmte Wappen mit Fürstenhut und Mantel, Staab und Schwerdt.

III. Chur.

Joseph Benedikt.

336. Jos. Ben. D. G. Ep. Cur. S. R. I. Princ. Brustbild.
R) Dom. in Fyrstenberg et Fyrstein 1744. Wappen mit Quastenhut, Staab und Schwerdt.

337. Die nemliche von 1749.

IV. Olmütz.

Wolfgang.

338. Wolfgang. D. G. S. R. E. Card. de Schrattenbach E. Ol. Brustbild.
R) Dux. S. R. I. Ps. Reg. Cap. Bo. Comes. Wappen mit Bischofsmütze und Fürstenkrone, über demselben eine Quaste.

339. A) Wie der vorige.
R) Dux. S. R. I. Ps. Reg. Cap. Boe. Com. 1728. Drey Wappen mit Bischofsmütze, Fürstenkrone, Staab, Kreuz und Schwerdt, oben mit dem Quastenhute bedeckt.

340. Die nemliche von 1733.

V. Würzburg.

341. Lauben. Eps. Herbn. Fra. Dux 1508. W.
R) Mone. nov. aur. Wircz. Der Bischof in der Mütze mit dem Schwerdte und Staab.

g. Altfürstliche.

I. Baden.

Christoph.

342. Christof. Marchio Baden. Der heil. Petrus mit dem Schlüssel, unten das Badisch-Sponheimische Wappen.
R) Moneta nova aurea Badensis. Vier zwischen einem Blumenkreuze liegende Wappenschilder.

II. Brandenburg.

Altfränkische Linie.

Friedrich.

343. Fridrhil D. G. March. Bran. Der heil. Johannes.
R) Mone. nova aur. Swobach 1504.
344. Fridrici D. G. Marh. Bra. Der heilige Johannes.
R) Mone. nova aur. Swobach. 1507. Vier Wappensch. in einem Blumenkranze.
345. Fridric. D. G. March. Bran. Der heil. Johannes.
R) Mone. nova aur. Swobach 1507. Vier Wappensch. in einem Blumenkranze.

Albert.

346. Albt. March. Brand. E — T. Der heil. Johannes.
R) Moneta nova aur. Swobach. Vier Schilde in einem Blumenkranze.

Bayreuth.

Friedrich.

347. Friedericus D. G. M. B. D. P. B. N. Geh. Brustbild im Mantel.
R) Wappen mit Fürstenhut und Mantel, unten 17 5..

Friedrich Christian.

348. Frid. Christ. D. G. M. B. D. B. et S. B. N.
Geharnischtes Brustbild.
R) Gekröntes Wappen 17—66.

Onolzbach.

Friedrich, Albert und Christian.

349. D. G. Frid. Alb. Christ. Fr. March. Bran.
Duces. Die drey Brustbilder. Im Abschnitte: 1630 und Wappen.
R) Pruss. St. Pom. Cas. Van. Iag. Burg.
i. Nurn. P. R. Das große Wappen.

Johann Friedrich.

350. Io. Frid. D. G. Mar. Brand. Mag. Pruf. S.
P. Pom. Ca. Brustbild.
R) Vand. Cr. Iag. Dux Burg. Nor. Pr.
Hal. Min. et Cam. Das große mit dem Fürstenhute bedeckte Wappen, neben 1672.

Christiana Karolina.

351. Christ. Car. Tutrix Reg. Br. On. BB.
R) Gloria Dei cura mea. Der geschlungene Namenszug mit Krone. Unten 1726.

Karl Wilhelm Friedrich.

352. Car. Wilh. Fr. D. G. M. Br. P. S. D. B. N.
Geharn. Brustbild im Mantel.

R) Salus publica salus mea. Zwey mit Ordensfette behangene Wappen, mit Fürsten= hut und Mantel, unten 1747.

C. F. C. Alexander.

353. C. F. C. Alexander D. G. M. B. D. B. et S. Geharn. Brustbild im Mantel.

R) Der Brandenburgische Adler mit Herz= schild in einem mit dem Fürstenhute bedeckten und verzierten größern Schild, unten 1757.

354. Die nemliche.

III. Braunschweig.

August.

355. Augusto Hertzog zu Braunſ. und Lun. Geharnisches Brustbild mit Spitzenkragen und Feldbinde.

R) Alles mit Bedacht. Anno 1639. Ge= krönte Wappen.

Rudolph August.

356. Rudolph. Augustus Dux Br. et Lu. Das große gekrönte Wappen zwischen zwey Palm= zweigen, unten R. B.

R) Remigio altissimi anno 1679. Das springende Roß.

Georg Wilhelm.

357. Georg. W. D. G. Br. et L. Das große W. mit fünf Helmen mit: Honi soit qui mal y pense.

R) Quo fas et gloria ducunt. 1693. Das springende Roß.

August Wilhelm.

358. August. Wilh. D. G. Dux Br. et L. BW.
R) Parta tueri. Das springende Roß. Im Abschnitte: MDCCXXVIII. H. C. H.

Karl.

359. Carolus D. G. Dux Bruns. et Luneb. BW.
R) Nunquam retrorsum. Das springende Roß, unten B. I. D. Im Abschnitte: 1738.
360. Die nemliche.
361. Carolus D. G. Dux Br. et Lün. Geharn. Brustbild im Mantel.
R) Nunquam retrorsum 1762. Das springende Roß, unten im Abschnitte: 5. Thaler I. D. B.

Karl Wilhelm Ferdinand.

362. Carolus Guilielmus Ferdinandus. Gekröntes Wappen.
R) D. G. Dux Brunsvicens. et Luneburg. X Thaler 1784. M. C.
363. Die nemliche.

IV. Geldern.

Karl.

364. Karol. Dux Gelr. Inl. Der Herzog im Gewande.

R) Mo. no. aure. Gelr. Ein Wappen=
schild in der Mitte, mit drey kleinern Schil=
den in den Ecken, alles in einer verzierten
Einfassung.
365. Karolus Dux Gelr. Iul. C. Zu. Der Herzog
geharnischt zu Pferd mit dem Schwerdte.
R) Mon. nova aurea Ducis Gelre. Der
Wappenschild auf einem Blumenkreuze.

V. Hessen.

Hessen=Cassel.

Friedrich II.

366. Frider. II D. G. Haff. Landg. H. C. BB.
R) Der Ordensstern, inwendig: Virtute
et fidelitate, unten 17—84. D. F.

Hessen=Darmstadt.

Ernst Ludwig.

367. Ernest. Lud. D. G. Haff. Landg. Pr. Hersf.
Brustbild.
R) Occulta patebunt. Der gekrönte Na=
mens=Chiffre, im Kreuze, unten 1733.
368. Die nemliche.

Ludwig VIII.

369. Lupovicus VIII D. G. Haff. Landg. Pr. H.
Geharnischtes Brustbild im Mantel.

R) Sincere et conſtanter. Wappen mit Fürſtenhut, unten 17—53.
370. Ducatus Haſſ. Darmſt. Das geſchlungene L. mit Krone.

R) Pro Patria. Der aufrecht ſtehende Löwe mit dem Schwerdte und dem gekrönten Wappen. Im Abſchnitte: 1753.
371. Durch die Ducaten. Das doppelte gekr. L. im Kreuze.

R) Ward ich verrathen. Ein Hirſch in einer Landſchaft.

VI. Jülich.

Wilhelm.

372. Wilh. Dux Iuliae z. Mo—. Ein Biſchof mit der Mütze, einem Hirſche und Biſchofsſtaabe, unten das Wappen.

R) Mon. aure. Rene'. . . . . Das Jülchiſche Wappen in der Mitte, von der vier Rheiniſchen Churfürſten Wappenſchilden umgeben.
373. Mon. nov. aure. Duci. Das Jülchiſche W. mit den Wappenſchilden der vier Rheiniſchen Churfürſten.

R) Iul. Cli. z. Mon. Co.Mar. z. Ra. 70. Der doppelte Adler mit Krone.

VII. Lothringen.

Heinrich.

374. Henri D. G. Dux Loth. March. D. C. B. G. Das Wappen.

R) Moneta aurea Nanceii. Ein Bischoff mit der Mütze und Staab.

Franz III.

375. Franciscus III D. G. D. Loth. Bar. Brustbild.

R) Rex Hierosol. 1736. Das von zwey Greifen gehaltene gekr. Wappen.

Karolina.

376. Carol.-Pr. Lothar. &c. Nata 17 Maii 1714.

R) Patriae utrique suum. Ein Grabmal mit Urne, neben demselben eine weibliche Figur weinend und ein Genius. Im Abschnitte: Decessit 7. Nov. 1773. Montib.— Hanon.

377. Die nemliche.

VIII. Mecklenburg.

Christan Ludwig.

378. Christ. Ludov. D. G. Dux Meckenb. Geharn. Brustbild.

R) Per angusta ad augusta 1752. Das gekrönte mit zwey Ordensketten umhangene Wappen. (Zwey Louisd'or).

IX. Oesterreich.

Siegmund.

379. Sigism. Archidux Austriae. Der Erzherzog im Ornate und ganzen Bild.

R) Moneta nova aurea Comitis Tir℈. Vier Wappenschilde zwischen einem Blumenkreuze.

Albert und Elisabeth.

380. Albertus et Elisabet Dei Gratia. Beyder gekr. BB.
R) Archi. Auſt. Duc. Burg. et Brab. z. Das gekrönte mit der Ordensketſe umhangene Wappen.

Karl.

381. Carolus Dei G. Archidux. Der geh. Erzherzog mit Zepter, Krone und Schwerdt.
R) Auſtriae et Carinthiae z. C. 78. Getheilter Wappenschild mit Krone.
382. Carolus Dei G. Archidux. Der geharnischte Erzherzog mit Krone, Zepter und umgürtetem Schwerdte.
R) Auſtri. et Carinthiae z. C. 87. Das gekrönte mit der Vließkette umhangene große Wappen.

Ferdinand.

383. Ferdinand. A. A. M. Beatrix Eſt. Sponſ. Beyder BB.
R) Numina favent — Ein Flußgott und der schwebende Merkur mit dem Götterstaabe und den zwey Wappensch. der Neuvermählten. Im Abschnitte: Nuptiis celebratis Mediola. D. XV. Oct. 1771.

Franz II.

384. Oesterreichische Huldigungs-Münze vom 25. April 1792. mit lege & fide auf dem Revers.

X. Pfalzgräfliche.

Neuburg.

Philipp Wilhelm.

385. Philipp. Wilh. Com. Pal. R. D. Bav. I. C. et Mont. BB.
R) Tandem. Gekröntes mit der Vließ= kette umhangenes Wappen, unten 1675.

Zweybrücken.

Johann II.

386. Iohan. D. G. Co. P. R. T. &. Ad. S. R. I. Provisor & Vicarius. Dux B. Co. V. & Span. 1612. Geharn. Brustbild mit Umschlag und Feldbinde.
R) Verbi domi man. i. aeter. Dopp. gekr. Adler mit drey Schilden in der Umschr. (wiegt 2 Ducaten).

Karl II August.

387. Carolus II D. G. C. Pal. Rh. D. Bav. I. C. & M. Brustbild, unten 2. (bedeutet doppel= ter Ducaten).

R) Das gekr. Wappen mit dem Fürstenmantel und fünf Orden, oben 17—88.
388. Die nemliche.
389. Die nemliche, einfacher Ducaten.
390. Die nemliche.
391. Die nemliche.
392. Ein Heller-Abschlag in Gold von 1759.
393. Das nemliche.
393½. Ein Kreuzer-Abschlag in Gold von 1788.

XI. Sachsen.

Johann Ernst VIII.

394. D. G. Iohannes Erneſtus VIII Dux Saxoniae. Geh. Bruſtbild, vor ſich den befederten Helm.
R) Iuli. Cliv. Mont. Angar. et Weſtphal.
A. Reichmansdorf.

XII. Schlesien.

395. Mon. aur. P. P. et Stat. Evan. Sil. Der
Adler, unten H. R.
R) Salus et victoria noſtra 1634. Iehova.
Eine Wolke mit Strahlen.

Georg, Ludwig und Christian.

396. D. G. Georgi. Ludovic. & Chriſtia. Fratr.
Der drey Brüder BB.
R) Duces Sileſi. Lign. Bregen. & Wola.
1657. Wappen mit drey Helmen.
397. Die nemliche.
398. Die nemliche von 1659.

Chriſtian.

399. Chriſtianus D. G. Dux Sileſiae. Geharn. Bruſtbild.
R) Lignic. Bregenſ. &. Wolavi. 1672. Der gekrönte einfache Adler.

Joachim, Heinrich Johann Georg.

400. Ioach. Hen. Io. Ge. D. G. Munſterb. Das Wappen und oben 1538.
R) Mone. aure. Reichſtei. Der heil. Chriſtoph. Neben N. B.

Heinrich und Karl.

401. Henri. Karl. D. G. Duc. Munſterberg. Vier Schilde mit Mittelſch. 1566.
R) Mone. aure. Reichſteni. Der heilige Chriſtoph.

XIII. Würtemberg.

Ulrich.

402. Ulricus Dux Wirteber. Der Herzog geharniſcht mit Schwerdt.
R) Mone. no. aurea. Stugard. Das W.
403. Ulricus Dux Wirteb. &c.
R) Wie vorher.

Johann Friedrich.

404. Iohan Frid. D. G. D. Wirtem. Geharn. Bruſtbild.

R) Moneta no. aur. Stutga. 1614. Vier
Schilde im Kreuze.

Eberhard Ludwig.

405. Eberh. Lud. D. G. Dux Wurt. Geharnisch=
tes Brustbild.
R) Cum Deo et die. Wappen mit fünf
Helmen.
406. Eber. Lud. D. G. Dux Wur. Geh. BB.
R) Cum Deo et die. Gekröntes Wappen
mit Ordenskette. 1732.
407. Die nemliche.
408. Die nemliche.
409. Die nemliche.
410. Die nemliche von 1733.
411. Die nemliche.

Karl Alexander.

412. Carol. Alexand. D. G. Dux. Wur. & T.
Geharn. Brustbild.
R) Per ardua virtus. Wappen mit Krone
und Fürstenmantel. 1734.
413. Die nemliche.
414. Carol. Alex. D. G. Dux Wur. x T. Geh.
Brustbild.
R) Per ardua virtus 1736. Gekr. W.

Karl Rudolph.

415. Carl. Rud. Dux Würt. & T. Administ. &
Tutor. Geharn. Brustbild.
R) Duc. aur. Wurt. ad leg. Imp. Gekr.
Wappen. 1737.

Karl.

416. Carolus D. G. Dux Wurt. & T. Geharn. Brustbild.
R) Provide et constanter. Gekr. Wappen, unten 1749.
417. Die nemliche von 1762.

---

418. Eine viereckige Münze.
A) Mein Path all Stunt bedenck den Bund. Ein Taufstein mit dem Crucifix und Kanne.
R) Die Stadt Stuttgard. Im Abschnitte: Stutgardia.

h. Neufürstliche.

I. Batthyany.

419. Carol. S. R. I. P. de Batthyan. A. U. E. G. C. M. Geh. Brustbild mit Vließorden.
R) Fidelitate et fortitudine 1765. Das mit dem Vließorden umgebene Wappen mit Fürstenhut und Mantel.

II. Curland.

420. D. G. Petrus in Liv. Curl. et Semg. Dux. Brustbild.
R) Mon. aurea Duc. Curl. ad legem Imp. 1780. Zwey Wappenschilde mit Krone.

III. Für-

III. Fürstenberg.

421. Iosephus S. R. I. P. in Fyrstenberg. Geh. Brustbild im Mantel.
R) Landg. Bar. et Stul. C. in Heilig. & Werd. Das mit dem Bliesorden umgebene Wappen mit Fürstenhut und Mantel, unten 1750.

IV. Ligne.

422. Carolus P. S. I. R. a Linea C. Fagnolensis. Brustbild.
R) Das mit dem Bliesorden umgebene W. mit Fürstenhut und Mantel.

V. Salm.

423. Frid. III D. G. Pr. a Salm Kyrb. Com. Rh. et Sylv. Brustbild.
R) Wappen mit Ordenskette, Fürstenhut und Mantel, oben 17—82.
424. Die nemliche.

b. Gräfliche.

I. Flandern.

425. Karolus Dei Gra. C. Fland. Wappen auf dem Kreuze.
R) Sanctus Andreas. Der heil. Andreas.

II. Fugger.

426. Ant. Fugger D, in Weiſſenhorn. Das W.
R) Carol. V. Ro. Imp. Auguſ. munus.
Doppelter Adler.

III. Hohenlohe.

427. Iohan. Fridric. Comes de Hohenlo et Gleichen. Geharn. Reuter. Deo Duce. 1699.
R) Dom. in Langenb. et Cranichf. Sen.
et feud. Adm. Aet. 83. Wappen mit drey
Helmen.

IV. Oldenburg.

428. Ant. Gunt. C. Ol. et Del. Do. in Ie. e. K.
Bruſtbild.
R) Auxilium meum in Domino 1604.
Wappen mit Krone zwiſchen zwey Palm-
zweigen.

V. Schlick.

429. Heinr. Schlick Co. a Paſ. Die heilige Anna
mit dem Chriſtkindlein und der heiligen Maria, dabey das Wappen und S. A.
R) Ferdi. II Rom. Imp. Se. A. Der doppelte gekrönte Reichsadler mit dem Böhmiſchen Schilde auf der Bruſt, unten ein kleiner Schild und 16—35.

k. Freyherrliche.

I. Batenburg.

430. Moneta nova aurea Batenbo. Doppeltes Blumenkreuz.
R) Sic exaltatus est filius hoïs. Die eherne Schlange auf einem Hügel im halben Monde.

II. Brederode.

431. Mo. no. He. D. d. Bre. L. D. Vian. Die Mutter Gottes mit dem Kinde, unten der halbe Mond und kleines Wappenschild.
R) Sanctus Henricus. Brustbild des Kaiser Heinrich II.

III. Recheim.

432. Moneta nova aurea Rech. Die Mutter Gottes mit dem Kinde.
R) Sanctus Petrus. Der heilige Petrus, unten das Wappen.

l. Italienische Fürsten und Staaten.

I. Ferrara.

33. Alfonsus II Ferrar. Dux. Gekr. Wappen.
R) Semel in aeternam. Blumenkreuz.

II. Florenz.

434. Fer. M. Ma. D. Etr. III. Lilie.
R) S. Ioa. Bap. Flor. Prot. 1596. Der heil. Johannes.
435. Cosmus III D. G. M. Dux Etrur. Lilie.
R) S. Ioannes Baptifta 1718.
436. Die nemliche von 1722.
437. Ioan. Gafto. I. D. G. M. Dux Etr. Lilie.
R) S. Ioaunes Baptifta, 1736.
438. Franc. III. D. G. D. Loth. M. D. Etr. Lilie.
R) S. Ioannes Baptifta 1737.
439. P. Leopoldus D. G. A. A. M. D. Etr. Lilie.
R) S. Ioannes Baptifta, 1778. (Drey Ducaten.

III. Genua.

440. Dux et Guber. Reipub. Genv. Chiffre mit 1553.
R) Conradus Rex Romano. A. S. Ein Kreuz.
441. Dux et Gub'. Reip'. Genu. Chiffre mit 1557.
R) Conradus II Ro. Rex A. S. Ein Kreuz.

IV. Lombardie.

442. Regii Lombardie. Schild mit Kreuz.
R) Cuius cruore fanati fum. Der Heiland mit dem Kreuze.
443. A) Der nemliche und 1553.
R) Mit der Umschrift: Cuius cpuope fanati fumus &c.

V. Lucca.

444. Sanctus vultus de Luca. Gekröntes Brustbild, vorwärts sehend.
R) Carolus Imperator. Das Wappen mit Libertas.
445. Die nemliche, oben auf dem Revers mit der Jahrzahl 1552.
446. Die nemliche.
447. Die nemliche.
448. Die nemliche, kleiner.

VI. Massa und Carrara.

449. Alb. Cybo M. in. - - - - - - - Gekröntes Wappen, neben 15 — 75.
R) In hac gloria - - - - - Blumenkreuz.

VII. Mayland.

450. Ls. Dux Med. ac Cremone D'. Geharn. Reuter.
R) Comes Papie ac Cremone Dns. Basilisk in einer verzierten Einfassung mit C. R. zur Seite.
451. Philippus Rex etc. Brustbild mit Krone.
R) Mediolani Dux. Gekröntes Wappen von Mayland.
452. M. Theresia D. G. R. Imp. Hu. Bo. Reg. A. A. Brustbild.
R) Mediolani Dux 1778. Gekr. Wappen zwischen einem Palm- und Lorbeerzweige.

VIII. Modena.

453. Hercules II Dux Mutinae. Blumenkreuz.
R) S. Geminianus Mutinensis Pont. Der Heilige mit dem Bischofsstaabe.

454. Eine ähnliche mit undeutlicher Umschrift.

IX. Savoyen und Sardinien.

455. Em. Filib. D. G. Dux Sabaudie. Gekröntes Wappen.
R) In te Domine confido. 157. Das Das verzierte Kreuz mit FERT.

456. Die nemliche von 1578.

457. Eine ähnliche von 1579.

458. Vic. Am. D. G. Rex Sardiniae. Brustbild, 1786.
R) Dux Sabaud. Princ. Pedem. Adler mit Krone, Zepter, Commandostaab und Ordenskette unten.

459. Die nemliche, kleiner von 1787.

X. Venedig.

460. Sanctus Marcus Venetus. Der Löwe.
R) Andreas Criti Dux Venetiar. Blumenkreuz.

461. Dux Fran. Vene. S. M. Venet. Der heil. Marcus, vor ihm der kniende Doge.
R) Sit t. Xpe dat q. tu regis iste Duca. Das Bildniß Christi von Sternen umgeben.

462. Dux Marin. Grim. S. M. Venet. Av. und Rev. wie auf dem vorigen.

463. Dux Aloy. Mocen. S. M. Venet. Av. und Rev. wie auf den vorigen.

464. Dux Bert. Valer. S. M. Venet. Av. und Rev. wie die vorigen.

m. Schweizerische.

I. Bern.

465. Moneta aurea Reipublicae Bernenſis. Zwey Löwen, der eine mit dem Zepter, der andere mit dem Schwerdte, halten eine Freyheits= mütze über das getr. Wappen.

R) Benedictus ſit Iehova Deus. 2 Du‐ cat. 1703. in einem Palmenkranze.

466. Der nemliche Avers.

Der nemliche Revers in einer verzierten Einfaſſung, oben ein Engelskopf, unten ein anderer Kopf. Vom Jahre 1727.

II. Zürich.

467. Moneta nova Reip. Tigurin. 1666. In ei= ner verzierten Einfaſſung.

R) Domine conſerva nos in pace. Wap‐ pen von einem Löwen gehalten.

n. Holländische.

I. Geldern.

468. Mon. ordi. Prov. foeder. Belg. ad Leg. Imp.
R) Concordia res par eres Gel. Der geharnischte Mann mit Schwerdt und Pfeilen. 15—91.

II. Ober-Yssel.

469. Eine ähnliche von 1606.

III. Utrecht.

470. Eine ähnliche von 1587.
471. Dito von 1599.
472. Dito von 1645.
473. Dito von 1723.

IV. Westfriesland.

474. Mon. no. aur. domi West. Fris. 1591. Gekröntes Wappen.
R) Deus fortitudo et spes nos. Der geharnischte Mann mit Spieß und Schwerdt.
474. Ein Ducaten von 1760, wie Nro. 468.

o. Städtische.

I. Augsburg.

476. Augusta Vindelicorum. Der Wappenschild der Stadt.
R) Imp. Caes. Caroli Aug. V. munus. Reichsadler mit Krone.

477. S. Afra Protect. Augustae Vindel. Die heil. Afra. Neben der Tannzapfen.
R) Ferdinand. III D. G. Rom. Imp. S. Aug. P. F. 1642. Dopp. Adler mit Krone.

478. Augusta Vindelicorum. Die Stadt Augsburg in weiblicher Figur mit dem Tannzapfen. Im Abschnitte: 1705.
R) Ioseph. D. G. R. I. S. A. P. Geharn. Brustbild mit Lorbeerkranz.

479. Augusta Vindelicorum. Zwey Flußgötter, zwischen denselben der Tannzapfen. Im Abschnitte: 1738. und zwey Hufeisen.
R) Carol. VI. D. G. Rom. Imp. S. A. Belorbeertes und geharn. Brustbild.

480. Augusta Vindelic. Die Stadt Augsburg in weiblicher Figur mit dem Tannzapfen. Im Abschnitte: 1742.
R) Carolus VII. D. G. Rom. Imp. S. A. Geharn. und belorbeertes Brustbild.

II. Basel.

481. Monet. no. Basilien. Mutter Gottes mit dem Kinde, unten ein Wappenschild.

R) Fridricus Romano. Impr. Reichsapfel in einer Einfassung.
482. Die nemliche.

III. Breslau.

483. Legitime certantibus. Ein F. mit Palmzweig und Krone, unten Monet. Vratis. Wappen und 16—17.
R) Mathias D. G. Rom. Im. S. A. G. H. B. Rex D. Sil. Gekröntes Brustbild mit Spanischem Kragen ꝛc.

IV. Campen.

484. Duca. R. P. Imp. Campen. va. Ferdinandi. Ferdinands und Isabellens gegen einander sehende BB. zwischen denselben C.
R) Sub umbra alarum tuarum pro. Ein Adler mit dem gekr. Wappen.

V. Cölln.

485. Mo. Civitat. Colon. Ein Heiliger mit dem Buche, unten der Wappensch. der Stadt.
R) Iaspar Melchior. Balthaſ. Reichsapfel in einer Einfassung.
486. Caspar Melchr. Balthaſ. Das Wappen, oben 1644. Drey kleinere Wappenschilde in der Umschrift.
R) Ferdinand. III. D. G. Ro. Im. S. Au. Der Kaiser geharnischt mit Krone, Zepter, Reichsapfel und Feldbinde.
487. Die nemliche.
488. Eine ähnliche von 1655.

VI. Danzig.

489. Mone. no. aur. Civi. Gedanensis. Das von zwey Löwen gehaltene Wappen, oben 88. (1588).
R) Sigismund III. D. G. Rex Pol. D. Pruſ. Gekr. Bruſtbild mit Kragen.

490. Die nemliche von 1590.

491. Mone. aurea Civi. Gedanenſis 1623. Das Wappen von zwey Löwen gehalten.
R) Sigis. III. D. G. Rex Pol. M. D. L. R. Pr. Gekr. Bruſtbild mit Kragen.

492. Mon. aurea Civitas. Gedanenſis 1636. W. von Löwen gehalten.
R) Vlad. IIII. D. G. Rex Pol. M. D. Lit. R. Pruſ. Gekr. Bruſtbild mit Spitzenkragen und Vließorden.

493. Mon. aurea Civitatis Gedanen. 1646. Wappen ꝛc.
R) Vlad. IIII. D. G. R. Pol. & Suec. M. D. L. R. P. Gekröntes Bruſtbild mit Spitzenkragen.

494. Mon. aurea Civitat. Gedanenſ. 1658. Wappen ꝛc.
R) Ioh. Caſ. D. G. R. Pol. & Suec. M. D. L. R. P. Gekr. Bruſtbild mit dem Vließ= orden.

495. Die nemliche von 1660.

496. Mon. aurea Civitat. Gedan. 1683. W. ꝛc.
R) Ioan. III. D. G. Rex Pol. M. D. L. R. Pr. Gekr. und geharn. Bruſtbild.

VII. Frankfurt.

497. Monet. no. Fra'cford'. Ganzes Brustbild im Gewande mit einem Zepter in der Linken.
R) Sigismud' Ro'noru Rex. Reichsapfel in einer mit Lilien verzierten Einfassung.

498. Moneta no. Francfor. Der heil. Johannes.
R) Fridricus Ro'noru. Imp. Reichsapfel in einer Einfassung.

499. Monet. no. Francfd. Der heil. Johannes, unten ein kleiner Schild.
R) Fridricus Roman. Imp. Reichsapfel in einer Einfassung.

500. Die nemliche.

501. Mo. no. Francf. 1498. Der heil. Johannes, unten ein kleiner Schild.
R) Maximilianus Roma. Rex. Reichsapfel in einer Einfassung.

502. Ducatus novus Reipubl. Francofurt. In einer viereckigen verzierten Einfassung.
R) Nomen Domini turris fortissima. W. oben 16 — 19.

VIII. Genf.

503. Geneva Civitas. Der dopp. gekr. Adler mit dem Stadtwappen auf der Brust.
R) Post tenebras lux. G. Eine Sonne, in deren Mitte I. H. S.

IX. Hamburg.

504. Moneta no. Hamburge'. Der heil. Petrus, unten ein kleiner Schild.

R) Fridericus Ro'nor'. Rex. Reichsapfel in einer Einfassung.

505. Moneta no. Hamburg. Die Mutter Gottes mit dem Kinde, unten das Stadtwappen in einem kleinen Schilde.

R) Ave. plen. gracia 1644. Mutter Gottes mit dem Kinde.

506. Die nemliche von 1645.
507. Die nemliche von 1648.
508. Die nemliche von 1655.
509. Die nemliche von 1660.
510. Moneta aurea civitatis Hamburgenf. Stadtwappen in einem Palmenkranze.

R) Iofephus D. G. Roma. Imp. fem. Aug. Dopp. gekr. Reichsadler mit Zepter, Reichsapfel und Schwerdt, 1708.

511. Moneta aurea civitatis Hamburgenf. Wappen in einer Einfassung, unten I. H. L.

R) Carolus VI. D. G. Rom. Imp. femp. Aug. Der dopp. gekrönte Adler mit Zepter, Reichsapfel und Schwerdt, unten 1727. (Doppelter Ducaten).

512. Die nemliche einfach von 17—27.
513. Moneta aurea Hamburgenfis 1767. Das Wappen der Stadt Hamburg, unten O. H. K. in einer befondern Einfassung.

R) Iofephus II. D. G. Rom. Imp. femp. Auguft. Dopp. gekr. Reichsadler mit Zepter, Schwerdt und Reichsapfel.

514. Mon. aur. Hamburgenfis ad legem Imperii. Viereckige Einfaffung, oben das Stadtwappen.

R) Iofephus II. D. G. Rom. Imp. femp. Auguft. Dopp. gekr. Reichsadler mit Zepter, Reichsapfel und Schwerdt, unten 1773.

X. Lübeck.

515. Mon. nova aure. Lub. Der geharnischte Kaiser mit Krone, Zepter, Reichsapfel und umgürtetem Schwerdte.

R) Civitatis Imperial. Der gekr. dopp. Reichsadler mit dem Stadtwappen auf der Brust, einem kleinern Schilde. Unten mit der Jahrzahl 1694.

XI. Magdeburg.

516. Mon. no. aurea Magdebu. 1571. Das W. der Stadt.

R) Maxi. z. D. Gra. Ro. Imp. Se. Aug. Dopp. gekr. Voler.

XII. Metz.

517. Florenus . . . . Metensis. Wappenschild in einer Einfassung.

R) S. Stepha'. Prothom. Der heil. Stephan.

518. Florenus civitatis Metens'. Wappenschild in einer Einfassung.

R) S. Stephan. Proth. M. Der heilige Stephan.

519. Die nemliche.

XIII. Nördlingen.

520. Monet. no. Nordli'en. Das Kaiserl. Bild im Gewande mit dem Zepter in der linken Hand.

R) Sigismund' Ro'norum Rex. Reichsäpfel in einer mit Lilien verzierten Einfassung.

521. Monet. no. Nordlin. Der heilige Johannes, unten ein kleiner Schild.

R) Frdricus Roman. Imp. Reichsapfel in einer Einfassung.

XIV. Nürnberg.

522. Moneta communis d. Nuremberg. Der einfache Adler mit einem N. auf der Brust.

R) Sanctus Laurencius. Der heil. Laurentius.

523. Die nemliche.
524. Die nemliche.
525. Moneta Rei. pu. Nurenbergens. Der einfache Adler mit einem N auf der Brust.

R) Sanctus Laurentius. Der Heillge, neben 15—27.

526. Moneta aurea Reipub. Norimberg. Zweyfach getheilter Schild.

R) Sit pax in terris tandem et patientia victrix. Ein Lamm auf einer Erdkugel. Vom Jahre 1632.

527. Ducatus Reipub. Norimb. Der einfache Adler.

R) Pax Iesu Christi sit dux in tempore tristi. Zwey Wappensch. Vom Jahre 1637.

528. Ducatus Reipub. Norimberg. Der einfache Adler, über welchem eine aus den Wolken ragende Hand einen Lorbeerkranz hält.

R) Imp. Ferdinan. III. p. f. Augusto pacis executio decreta Noribergae M. DC. L. 16 Iuni. Das Stadtwappen.

529. Seculum novum celebrat Resp. Noribergensis. Drey Wappenschilde, über denselben eine Taube mit Oelzweig.

R) Tempora noſtra Pater donata pace corona. Ein Lamm auf einer halben Weltkugel mit einer Fahne, worauf Pax ſtehet. (Doppelter Ducaten).

530. Die nemliche einfach.
531. Die nemliche.
532. Die nemliche.
533. Die nemliche.
534. Die nemliche.
535. Die nemliche viereckig.
536. Die nemliche.
537. Ein viereckiges Stückchen mit dem Stadtwappen und Lamm. Wiegt 15 Aß.
538. Die nemliche.
539. Eine noch kleinere, runde mit Wappen und Lamm. Wiegt 2 Aß.
540. Die nemliche.

XV. Regensburg.

541. Ducatus Ratisponenſis 1645. Das Wappen.

R) Ferdinandus III D. G. Rom. Imp. S. A. Doppelter gekr. Adler mit Schwerdt und Zepter, oben unter der Krone der Reichsapfel, auf der Bruſt das gekr. Wappenſchild von Oeſterreich.

XVI. Strasburg.

542. Nummus aureus vrbis Argentine. Reichsapfel in einer verzierten Einfaſſung.

R) Urbem virgo tuam ferva. Die Mutter Gottes und das Jeſuskind, unten ein kleiner Schild.

543. Du-

543. Ducatus Reipub. Argentinensis. In einem Palm= und Lorbeerzweige.

R) Gloria in excelsis Deo. Das von zwey Löwen gehaltene behelmte Wappen.

544. Die nemliche.

XVII. Thorn.

545. Mone. nova aure. Thore. Die Mutter Gottes mit dem Jesuskinde, unten der halbe Mond und ein kleiner Wappenschild.

R) Ferdi. Roma. Impe. sem. Augu. Gekröntes und geharn. Brustbild mit Zepter.

546. Moneta aur. civit. Thorunensis 1635. Das von einem Engel gehaltene Wappen.

R) Vlad. IIII. D. G. Rex Pol. et Sue. M. D. L. R. P. Gekröntes BB. mit Spitzenkragen und Bließorden.

547. Moneta aurea civit. Thorunensis. Engel mit Wappen, 1651.

R) Ioan. Caf. D. Gr. Pol. et Suec. M. D. L. R. Pr. Gekr. Brustbild mit Spitzenkragen und Bließorden.

XVIII. Zwoll.

548. Mon. au. Zwol. Der Erzengel mit dem Schwerdte, unten ein Schild.

R) Fredric. Roan. Impe'at. Der Reichsapfel in einer Einfassung.

549. Ducatus R. P. Zwol. valor. Ferdin. Ferdinand und Isabella.

R) Sub umbra alarum tuarum. Gekr. W.

550. Die nemliche.
551. Die nemliche.

552. Die nemliche.
553. Mone. aurea civit. Zwol. Viereckige verzierte Einfassung.

R) Ferdinan. III. D. G. R. I. H. Bo. R. Gekr. und geh. Brustbild mit Zepter, Reichsapfel und umgürtetem Schwerdte, 1661.

p. Biblischen und vermischten Inhalts.

554. Christus und die Jünger, oben Ihr sollt also beten.

R) Das Vater unser. — 2.1/2 Ducaten.

555. Kommet her zu mir alle. Das Brustbild des Heilandes, unten stehet der Name Iesus.

R) Sihe das ist Gottes Lamm, welches der Welt Sünde trägt. Ein Lamm mit Fahne auf einer halben Erdkugel.

556. Auf zwey Tafeln: Du solt deinen Vater und deine Mutter ehren auf das dirs wohl gehe.

R) Wol dem der Freude an seinen Kindern erlebt. Ein fruchtbarer Baum zwischen zwey kleinern in Kübeln. Im Abschnitte: Das hilf Herr Zebaoth. 1 Ducaten.

557. Die nemliche.

558. Auf die Augsburgische Confeßion: Zeuge der wahren Ernevervng des Bundes Gottes. Iof, 24. 26.

R) In euch wird aufgehen die Sonne der Gerechtigkeit fruhe. Mal. 4. 2.

Avers und Rev. mit allegorischer Vorstellung und in den Umschriften die Jahrzahlen 1530 und 1630. Ducaten.

559. Hilf du heilige Dreyfaltigkeit 1616. I. H. S. Das Auge der Vorsehung oben. Unten ein einköpfiger Adler mit ausgebreiteten Fittigen.

R) Wol dem der Freude an sein. Kind. erlebt. Zwey kreuzweis liegende Schwerdter, über denselben die in einander geschlungenen und bekrönten CS. Ducaten.

560. Bethe und. Ein flammendes Herz in einem rauchenden Gefäße.

R) Arbeite Gott wirds wol machen. Ein Bienenkorb.

561. Martinus Lutherus Theologiae Doct. BB. (1717.)

R) Ego plantavi Deus incrementum dedit. Der Sämann.

562. Ein Hirsch an der Säule.

R) CL. geschlungen mit Krone. Wiegt 2 Aß.

563. Hiher nicht aufs Pappier. Eine Hand, die auf ein Herz schreibt.

R) So bleibt es unvergessen. Eine aus der Wolke hervorragende Hand hält ein Papier, worauf stehet: Zum Gedechtnus.

565. Dajo. Eine Hirschjagd.

R) Hallali. Der von Hunden umgebene Hirsch.

565. ⎫
| ⎬ Morgenländische Münzen.
577. ⎭

578. Eine Pagode.

Silberne Medaillen
und geringere Denkmünzen.

a. Kaiserliche.

I. Römisch-Kaiserliche.

Karl V und Ferdinand I.

1. Beyder gekröntes BB.
   R) Carol. V. et Fer. I. Fres. Ro. Imp. et ReRe Hifp. utriqq. Sici. Vng. Boe. zc. Atchid. Auft. D. Burg. M. DXXXI. 1/2 Loth.

Ferdinand IV.

2. Denkm. auf seine Römische Königskrönung mit dem Sinnspruche: Pro Deo et populo. XVIII. Iuny MDCLIII.
3. Die nemliche.
4. Eine ähnliche, aber etwas kleiner.
5. Die nemliche.
6. Die nemliche.
7. Die nemliche.

Leopold I.

8. Denkm. auf Leopold I. Römische Königskrönung 1. August 1658. mit Confilio et
Induſtria.
9. Med. Ibæ favore divino Leopoldi induſtria
Bavari vi et Lotharingi. Das göttliche Auge
über dem Kaiſer, der in der Rechten den
Zepter, in der Linken den Reichsapfel hält,
und auf einem Triumphwagen von vier Pfer-
den gezogen einherfährt.

R) Auſtriacis Buda urbs aquilis ſubſter-
nitur armis 1686. Die Stadt Ofen, wie ſie
beſchoſſen wird, über derſelben der Adler in
der Luft, der in der rechten Klaue das
Schwerdt, in der linken Donnerkeile hat.
2.1/2 L.

10. Med. auf die Eroberungen Leopolds in Ungarn.

A) Des Kaiſers geharn. Bruſtbild mit langem herabhangendem Haare und der Umſchrift: Leopoldus I. Turcarum victor, mit
zwey Palmzweigen umgeben, an welchen es
zwey geflügelte Genien in der Luft halten.
Unten der Proſpekt der Veſtung Eperies.

R) Die Proſpekte der Veſtungen Gran,
Zolnock, Sarrabas, Verovizka, Ungwar,
Neuheuſel, Caſchau, Tockay, Novigrad und
Eperies. In der Mitte: Vermehrer des
Reichs 1686. 1.3/4 L.

11. Med. auf die Krönung der Kaiſerin Maria
Eleonora und ihres Sohnes Joſephs I. zum
Römiſchen Könige.

R) Der Kaiſerliche gekrönte dopp. Adler,
der von der einen Seite das Bruſtbild des

Kaisers im Profil mit der Umschrift: Leopoldus Mag. Rom. Imp. P. P. von der andern Seite das vorwärtsehende Brustbild der Kaiserin mit lockiger Frisur und Perlenhalsband, mit herabhangenden Locken und der Umschrift: Eleonora Magd. Ther. L. M. VX. III. im Schnabel hält. Umschrift: In mem. coron. Eleon. Magd. Ther. Aug. matr. et Ioseph. I. Aug. filii. Unten: Aug. Vind. 19 et 26. Ian. 1690.

R) Das geharn. Brustbild Josephs I. als Römischen Königs und Königs von Böhmen, ringsherum die BB. Anselm Franzens, Churfürsten von Mainz, Johann Hugos, Churfürsten von Trier, Joseph Clemens, Churfürsten von Cölln, Maximilian Emanuels, Churf. von Bayern, Johann Georgens III. Churf. von Sachsen, Friedrichs III. Churf. von Brandenburg, Philipp Wilhelms, Churf. von der Pfalz. Randschrift: Principibus Ioseph. placet omnibus unus. 1.15/16 L.

12. Die nemliche. 2.5/8 L.
13. Denkm. auf die Krönung der Kaiserin Eleonora Magdalena 19. Ianuar 1790. mit Fortunante Deo.
14. Denkm. mit Kaiser Leopold und seiner Gemahlin Maria El. Ther. Mag. Brustbild.
15. Denkm. auf die Krönung der Kaiserin Ele. Magd. Theresia.
16. Denkm. auf Josephs I. Römische Königskrönung 26. Ian. 1690. mit dem Motto: Amore et timore. 1 Qt.
17. Die nemliche. 1 Qt.
18. Die nemliche. 1 Qt.

19. Denkm. mit dem Brustbilde König Josephs und einköpfigem gekr. Adler mit Ungarisch- und Oesterreichischem Herzsch. 16—90.
20. Med. Eine große Familienmedaille des Kaisers Leopold mit seiner Gemahlin.

A) Ein Lorbeerbaum. Unten ein Medaillon, auf welchem sich die Brustbilder Kaiser Leopolds und seiner Gemahlin Eleonora, im Profil einander ansehend, befinden. Zwey geflügelte Genien halten ihn. Der zur Rechten hält mit der rechten das Oesterreichische, der zur Linken mit der linken Hand das Pfälzische Wappen. Oben in den Aesten hangen 6 Medaillons mit den Brustbildern der sechs Kinder Leopolds: Josephs I. Römischen Königs, Karls, Marien Magdalenens, Marien Josephens, Marien Elisabeths und Marien Annens. Queer über ein Zettel mit der Inschrift: Chara Deum soboles. Umschrift: Seris factura nepotibus umbram. Virg. Im Abschnitte: Aeternitas domus Augusti. 1697. Unten der Name des Medailleur: Hautsch.

R) Die Familie Philipp Wilhelms, Churfürsten von der Pfalz, Vaters der Kaiserin Eleonora. Ein Lorbeerbaum, an dessen Stamm der Churfürst Philipp Wilhelm geharnischt im Churmantel, den Churhut auf dem Kopfe, mit dem rechten Arme auf das Churpfälzische Wappen gelehnt, in der Linken einen Commandostaab haltend, sitzt, hinter ihm steht ein Helm. An den Aesten des Baumes hangen 9 Medaillons mit den BB. seiner Kinder: des Churfürsten Johann Wilhelms, seines Nachfolgers, Albrechts, Bi-

schofs von Augsburg, Franz Ludwigs, Groß=
meisters des Teutschen Ordens und Karl Phi=
lipps, der Kaiserin Eleonora, der Königin
von Spanien, Maria Anna, der Königin
von Portugall, Maria Sophie, der Prin=
zeßin von Parma, Dorothea Sophie und der
Prinzeßin von Pohlen, Hedwig Elisabeth
Anna. Umschrift: State Palatinae laurus
praetextaque quercus, stet domus aeter-
nos stirps habet illa Deos. Ovid. Im Ab=
schnitte: Gloria gentis Augustae. Randsch.
Et folium eius non defluet, et quaecunq;
faciet prosperabuntur. Ps. I. 14 L.

21. Med. Leopoldus D. G. Rom. Imp. Aug.
Germ. Hung. Bohem. Rex. Belorbeertes
BB. in langer Perücke mit Vließorden.

R) Incomparabilis. Eine Fama mit der
Posaune, dem Lorbeerkranze und Palmzwei=
ge. Im Abschnitte: Turcis profligatis ad
Segedinum MDCIIIC. 1 L.

22. Med. Iosephus et Wilhelm. Amal. Roma-
nor. Rex et Regina. Beyder BB.

R) Pax et amor. Ein Regenbogen, un=
ter demselben eine über Wolken schwebende
Taube mit einem Oelzweige im Schnabel.
Randschrift: Finibus in oriente dilatatis
Austria sobolescet MDCIC. 1 L.

23. Denkm. auf des Römischen Königs Josephs
Vermählung mit Amalia Wilhelmina von
Braunschweig 1699, mit Amore. Consilio.

Karl VI.

24. Krönungsmünze vom 22. Dec. 1711. mit dem Wahlspruche: Constantia et fortitudine. 1 Qt.
25. Die nemliche, kleiner.
26. Die nemliche.
27. Med. auf den nemlichen Gegenstand.

A) Carol. VI. D. G. R. I. G. H. H. B. Rex. Geharn. Brustbild in langer Perücke in der Mitte, von den Brustbildern der Churfürsten von Mainz, Trier, Pfalz, Sachsen, Brandenburg und Braunschweig umgeben.

R) Una corona cor unum. Der doppelte Reichsadler mit Schwerdt und Zepter in der rechten und dem Reichsapfel in der linken Klaue. Auf der Brust das mit der Kaiserkrone bedeckte Herz, auf welchem: Caesari et Imperio — Im Abschnitte: Coronatio opt. princ. MDCCXI. 3 ℒ.

28. Med. auf die Geburt des Erzherzogs Leopold 1716.

A) Austria progenies coelis demittitur altis. (1716) Die in den Wolken thronende Königin des Himmels, weiter abwärts ein schwebender Engel, der den jungen Prinzen einem knieenden, Oesterreich vorstellenden Weibe übergibt. Im Grunde die Stadt Wien, und weiter vorwärts der Oesterreichische Schild. 2 ℒ.

29. Med. Caes. Aug. Car. VI. R. Imp. S. A. Ge. Hi. Hu. Bo. Rex. Ar. A. D. Bur. Des Kaisers geh. und belorbeertes Brustbild.

R) Pyrenen Alpesque tibi mea dextera cedit. Der Kaiser reicht dem ihm gegenüber stehenden Könige von Spanien die Hand. Im Abschnitte: Pace facta 1725. D. 7. May. 3 L.

30. Med. Carolus VI. D. G. Rom. Imperator semp. Aug. Das belorbeerte Brustbild.

R) Undique decerptae frondi praeponit olivam. Der sitzende Hercules, dem ein Genius, der in der linken Hand eine Lanze mit daran geknüpften Oel = und Lorbeerzweigen hält, mit der rechten einen Lorbeerkranz aufsetzt. Unten: Pace orbi Christ. parta MDCCXXXI. Meßing vergoldet.

31. Med. Carolus VI. D. G. Rom. Imp. semp. Aug. Das belorbeerte und geharnischte Brustbild des Kaisers.

R) Fortuna Caesaris redux. Ein Postament, worauf ein völliger Harnisch und viele andere Kriegsarmaturen zu sehen. Nebenzu ist auf der einen Seite die Vorbildung des Flusses Secchia, auf der andern sind Kanonen, Pauken, Bomben und Stückkugeln. Im Prospekte ist die Schlacht zu sehen. Auf dem Postamente stehet: Mon. lust. Arm. Caes. Unten: Castris host. captis D. XV. Sept. MDCCXXXIV. 2 L.

32. Med. auf den Waffenstillstand 1735.

A) Carolus VI. D. G. Rom. Imp. semp. Aug. Des Kaisers geharn. und belorbeertes Brustbild.

R) Spe renascituræ pacis. Ein Weib neben einem abgebrochenen Oelbaume begießt den schwächern ausgeschlagenen Zweig desselben. Im Abschnitte: Induc. public. mens. Nov. 1735. 2 L.

Karl VII.

33. Med. auf seine Wahl.

A) Carolus VII. D. G. Rom. Imp. semp. Aug. Das Brustbild des Kaisers mit Lorbeern gekrönt, im schuppigten Panzer, mit langem herabhangendem Haare. Unten am Arme: P. P. W.

R) Ein Altar, darauf der Reichsadler mit einem Schilde auf der Brust, auf welchem der Name des Kaisers steht. Daneben die Statuen Karls VII. und Ludwigs des Bayern im kaiserlichen Ornate. Oben in der Mitte eine Glorie. Umschrift: Atavis editus Imperatoribus. Abschnitt: Elect. d. 24. Ian: 1742. 2 Loth.

34. Denkm. auf seine Wahl. 24 Ian. 1742. mit belorbeertem Brustbilde und dem Motto: Unione et observantia legum. 1 Qt.
35. Die nemliche. 1 Qt.
36. Die nemliche. 1 Qt.
37. Die nemliche. 1 Qt.
38. Eine ähnliche, aber kleiner.
39. Die nemliche.
40. Die nemliche.
41. Denkm. der Stadt Frankfurt auf die nemliche. Wappen mit Brustbild und exoptata Electio. 3/8 L.

Franz I.

42. Krönungsmünze 4 Oct. 1745. mit dem Motto: Deo et Imperio. 1 Qt.
43. Die nemliche. 1 Qt.

44. Die nemliche, kleiner.
45. Die nemliche.
46. Med. auf die Ankunft in den Niederungarischen Bergwerken.

   A) Franciscus Imp. Aug. M. Theref. Hung. Rex. Beyder gegeneinander sehende gekr. BB.

   R) Adventus Augusti. Der Kaiser zu Pferd wird von der Gewerkschaft empfangen. Im Abschnitte: In fod. Hung. infer. MDCCLI. 1/2 L.

47. Med. auf die 200jährige Feyer des Religionsfriedens.

   A) Carolus V. et Franciscus I. Imperatores Augusti. Beyder geharnischte und belorbeerte BB.

   R) Illo dante hoc firmante stabilis erit (1755). Ein bekränzter Altar, auf demselben ein aufgerolltes Papier, worauf Pax religiosa steht, über demselben zwey bekleidete Arme, die sich die Hände geben. 2 L.

48. Med. Die antik bekleideten BB. des Kaisers und der Kaiserin nebeneinander. Umschr. Imp: Franc. Aug. et M. Theresia Aug.

   R) Das Wiener Akademiegebäude. Munificentia Augustorum. Abschnitt: Acad. Vienenf. MDCCLVI. 5/8 L.

49. Med. auf die Befreyung von Dresden 1759.

   A) Franciscus. M. Theresia. Augg. Beyder BB.

   R) Dresda recepta familia Regia liberata. Ein Flußgott, die Elbe vorstellend, neben ihm in weiblicher Gestalt die Stadt Dresden mit zerbrochenen Ketten, dieser zur

Seite ein Krieger in antiker Rüstung. Im Abschnitte: Armis Imper. et Auftr. Die lV. Septembris MDCCLIX. 2.3/8 L.
50. Denkm. auf die Wahl Josephs II. 27 Mart. 1764. mit Brustbild und felicibus aufpiciis. 1 Qt.
51. Die nemliche.
52. Die nemliche.
53. Denkm. auf Josephs II Römische Königskrönung 3. Apr. 1764. mit virtute et exemplo. 1 Qt.
54. Die nemliche. 1 Qt.
55. Die nemliche, kleiner.
56. Die nemliche.
57. Die nemliche.
58. Med. auf die Ankunft in Insbruck zur Vermählung des Erzherzogs Leopold.
A) Francifc. I. M. Theref. Iofeph. II. M. Iofepha. Augggg. Die vier BB. Unten des Medailleurs A. Wideman Namen.
R) Adventus Augggg. Oenipontum. Triumphbogen und die Stadt Insbruck. Im Abschnitte: D. XV. Iul. MDCCLXV. ad nupt. Leop. A. A. celebrand. 3 L.
59. Med. auf den Tod Franz I. 1765.
A) Des Kaisers geharn. mit Lorbeern bekränztes Brustbild mit langen herabhangenden Locken. Umschrift: Francifcus D. G. Rom. Imp. S. A. Germ. Hier. Rex. Loth. Bar. et M. Het. Dux.
R) Ein auf einem Grabmale stehender Obelisk, mit Blumen bekränzt. Oben auf demselben das Brustbild des Kaisers, mit einem Lorbeer = und Palmzweige umwunden. Rechts die Religion, links die Gerechtigkeit. Um=

schrift: Aeternitati Aug. Principis optimi patris pat. Abschnitt: Nat. VIII. Dec. MDCCVIII. Obiit Oeniponti XVIII. Aug. MDCCLXV. 1. 1/4 L.

60. Med. auf der Kaiserin Maria Theresia Genesung 1767.

A) Der Kaiserin Brustbild mit rückwärts vom Kopfe auf den Rücken herabhangendem Schleyer, bloßem Halse, und einem auf der Brust zusammengeknüpften Hermelinmantel. (Unten A. Widemann.) Umschrift: M. Theresia D. G. Rom. Imp. Ger. Hung. et Boh. Re. A. A.

R) Ein Altar mit drey Stufen, auf deren ersten eine Figur im Mönchshabit kniet, ein Rauchfaß, aus dem Rauche emporsteigt, an einer Kette in der einen, eine Glocke in der andern Hand. Ueber dem Kopfe eine Flamme. Ueberschrift: Deo conservatori Augustae. Abschnitt; Ob redditam patriae matrem. 22. Iulii MDCCLXVII. 2.3/8 L.

61. Med. auf die Huldigung von Gallizien und Lodomerien 1773.

A) Iosephus II. M. Theresia Augg. Beyder BB.

R) Antiqua Iura vindicata. Eine weibliche Figur mit Krone sitzend, neben ihr der Oesterreichische Schild, vor ihr eine knieende Weibsperson und die Wappensch. der eroberten Provinzen. Im Abschnitte: Gallicia Lodomeria in fidem receptis. MDCCLXXIII. 3 Loth.

62. Denkm. auf den nemlichen Gegenstand.

A) Iosephus II. M. Theresia Augg. BB.

R) Gallicia Lodomeria caet. in fidem receptae MDCCLXXIII. 1 Qt.

Joseph II.

63. M e d. Iofephus II. Auguſtus. Belorbeertes Bruſtbild.
R) Academia medico chirurgica militaris. 7/8 L.

64. M e d. Iofephus II. Auguſtus. Belorbeertes Bruſtbild.
R) Belgii felicitas. Eine weibliche Figur mit Mercuriusſtaab und Füllhorn. Im Abſchnitte: Adventus Auguſti MDCCLXXXI. 1/2 L.

65. M e d. Ioſeph der Zweite Deutſcher Kaiſer. Bruſtbild in gewöhnlicher Kleidung und Zopf. Unten: I. P. Werner.
R) Nenne mit Ehrfurcht den Nahmen Laudon des Greiſen des Siegers. Die Stadt Belgrad. Laudon nebſt zwey andern zu Pferd. Im Abſch. den 8. Octob. 1789. 2.1/2 L.

66. M e d. auf den Sieg bey Martineſtie und Belgrads Eroberung.
A) Iofephus II. Auguſtus. Belorbeertes Bruſtbild, unten I. Donner F.
R) Turcis acie victis Tauruno recuperato. Die vor einem Denkmale ſitzende Fama ſchreibt die Namen Martineſt und Belgrad. Auf dem Monumente der Adler mit dem bekränzten Oeſterreichiſchen Schilde. Neben Türkiſche Fahne und Kanone. Im Abſchnitte: X. Kal. Octobr. VIII. id. Octobr. MDCCLXXXIX. 1.3/4.

67. Die nemliche. 1.3/4.

Leopold II.

68. Krönungsmünze. 9. Oct. 1790. Mit pietate et concordia. 1 Qt.
69. Die nemliche. 1 Qt.
70. Die nemliche, etwas kleiner.
71. Die nemliche.
72. Med. auf den Congreß zu Pilniz.

   A) Leop. II. Imp. Frid. Wilh. Rex Pr. Frid. Aug. El. Sax. Unten Hoeckner fec. Leopolds Brustbild in der Mitte, rechts und links die BB. des Königs von Preussen und Churfürsten von Sachsen.

   R) Felicitas temporum. Eine weibliche Figur mit Füllhorn und dem Sächsischen Wappenschilde, in der Entfernung die Elbe, das Schloß Pilniz und die aufgehende Sonne. Im Abschnitte: Pilnizii D. XXV. Aug. M. DCCXCI. 3.3/4 L.

Franz II.

73. Med. auf seine Krönung 1792.

   A) Imp. Caef. Francifcus II. P. F. Aug. Belorbeertes BB. Unten l. N. Wirt. F.

   R) Lege et fide. Die Reichsinsignien. 2.3/8 L.

II. Rußisch-Kaiserliche.

74. Med. Paul Petrow. et Mar. Federowna Magni Ruthen. Duces. Beyder BB.

   R) Allegorische Vorstellung der Künste und Wissenschaften. Im Abschnitte: Bruxellis menfe Iul. MDCC.LXXXII. 1.7/8 L.

b. Königliche.

I. Spanische.

75. Med. Satirische auf die Infantin Isabella Clara.

A) Isabella Clara Eugenia Hisp. Infans. Brustbild in Nonnentracht.

R) Eine geflügelte weibliche Figur, unten mit Adlersfüßen, stößt in eine Trompete, aus welcher die auf einem Bande geschriebene Worte: Clara ubique. Hält in der linken Hand ebenfalls eine Trompete. Auf den vier Ecken die ihr entgegen blasende Winde. 1.1/4 Loth.

76. Med. Bey Errichtung des Bergwerks-Collegiums in Neuspanien.

A) Carol. III. Hisp. Regi. Carol. et Ludovicae fil. Ferdinando recens nepoti Augg. Des Königs Brustbild, demselben gegenüber die Brustbilder seiner beyden Kinder, unten das Brustbild seines Enkels. Metallicor. N. Hisp. Corp. erecto. lat. legib. honorib. concess. supp. ipsi cudi f. MDCCLXXXV.

R) Iam nova progenies coelo demittitur alto. Die strahlende Sonne, eine Bergwerks-Gegend mit verschiedenen Arbeitern, im Vorgrunde ein Aufseher in gewöhnlicher Kleidung mit Degen, der mit der linken auf die Arbeiter und mit der rechten Hand auf die oben stehende Sonne zeigt. Im Abschnitte: Surget gens aurea mundo, in gewöhnlichen Buchstaben — in ganz kleinen aber ist

H.

beygefüget: Gravada in Mexico por Geroni Antonio Gil. 8. 1/2 ℒ.

II. Französische.

Ludwig XIII.

77. Ludovic. XIII. D. G. Francor. et Navarae Rex. BB. geharnischt mit stehendem Kragen und Feldbinde.

R) Anna Auguſ. Galliae & Navarae Regina. Der Königin Brustbild in Spanischer Tracht. (Meßing vergolder.)

Ludwig XV.

78. M e d. Philippus Dux Aurelianenſ. Fr. et Nav. Regens. Brustbild.

R) Regi regnisque tuendis zwischen Strahlen und Wolken, der Schild mit drey Lilien und Turnierkragen, unten die Französische Navarrische Wappenschilde, hinter welchen drey Lilienstengel. Im Abschnitte: Ancile Gallicum. 1.3/8 ℒ.

79. M e d. Lud. Hen. Dux Borbonius Pr. Reg. adminiſter. Brustbild mit Perücke und Gewand. Du Vivier f.

R) Ordo fidesque perennant. Die Göttinnen des Friedens und Ueberflusses. Im Abschnitte: MDCCXXIV. 8.1/4 ℒ.

80. D e n k m. auf Ludwigs XV. Vermählung 1725.

A) Lud. XV. D. G. Fr. et Nav. Rex. Maria Stanis'. Reg. Fil. Beyder gegeneinander gestellte BB.

R) Nuptialia sacra Fon. Bell. Die Trauung. Im Abschnitte: M. DCCXXV. 1/2 ℒ.

81. Med. Ludovicus XV. Rex christianissimus. Belorbeertes Brustbild. Unten: I. C. Roettiers f.

R) Apollo salutaris. Apollo und Hygiea ꝛc. Im Abschnitte: Praem. in Acad. Reg. Chir. Parif. fund. MDCC. XXXI. 6.1/2 ℒ.

82. Med. Louis XV. Roy très chretien. Geharn. und belorbeertes Brustbild. Unten: Du Vivier f.

R) Naiſſance de Mgr. le Duc de Bourgogne. Der mit einem doppelten Kranze eingefaßte Wappenschild. Unten: Mariages. Im Abschnitte: Paris MDCCLI. 1. 1/4 ℒ.

83. Med. auf die Vermählung der Dauphine, nachherigen Königin und Gemahlin Ludwigs XVI.

A) M. Antonia Arc. Auſt. Ludovic. Franciae Delphin. sponſa. Brustbild mit Hermelinmantel.

R) Concordia novo sanguinis nexu firmata — Ein Altar, zur Rechten deſſelben Hymen mit Fackel und Kranz, zur Linken ein opferndes Weib mit Opferschaale und doppeltem Füllhorne. Im Abschnitte: Nupt. celebr. Vien. procur. Ferdinand. A. A. XIX Apr. MDCCLXX. 1.3/4 ℒ.

Ludwig XVI.

84. Med. Ludovicus XVI. Rex christianissimus. Der König mit Krone, im Ornate — Du Vivier.

R) Deo. Confecratori. Der König vor dem Altare knieend, wird von der in den Wolken schwebenden Religion gesalbt. Im Abschnitte: Unctio Regia Remis. XI. Iun. MDCCLXXV. 1.1/2 ℒ.

85. Med. Ludovicus XVI. Fr. & Nav. Rex. Brustbild.
R) Argentoratum felix votis secularibus M. DCC. LXXXI. in einem Kranze von Eichenlaub. 2.3/8 ℒ.

86. Denkm. Argentoratum felix. Lilie.
R) Votis secularibus XXX Septembris M. DCC. LXXXI. Lud. XVI. optimo Principi. 3/8 ℒ.

87. Die nemliche, achteckigt. 3/8 ℒ.

88. Med. auf die Geburt des Dauphin.
A) Lud. XVI. Fr. et Nav. Rex. Mar. Ant. Aust. Reg. Fr. Beyder gegeneinander sehende BB. N. Gatteaux.
R) Felicitas publica. Ein sitzendes Weib mit dem Kinde auf dem Arme, neben der Schild mit drey Lilien. Im Abschnitte: Natales Delphini Die XXII. Octobris M. DCCLXXXI. 1.1/16 ℒ.

89. Denkm. Argentoratum felix secularibus prid. Cal. Octob. Die Lilie. Unten: MDCCLXXXI.
R) Lud. Ioseph. Delphinus nat. XI. Cal. Nov. M. DCCLXXXI. Das Brustbild des Dauphin, unten ein schwimmender Delphin. 7/16 ℒ.

90. Die nemliche. 7/16 ℒ.

91. Confédération des Français in einem Kranze von Eichenlaub.

R) Das Conföderationsfest mit dem Vaterlands=Altare, worauf: A la patrie, steht. Im Abschnitte: A Paris le 14 Juillet 1790. (Meßing vergoldet.)

III. Englische.

Wilhelm und Maria.

92. M. e. d. Gulielmus et Maria D. G. Ang. Fra. et Hib. Rex et Regina Fid. Def. Beyder Brustbild.
R) Pretium et causa laboris. Perseus und Andromeda. Im Abschnitte: 1689. 5/8 ℒ.

Georg I.

93. Denkm. auf sein Absterben 1727.
A) Georg. I. D. G. M. Br. Fr. et H. Rex. F. D. Br. et L. Dux. S. R. I. A. T. & E. Geharnischtes und belorbeertes Brustbild.
R) Inschrift von 9 Zeilen. 1/2 ℒ.

IV. Schwedische.

Gustav Adolph.

94. Ein Abdruck auf dünnem Silberbleche — des Königs belorbeertes Brustbild vorstellend.
95. Ein ähnlicher von seiner Gemahlin Maria Eleonora.
96. Kleine ovale Medaille.
A) Gustavus Adolf. D. G. Suec. Goth. Vand. Rex, Des Königs geharnischtes, vor-

wärts sehendes Brustbild mit Spitzenkragen
und Feldbinde.

R) Enfem Gradivus fceptrum Themis
ipfa gubernat. Zepter und Schwerdt im
Kreuze übereinander liegend. 1/2 L.

97. Eine dergleichen größere.

A) Des Königs vorwärts sehendes BB.
wie Nro. 96. jedoch ohne Umschrift.

R) Enfem Gradivus fceptrum Themis
ipfa gubernat. Die übereinander liegenden
Zepter und Schwerdt. Oberhalb der gekrönte
Namens=Chiffre des Königs G. A. Unter=
halb R. S. Rex Sueciae). Das Ganze mit
einem Kranze umgeben. 3/4 L.

98. Kleine runde Denkmünze mit des Königs vor=
wärts sehendem Brustbilde und gekröntem
Namens=Chiffre auf der Rückseite.

99. Eine ganz kleine ovale mit des Königs vor=
wärts sehendem geh. BB. und gekr. Namens=
Chiffre auf der Rückseite. 1 Qt.

100. M e b. Guſt. Adolpho. D. G. Suec: Got;
Vad. R. M: Pric. Fil. Arl. Dux Etho. et
Careliae. Igriae Dŋ. Des Königs geharn.
vorwärs sehendes Brustbild mit hoher Stirn,
spitzigem Stutz= und Knebelbarte, und einem
breiten, mit Spitzen besetzten Kragen, mit
grotesken Verzierungen umgeben. Unten:
S. D. 1631.

R) Ein römisch geharnischter Krieger mit
Helm und schupplgtem Panzer, ein Schwerdt
in der einen, ein Schild mit dem Zeichen des
Kreuzes in der andern Hand, hinter ihm eine
Glorie, aus der Blitze herabfahren; zu bey=
den Seiten ein Stern, unter seinen Füßen

die allegorischen Figuren des Aberglaubens, der Tyrannei), des Todes und des Teufels. Doppelte Umschrift. Oben: Miles ego Chri̅sti Chro Duce sterno tyrannos, hereticos simul et calco meis pedibus. Unten: Parcere Christicolis, me debellare feroces Papicolas Chri̅st9 Dux me9 en animat. 3.3/4 Loth.

101. M e d. Gust. Adolph9. D. G. Suec. Got. Vad. R. M. Pri̅c. Fin. Dux Etho. et Carel. Igriae. Des Königs vorwärts sehendes belorbeertes BB. in Spitzenkragen und Feldbinde, in einer verzierten Einfassung.

R) Stans acie pugnans vincens moriensque triumphans natus 9 Dec. Anno 1594. gloriose mortuus 6. Nov. Ano 1632. Eine Hand, die einen Degen hält, der mit einem Kranze umgeben ist, zur einen Seite ein Lorbeer= zur andern ein Palmzweig, oben eine Glorie. 1.3/4 L.

102. D e n k m. Gust. Adol. D. G. Suec. Got. Vand. Rex M. Pr. in Fin. Du. Eth. et Car. Ig. Do. Belorbeertes BB. mit Umschlag und besonderm Rande, innerhalb welchem: Nat. 9 Dec. 1594. Denat. 6. Nov. 1632.

R) Ein mit der Spitze aufwärts gekehrter Degen, über dem man eine Krone siehet, zur einen Seite ein Lorbeer= zur andern ein Palmzweig. Darüber in einer Glorie mit einwärts gekehrten Strahlen der Name: Iehovah (mit Hebräischer Schrift). In der Ferne der Prospekt von Lützen. Umschrift: Stans acie pugnans, vincens, moriensq. triumphans. 3/8 L.

Christina.

103. M e b. auf derselben Regierungsantritt.

A) Der Kopf der Königin mit antik geflochtenen, mit Lorbeern umwundenen Haaren und bloßem Halse. Unten: E. P. Umschrift: Christina Regina.

R) Ein aus den Wolken reichender Arm mit einer Krone in der Hand, darunter die Worte: Avitam et auctam. 1 L.

Karl XI.

104. M e b. auf desselben Krönung.

A) Des Königs antik bekleidetes Brustbild mit lang herabhangendem, lockigem, mit Lorbeern umwundenem Haare. Umschrift: Car. XI. D. G. Sue. Got. Vand. Rex.

R) Der König knieend in einem Talare mit Hermelin und Kragen, mit gefalteten aufgehabenen Händen. Vor ihm ein Kissen mit den Reichsinsignien und einem Lorbeer- und Palmenzweige. Oben eine Glorie mit Iehovah (dieses Wort mit Hebräis. Schrift). Umschrift: Sed et haec quae non postul. dedi tibi. 2.1/8 L.

105. M e b. Carolus XI. Dei Gra: Sue. Goth. Wand. Rex. Des Königs antik gekröntes Brustbild mit einem mit Lorbeern umgebenen Römischen mit Federn bedeckten Helme, mit krausgelocktem Haare. (Unten: Meybusch fecit).

R) Jupiter in den Wolken, in der einen aufgehabenen Hand Blitze, die andere über die auf einem Felsen stehende königliche Krone ausstreckend. Aus den Wolken kommen Strahlen und Blitze herab. Der Fels wird von römisch gekleideten Kriegern von allen Seiten bestürmt. Randschrift: Oppugnabit Dominus oppugnatores meos Anno 1676. Die 17. Aug. et 4. Dec. A̅o̅ 1677. Die 14. Iulii. 4.1/4 Loth.

106. M e d. Arctori Carolo quondam spes anxia coeli. Geharn. Brustbild, unten I. B. C.

R) Manet optuma coelo. Die durch Wolken strahlende Glorie. — Der Leichenwagen von zwey Engeln gezogen, die beyde Palmzweige und Kränze tragen, hinten sieht ebenfalls ein Engel, der einen Palmzweig und Kranz über der Leiche hält. Im Abschnitte: Divus Carolus XI. coron. coeli aeterp. nacta MDC. XCVII. D. Aprilis V. 3.5/8 Loth.

Karl XII.

107. M e d. auf den Sieg bey Narva.

A) Carolus D. G. Rex Sueciae. Geharn. Brustbild in Spanischer Perücke.

R) Tandem bona causa triumphat. Eine Viktorie auf Kriegsgeräthschaften und erschlagenen Feinden sitzend, in der Ferne eine Batterie und die Stadt Narva. Im Abschnitte: Ob Russos fugatos et Narvam liberat. 1700. Ohne Randschrift. 1.9/16 L.

108. M e d. auf den Sieg bey Narva.

A) Carolus XII. D. G. Rex Sueciae. Des Königs geh. Brustbild mit kurzem, in die Höhe gestrichenem Haare. (Am Arme : H.)

R) Die Göttin Wiktoria auf Kriegsgeräthen und darnieder geschlagenen Feinden sitzend. In der Ferne eine Batterie. Im Hintergrunde der Prospekt von Narva. Umschrift: Tandem bona cauſſa triumphat. Abschnitt: Ob Ruſſos fugatos et Narvam liberat. 1700. Randschrift: A Domino factum eſt iſtud, et eſt mirabile in oculis noſtris. 1.3/4 L.

109. Wie Nro. 107. mit Randschrift: A Domino factum eſt iſtud et eſt mirabile in oculis noſtris. 2 L.

110. Med. auf den Sieg bey Helſingburg.

A) Carolus XII. D. G. Rex Sue. Des Königs geharnischtes Bruſtbild mit der Halsbinde.

R) Mars mit dem Schwedischen Wappenschilde auf Kriegsgeräthen ſitzend. Ueberschr. Pro focis. Abschnitt: Ad Helſingburgum. 1710. 2 L.

111. Ovale Med. auf Karl XII. Aufenthalt bey Bender. 1713.

A) Carolus XII. Suecor. Gothor. Vandalorumq. Rex. Geharn. Bruſtbild mit kurzem Haare.

R) Umſchr. von drey Zeilen, in der Mitte die drey Kronen und der Spruch P. S. 3. v. 7. Ich fürchte mich nicht fur viel Hunderttauſenden die ſich umher wider mich legen. 1.7/8 L.

112. Med. auf deſſelben Tod.

A) Carolus XII. D. G. Rex Sueciae. Das unbekleidete Bruſtbild des Königs, mit kurzem aufſtrebendem, mit Lorbeern umflochtenem Haare.

R) Ein Grabmal mit der Inschrift: Carol. XII. an dessen Stufen die Schutzgöttin von Schweden weinend sitzt. Auf beyden Seiten ein Obelisk mit Lichtern. Quis tot sustinuit, quis tanta negotia solus. Abschnitt: Ad Fridrichhalam MDCCXIIX. d. XI. Dec. 2 Loth.

113. Ovale Med. auf desselben Tod.

A) Das geharn. Brustbild des Königs mit Lorbeern bekränzt. Carolus XII. D. G. Su. G. V. Rex. Unten am Arme: V. Ob. 11. Dec. 1718.

R) Eine abgebrochene Säule, an welcher Minerva und die Göttin der Unsterblichkeit geflügelt, einen Stern über dem Haupte, Arm in Arm stehen. Umschrift: Fortitudo et immortalitas. 7/16 L.

114. Denkm. auf desselben Tod.

A) Brustbild des Königs antik bekleidet, mit Lorbeern bekränzt, mit blossem Halse. Umschrift: Carolus XII. D. G. Rex Sueciae, Nat. A. 1682. d. 17. Iunii.

R) Was trauret ihr doch, bin ich gleich tod, so lebt Gott noch. Abschnitt: 1718. d. 11. Decembr.

Ulrica Eleonora.

115. Med. auf derselben Huldigung.

A) Die Königin, die Krone auf dem Haupte, im königlichen Habite, neben ihr zur Linken ihr Gemahl, in langem mit Hermelin gefüttertem Talare, in Spanischer Perücke mit Lorbeern bekrönt, auf einem erhöheten Throne. Zu beyden Seiten stehen unten am Throne die vier Stände des Königreichs vom Prälaten= Ritter= Bürger= und Bauernstande. Ueberschr. Redeunt Saturnia Regna. Abschn. Proclamat. VII. Dec. MDCCXVIII.

R) In einem Lorbeerkranze die Inschrift: Salve, Ulrica Eleonora, Suec. et V. Regina, salve Friderice, regni dux, suprem. Deus vos servet. 2 L.

116. Med. auf derselben Krönung.

A) Das antik gekleidete Brustbild der Königin, die Krone auf dem Haupte, mit lockigem, hinten mit Perlen aufgebundenem Haare, und auf Nacken und Schulter hängenden leichten Locken. Umschrift: Vlrica Eleon. D. G. Regina Suec. (Unten V.)

R) Eine Landschaft, über welche ein aus den Wolken kommender geharnischter Arm einen Granatapfel hält. Umschrift: Dat reCtas fessIs VIres sIstItqVe CrVoreM. Abschnitt: In memor. coronat. 1.15/16 L.

117. Med. auf derselben Krönung.

A) Brustbild der Königin antik bekleidet, mit bloßem Halse und Brust, die mit Perlen durchflochtenen Haare auf den Nacken herabhangend. Umschrift: Ulrica Eleonora D. G. Regina Sueciae. Unten (I. C. H.)

R) Ein Rosenstock mit einer aufgeblühten Rose. Umschrift: Tanto la serbi il ciel, quanto e sublime. Abschnitt: Voto publico. Alli 23. di Gen. 1732. 1 L.

V. Polnische.

118. Med. Stanislaus I. Rex Pol. Mag. D. Lith. Geharn. Brustbild mit Perücke, Mantel und Ordensbande. Unten: Du Vivier.
R) Accepto a Lotharingis et Bariensibus fidelitatis sacramento. MDCCXXXVII. 1 Loth.

119. Med. D. G. Augustus III. Rex Pol. et El. Sax. Brustbild in Perücke. P. P. Werner fec.
R) Anni terminus terminat arma. Der König gekrönt in antikem Gewande und Mantel, in der Rechten zwey Zweige haltend, mit der Linken sich auf Kriegsgeräthschaften stützend. Im Abschnitte: Pax conclusa MDCCXLV. 1.15/16 L.

120. Med. Stanislaus I. D. G. Rex Pol. Mag. Dux Lit. Loth. et Bar. Brustbild in langer Perücke. A. M. S. V.
R) Utriusque immortalitati. Die Statue des Königs, neben derselben die Klugheit und Gerechtigkeit. Im Abschnitte: Civitas Nanceiana MDCCLX. 5.1/16 L.

VI. Ungarische.

Maria Theresia.

121. Med. auf die Krönung Marien Theresiens, 1741.
A) Maria Theresia Hung. Boh. Reg. Archid. Aust. Brustbild mit Hermellumantel,

R) Nec priscis regibus impar. Die Königin zu Pferd, mit dem Degen in der Rechten. Zur Rechten ein Genius mit dem Ungarischen Wappenschilde, zur Linken ein anderer mit Lorbeer= und Palmzweigen. Im Abschnitte: Coronata Poson. XXV. Iun. M. DCC. XXXXI. L.

122. Krönungsmünze 25. Iun. 1741. Mit Iustitia et clementia.

Joseph II und Maria Theresia.

123. Denkm. auf die Ankunft des Römischen Königs Joseph und seines Bruders Leopold in den Ungarischen Bergwerken 1764. Iul. Silber und vergoldet.

124. Med. Imp. Cae. Iosephus II Aug. M. Theresia Aug. Beyder Brustbild.
R) In einer Einfassung von Lorbeer= und Palmzweigen, die von der Ungarischen Krone bedeckt wird: Ratio educationis totiusque rei litterariae per regnum Hungariae provinciasque eidem adnexas. Die XXV. Iunii A. MDCCLXXX. Budae constabil. 3 L.

VII. Böhmische.

Karl VI.

125. Med. auf desselben Böhmische Krönung 5. Sept. 1723. Mit constantia et fortitudine. 1 Qt.

Maria Theresia.

126. Med. auf derselben Krönung.

A) Maria Theresia Augusta. Das modern gekleidete Brustbild der Königin in Hermelinmantel mit bloßem Halse und kurzgelocktem Haare, von welchem Spitzenflügel herabhangen. Unten: (M. Donner f.)

R) Eine weibliche gekrönte Figur, auf einem Piedestale sitzend, das Böhmische W. nebst einem Ruder in der einen, die Statue der Göttin Victoria in der andern Hand. Neben ihr liegt der Churhut auf einem Kissen. Ueberschrift: Felicitatis publ. reparatio. Abschnitt: Unctio regia Prag. XII. Maii MDCCXLIII. 2.3/8 ℒ.

127. Krönungsmünze 12. Mai 1743. Mit Iustitia et clementia. 1 Qt.

Franz II.

128. Denkm. auf die Krönung. 9. Aug. 1792, mit lege et fide. 1 Qt.
129. Denkm. auf die Krönung seiner Gemahlin Maria Theresia 11 Aug. 1792. Imitari malim, quam vocari. 1 Qt.
130. Die nemliche. 1 Qt.

VIII. Preußische.

Friedrich Wilhelm I.

131. Med. auf die Salzburgischen Emigranten.

A) Das geharn. mit Lorbeern bekränzte Brustbild des Königs im Ordensbande, mit

Halsbinde und steifem Zopfe. (Am Arme: P. P. W.) Umschrift: Frider. Wilh. D. G. Rex Borussiae El. Br.

R) Der König im königlichen Ornate, ein Schild mit dem Adler in der Hand, vor ihm steht eine Gruppe Emigranten. Oben ein Dreyeck in einer Glorie. Umschrift: Gehe in ein Land, das ich dir zeigen will: Gen. XII. Abschnitt: Ged. der Salzb. Emigranten. 1732. 1.15/16 L.

132. Med. auf die Huldigung des Königs zu Königsberg.

A) Das antike Brustbild des Königs. Umschrift: Fridericus Borussorum Rex. (I. R. Barbiez.)

R) Eine weibliche, leicht bekleidete Figur mit bloßen Armen und halbbedeckter Brust, in der einen Hand eine Waage und einen Degen, in der andern eine Sonne. Umschr. Felicitas populi. Abschnitt: Homag. Regiomont. d. 20. Iuli. MDCCXL. 1.1/2 L.

Friedrich II.

133. Med. auf den Breslauer Frieden 1742.

A) Fridericus D. G. Rex Boruss. Siles. utr. Dux supr. Geh. Brustbild mit Mantel. Vestner f.

R) Pax gloriosa. Herkules, neben einer Trophäe auf seiner Keule ruhend, wird von einem schwebenden Genius gekrönt, ein anderer hält einen Zweig in der Hand. Im Hintergrunde die Stadt Breslau. Im Abschnitte: Vratislavia D. XXVII. Iun. M. DCCXLII. 1.15/16 L.

134. Eine Schraubenmedaille auf die Siege des Königs.

A) Das geharn. Brustbild des Königs, mit aufgeschlagenem Hermelinmantel und umhangendem Adlerorden. Die Haare im Nacken zusammengebunden. Umschrift: Fridericus Magnus Rex Borussorum.

R) Die Göttin der Geschichte geflügelt. Neben ihr sitzt links zur Erde Saturn mit der Sense, auf dessen Rücken sie ein aufgeschlagenes Buch stemmt, in das sie die Worte: Saeculum Friderici schreibt. Ueberschr. Veritatis paradoxa. Abschn. MDCCLVIIII. (I. M. Morikofer.) Inlage: Die Geschichte der ganzen drey Schlesischen Kriege in kleinen Kupfern en medaillon mit dazu gehörigen Erklärungen. 1.1/2 L.

135. Med. auf den Teschner Frieden 1779.

A) Das belorbeerte Brustbild des Königs auf einem Monumente mit der Inschrift: Fridericus Borussorum Rex. Iustus armipotens — neben die Göttin der Gerechtigkeit und die Kriegsgöttin, die mit der Rechten ein Schwerdt haltend auf die vor ihr aufgerollte Karte von Bayern deutet, in der Linken eine Fackel trägt.

R) Oliva lauro potior. Die Kriegsgöttin sitzend umgränzet den Helm mit einem Oelzweige, neben ihr liegt Schild und Schwerdt. Im Abschnitte: Litib. diremt. pace Teschen. D. XIII. Mai MDCCLXXIX. 1.15/16 L.

136. Med. auf den Tod Friedrichs II.

A) Fridericus II Borussorum Rex terris datus XXIV. Ian. MDCCXII. Brustbild mit zackiger Krone.

R) Sis bonus o felixque tuis. Das gekrönte Preussen in weiblicher Gestalt vor einem brennenden Altare knieend, auf dem der Preußische Adler zu sehen, oben Strahlen, die durch die Wolken brechen. Im Abschnitte: Coelo redditus D. XVII. Augusti MDCCLXXXVI. 1.7/8 L.

137. Med. Fridericus II Borussorum Rex coel. redditus D. XVII. Aug. MDCCLXXXVI. Des Königs belorbeertes Brustbild.

R) Heu cuncta reliquit. Eine weibliche Figur mit Mauerkrone an eine auf einem Postamente ruhende Urne gelehnt. Neben die Symbolen des Handels, der Künste und Wissenschaften. 1.7/8 L.

Friedrich Wilhelm II.

138. Med. Fridericus Wilh. Rex Boruss. Pater Patriae. Des Königs geharn. Brustbild mit gebundenen Haaren, Ordensband und Hermelin.

R) Artibus umbram hostibus terrorem. Pallas, zur Rechten ein Lorbeerbaum mit den Symbolen der schönen Künste, in der Linken den Schild und Spieß. Im Abschnitte: Regnum adeptus D. XVII Augusti MDCCLXXXVI. 1.7/8 L.

139. Med. Fridericus Wilhelmus II Borussorum Rex. Geh. Brustbild mit Hermelin.

R) Tu regere Imperio populum Divine memento. Pallas gibt dem als Herkules vor ihr sitzenden Könige das Steuerruder. Im Abschnitte: Regnum adeptus D. XVII. Aug. MDCCLXXXVI. 1.15/16 L.

140. Med. auf die Befreyung von Maynz.

A) Friedr. Wilh. II. Selbstvertheidiger des Deutschen Reichs. Des Königs BB. in Uniform und Ordensband. Unten: Loos.

R) Mainz von den Franzosen befreiet. Die Stadt Maynz, vor derselben eine Batterie, über derselben ein Adler mit dem Blize. Im Abschnitte: Mit deutschen Truppen besezt d. 22. July. 1793. 1 L.

141. Die nemliche. 1 L.

c. Churfürstliche.

I. Maynzische.

Anselm Franz.

142. Eine gegossene Medaille.

A) Anselmg Franc. D. G. Archiep. Mog. S. R. I. P. Germ. Pr. Elec. Brustbild mit Mantel mit dem davor stehenden Wappen.

R) Sunt nostri pars corporis aurea Bul. Der doppelte gekrönte Adler mit Zepter und Schwerdt, dem gekr. Oesterreichischen Mittelschilde und den acht gekrönten Schilden der Churfürsten. 7. 7/8.

Lotharius Franz.

143. Med. Lothar. Franc. D. G. Archiep. El. Mogunt. Ep. Bamb. Brustbild mit Mantel und Kreuz.

R) Laudes fontis egregii. Eine schweben=
de Fama mit zwey Hörnern, im Hinter=
grunde eine Stadt und vorwärts ein Brun=
nen mit springenden Wassern, unter dessen
Becken die Flußgötter des Rheins und Mayns
und zwischen diesen das gekrönte Wappen.
Im Abschnitte: Principalis vena defecit
A. 1729. P. W. (Eine Anspielung auf d
Schönbornischen Namen). 3 L.

Johann Friedrich Karl.

144. Denkm. vom 4. Iun. 1763 auf den Tod
des Churfürsten Joh. Friedr. Karls.

Friedrich Karl Joseph.

145. Med. auf desselben Anwesenheit in Erfurt.
A) Fridericus Carolus Iosephus D. G.
A. E. M. S. R. I. P. G. A. C. P. E. E. W.
Brustbild in kurzer Perücke mit Kreuz und
Hermelinmantel. Stockmar f.
R) Orientes dissipat umbras. Die Stadt
Erfurt mit der aufgehenden Sonne. Im Ab=
schnitte: Praesentia Elect. Mog. Frid. Carol.
Iosephi Erfordiae MDCCLXXVII. 2.9/16
Loth.

146. Med. auf das Maynzer Universitäts = Ju=
biläum.
A) Frid. Car. Iof. D. G. A. E. Mog. S.
R. I. P. G. A. C. et El. E. W. Brustbild
mit Kreuz und Hermelin. C. P. Stieler f.
R) Religioni et patriae. Ein Tempel
mit bekränztem und brennendem Altare. Im
Abschnitte: Restaur. univ. Acad. Mog.

Anno. Saec. III celebr. 15. Novemb. MDCCLXXXIV. 6 ℒ.

II. Trierische.

Johann Hugo.

147. Denkm. mit desselben Brustbild und W.

III. Cöllnische.

Joseph Clemens.

148. Denkm. mit desselben Brustbild und W.

149. Med. Iof. Clem. Arch. Col. et S. R. I. Elect. Bav. Dux. Brustbild mit Kreuz und Hermelinmantel.

R) Die Firmungs=Ceremonie. Im Abschnitte: Sic Christo mancipat quos regit. 2.7/8 ℒ.

Clemens August.

150. Med. D. G. Clemens Augustus Archiep. Col. S. R. I. El. Ep. M. P. P. H. Brustbild mit Kreuz und Hermelin.

R) Utilitati publ. et commerciis. Minerva mit einem Grabscheide in der Rechten und einem Füllhorne in der Linken, zu ihren Füßen liegt ein großer Ballen und an denselben ein Merkuriusstaab gelehnt. Im Abschn. Fossa aperta 1724. 9. May. 2.7/8 ℒ.

Maximilian Franz.

151. M eb. auf die Errichtung der Universität Bonn.
A) Max. Francifcus S. R. I. Pr. et Elect. Col. Weftph. et Ang. D. Archidux Auft. Brufibild in Churfürftlichem Ornate.
R) In einer Inschrift: Academia Bonnenfis a Maximiliano Friderico condita a Maximiliano Francifco in Univerfitatem erecta. XII. Cal. Decembr. MDCCLXXXVI. 2.3/16 L.

IV. Pfalzbayerifche.

152. ⎫ Die Suite der Churfürften, Vormünder
    ⎬ und Landes-Adminiftratoren Rudolphini-
189. ⎭ fcher Linie; auf des jetzt regierenden Churfürften Befehl im Jahre 1758 geschlagen — durch Schaefer. Jede 1.3/4 L.

Otto Heinrich und Philipp.

190. Otto. Hen. et Philip. Fratres Comites Pala. Rh. et Duces Bojoarie. Beyder BB.
R) Coram Deo et homi. concordia Fratr. probata eft MDXXVIII. Wappenschild mit zwey Helmen und Harnifch. Meßing vergoldet.

Karl Ludwig.

191. M eb. Car. Lud. D. G. Com. Pal. Rh. S. R. I. Archith. & El. B. D. Geharn. BB. mit Feldbinde und dem Englifchen Orden.

R) Cuſtodiae felici. Ein Adler mit Blitzen über den Wolken, unten ein Löwe liegend mit dem Pfälziſchen Wappenſchilde; auf der rechten Seite ein Hahn, zur linken eine Eule. Im Abſchnitte: MDCLXX. 3.3/16 L.

192. Med. Car. Lud. D. G. Com. Pal. El. D. Bav. Geharn. Bruſtbild.

R) Iuvet prudentia fortem. Ein Steuerruder über einer Kugel, daneben zwey mit den Köpfen gegeneinander gekehrte Schlangen. 1.1/4 L.

193. Med. auf die Einweihung der Concordienkirche.

A) S. Concordia. Die Kirche. Im Abſchnitte: MDCLXXVIIII.

R) Conſecratio. Ein bekränzter Adler mit Blitzſtrahlen, unten ein Adler. 1.3/4 L.

Karl.

194. Med. Wilhelmina Erneſtina D. G. Dan. et Nor. Bruſtbild, Haupt und Gewand mit Perlen geſchmückt.

R) Pr. Haer. Com. Pal. ad Rhe. et Prin. El. D. B. Das von zwey Löwen gehaltene und gekrönte Pfälziſche Wappen mit dem Däniſchen Mittelſchilde. 3.5/8 L.

Philipp Wilhelm.

195. Med. auf die Verbrennung der Pfalz.

A) Securos ſic tractat Gallus amicos. Brennende Wohnungen und derſelben Einwohner von Feinden mißhandelt und getödet. In der Ferne Heidelberg, Philippsburg und

Coblenz. Im Abschnitte: Denck Teutschland an den Fridenbruch MDCLXXXVIII.

R) Eine geharnischte weibliche Figur, ihr zur Seite die Treue und Eintracht, die sie beyde bey der Hand hält, vor ihr ein Adler mit Blizen. Im Abschnitte: Die Hulff durch Trev u. Eintracht such. Randschrift: Das soll dir ein ewiger Bund seyn Dir vnd Deinen Kindern. 2.1/2 L.

Johann Wilhelm.

196. Denkm. mit desselben Brustbild und Wappen. 1 Qt.

197. Denkm. Ioh. Wlh. C. P. R. S. R. I. Archid. et El. Geharn. BB. mit Perücke.
R) A. M. L. C. P. R. & El. B. I. C. & M. D. C. V. S. M. R. & M. D. I. R. N. P. H. Brustbild. 1 Qt.

198. Jubelmünze der Stadt Mannheim 1707. 24. Ian. 1 Qt.

199. Vicariats = Medaille.
A) Des Churfürsten Brustbild in langer Perücke.
R) Ales custodit poma sub ala (1711). Der doppelte Reichsadler auf der Brust, die drey gekönten, mit der Vliesskette behangenen, Pfälzischen Wappenschilde. 2.3/8.

200. Med. D. G. I. W. C. P. R. S. R. I. Arc. El. eiusque. Belorbeertes Brustbild.
R) In P. R. S. et Fr. I. Prov. et Vicarius 1711. Der doppelte Reichsadler mit dem Erztruchsessen = und Pfälzischen Löwenschilde auf der Brust. 7/8 L.

Karl Philipp.

201. Med. auf das Heidelberger Faß 1727.
A) In Heydelberg. 16—64. Das große Faß. Im Abschnitte: Halt 204: Fueder 3. Ohm 1. Virt. Wein —
R) Diss Fass so 40. Iahr dem Untergang ergeben, wurd nach des Feinds Gefahr ein Phoenix neu zu leben. Carl Philipp thut den Wein das Feuer hierzu reichen Der Salamander fein kann sich auch hierin gleichen 1727. 1.1/2 L.

202. Denkm. auf desselben Absterben 31. Decemb. 1742. 5/16 L.
203. Die nemliche. 5/16 L.

Karl Theodor.

204. Med. Car. Theodor. D. G. C. P. R. S. R. I. A. T. et Elector. Brustbild.
R) Elisabetha Augusta D. G. C. P. R. Electrix. Brustbild. 1.13/16.

205. Denkm. der Stadt Mannheim auf die Vermählung — mit: Carl Theod. und Elis. Aug. Brustbild. Beyder W. 17. Ian. 1742.
206. Die nemliche.
207. Med. auf das neue Jahr 1743.
A) D. G. Car. Theod. El. Palat. & M. Elisab. Aug. D. G. Electrix. Beyder BB.
R) Felix annus et annulus Palatinus. Der Pfälzische gekrönte Löwe mit Schwerdt und Staab, neben ein aus zwey Füllhörnern zusammengesetzter Ring, oben mit Ianustorf. in der Mitte: I. Ianuarii MDCCXLIII. 3.3/8 L.

I 5

208. Stadt Mannheim Huldigungs-Denkmünze vom 29. April 1744. mit Inschr. und Stadtwappen.

209. Heidelberger Huldigungs-Denkmünze mit Karl Theodors Brustbild und Stadtwappen, 1746. 1 Qt.

210. Med. auf die Erbauung und Einweihung der Jesuitenkirche.

A) Deo optumo Maxomo. Die Kirche. Im Abschnitte: Basilic. Mannh. Soc. Iesu.

R) Inschrift: Carolus Philipp. Elector vovit inchoavit MDCCXXXVII. Carolus Theodorus Elector absolvit dotavit M. DCCLIX. Iosephus Episcopus Augustanus Landgravius Hassiae consecravit Anno MDCCLX. XV. Kal. Iun. 1 ℒ.

211. Med. auf die Einweihung der Pfälzischen Akademie.

A) Carolus Theodorus D. G. Elector Palatinus. Geharn. Brustbild mit Hermelinmantel und Ordensband.

R) Phoebi Rheni Neccari conjunctio felix. Apollo auf dem Berge mit der Leyer und Glorie, unten der Rhein und Neckar als Flußgötter. Im Abschnitte: Acad. Scient. Theod. Palat. Inaug. XX Oct. MDCCLXIII. 4 Loth.

212. Med. Car.-Theodor. D. G. Elect. Palatin. Brustbild. — A. S.

R) Rimatur utrimque — Acad. Scient. Elect. Theod. Pal. 1/2 ℒ.

213. Die nemliche. 1/2 ℒ.
214. Die nemliche. 1/2 ℒ.
215. Med. Car. Theodor. D. G. C. P. R. S. R. I. A. T. & El. Brustbild.

R) Sic fulgent littora Rheni. Die Stadt Mannheim, über derselben die scheinende Sonne. Im Abschnitte: Ex argento auri Rhen. socio 1764. 1/2 L.

216. Med. auf die Stiftung des Damenordens der heil. Elisabeth.

A) Elisabetha Aug. D. G. Elect. Palat. Brustbild.

R) Solatur et ornat. Das gekrönte Ordenskreuz. Unten: Instit. 19 Nov. 1766. 1 L.

217. Die nemliche. 1.1/4 L.
218. Med. Car. Theod. Musagetes Palat. Belorbeertes Brustbild. Unten: A. S.

R) Securitas. Eine abgesützte Säule, worauf eine Eule — unten der Pfälzische Löwe. Im Abschnitte: Acad. El. Scient. MDCCLXXIII. 1.7/8 L.

219. Die nemliche. 1.15/16.
220. Med. Car. Th. D. G. C. P. R. V. B. D. S. R. I. A. et El. I. C. M. D. &c. Geharn. Brustbild mit Hermelin und Ordensband.

R) Bojorum fides. Die Stadt München, über derselben auf einer Wolke schwebend die Bayerische Fama. Im Abschnitte: Acclamato ab omnibus Principe XXX Dec. MDCCLXXVII. 4 L.

221. Med. auf das Sulzbacher Jubiläum 1783. 20. Jul. mit Brustbild und Inschrift von 12 Zeilen. 1/2 L.

222. Die nemliche. 1/2 L.
223. Eine kleinere Denkmünze auf den nemlichen Gegenstand, mit Altar und Inschrift von 9 Zeilen. 20 Jul. 1783.

224. Die nemliche.
225. Die nemliche.

226. M eb. Carolus Theodorus P. F. Aug. Inſtaurator. Belorbeertes Bruſtbild.

R) Laeta Saeculi V. auſpicia. Die an einer abgeſtutzten Säule ſitzende Pallas mit dem Pfälziſchen Löwen auf dem Schilde. Vor ihr die Geſetze auf dem Altare, unten zwey Füllhörner. Im Abſchnitte: M. Nov. MDCCLXXXVI. Heidelbergae. 2 L.

227. Die nemliche, kleiner. 1 L.

227½. Die nemliche. 1 L.

228. Die nemliche, noch kleiner. 7/16 L.

229. Die nemliche von Kupfer.

230/ Die nemliche.

231. M e d. Carl Theodor Pfalzgrav bei Rhein Churfurſt. Bruſtbild im Gewande und Hermelinmantel mit goldenem Vließe. (A. S.)

R) Preis der beſten Pferdszucht in Churpfalz. Eine Stute mit Fohlen. Im Abſchnitte: Geſtiftet 1786. 4 L.

232. Reichsvicariats = Medaille von 1790.

A) Car. Theod. D. G. C. Pal. Rh. V. Bav. D. Elect. et Vicar. Imp. Bruſtbild mit Hermelin und Meßorden. (H. Boltſchauſer f.)

R) Conſervationi legum Imperii. Ein Altar mit Schwerdt, Zepter und Kranz. Unten der doppelte Reichsadler mit dem gekrönten Pfälziſchen Wappen auf der Bruſt. Im Abſchnitte: MDCCXC. 4.1/16 L.

233. M e d. Car. Theodor. D. G. C. P. Rh. V. B. D. S. R. I. A. D. & El. Bruſtbild im antiken Coſtume und kurzen Haaren. (H. Boltſchaufer f.)

R) In part. Rheni, Suev. et Iur. Franc. Prov. et Vicar. Der doppelte Reichsadler mit dem gekrönten und mit der Bließkette umgebenen Pfälzischen Wappen. Unten: 1790. 2.1/16 L.

234. Med. Car. Theod. D. G. C. P. R. V. Bav. Dux S. R. I. A. et Elector. Belorbeertes Brustbild. (I. Neus f.)

R) Erit indelebile nomen. Ein Tempel, woselbst der durchschlungene Namenszug C. T. pranget, vor demselben Minerva mit Schild und Spieß und Saturn. Neben ersterer der Pfälzische Löwe und andere Attributen der Künste und des Kriegswesens. Im Abschnitte: MDCCXCII. A. A. suscepto regimine L. 2.7/8 L.

235. Die nemliche. 2.7/8 L.
236. Die nemliche. 3 L.
237. Med. auf Karl Theodors fünfzigjährige Jubelfeyer.

A) Laetitiae publicae Palatinatus socia Bojaria. Die auf einem Piedestale stehende und vorwärts sehende Büste wird von weiblichen Figuren, die die Pfalz und Bayern vorstellen, gekrönt. Im Abschnitte: Carolo Theodoro S. R. I. Electori. pio. fel. pacif.

R) Die durch die Wolken schimmernde Glorie, in der Mitte eine Pyramide mit dem Bayerischen Weckenschilde, auf jeder Seite an zwey Palmbäumen die Schilde der verschiedenen Stände. 2.1/2 L.

238. Die nemliche. 2.1/2 L.
239. Die nemliche. 2.1/2 L.
240. Die nemliche. 2.1/2 L.
241. Med. Carol. Theod. C. P. R. S. R. I. Ar. D. El. et III Vic. P. F. A. Geharn. Brustbild mit Mantel. (H. Boltschhauser.)

R) Optimo Principi Iubilario. Zwey weibliche Figuren, die Collegien vorstellend, neben rechts ein Füllhorn, links der Pfälzische Löwe. Im Abschnitte: Collegia Palat. ad Rh. F. C. MDCCXCII. 15/16 ℛ.

242. Med. Carl Theodor Pfalzgraf bei Rhein Churfurst. Geharn. Brustbild mit Vliesorden. (A. S.) Unten in einer Einfassung: Im funfzigsten Regierungs Iahre.

R) Ein Kranz von Eichenlaub mit der Inwendigen Inschrift: Dem Verdienste. 2 ℛ.

243. Med. auf Karl Theodors zweyte Vermählung 1795.

A) Car. Theod. C. P. R. B. D. Elector. Mar. Leopoldina Austriaca. Beyder Brustbild in antikem Geschmacke. XC D.

R) Nuptiae felices. Gott Hymen hält in der Linken eine brennende Fackel empor und bekränzt mit einer Blumenkette die Pfälzisch und Oesterreichischen, an einen lodernden Altar gelehnten Wappenschilde. Im Abschnitte: XV. Kalend. Mart. MDCCVC. 2.1/2 ℛ.

244. Med. Car. Theod. C. P. R. B. D. Elect. et Mar. Leopol. Ferd. A. A. Fil. Beyder Brustbild.

R) Memoriae connubii Augusti. Der aufrechtstehende Löwe mit dem Bayerischen Schilde. Im Abschnitte: Devotissimi ordines MDCCVC. 1 ℛ.

245.⎫ Die Suite der Pfalzgrafen, Herzoge und
      ⎬ Churfürsten von Bayern; auf Befehl des
262.⎭ Churfürsten Maximilian III im Jahre 1768 verfertiget. (F. A. Schega.) Jede 2 ℛ.

Ferdinand Maria.

263. M e d. auf die Vermählung des Churfürsten Ferdinand Maria mit Henriette Adelheid von Savoyen.

A) Vt videant filios filiorum suorum pacem super ipsos. Pf. 127. Der beyden Vermählten Brustbild.

R) Hoc vovent et augurantur utriusque Bavariae Status devotiffimi (1660). Der Bayerische mit Engelsköpfen verzierte Weckenschild. 1 L.

Maximilian II Emanuel.

264. Denkm. auf denselben von 1712. Mit Brustbild und felices fi vota fecundent.

Maximilian III Joseph.

265. M e d. Academia Scientiarum Boica in einem Lorbeerkranze.

R) Tendit ad aequum. Der Bayerische gekrönte Schild mit Palm= und Lorbeerzweig. 7/16 L.

266. M e d. Clemens Franc. Bavariae Dux. Geharnischtes Brustbild mit Ordensband, goldenem Vlleße und Mantel.

R) Die Kette des Ordens vom heil. Michael, inwendig: Magnus Ord. Magifter. XVII Iunii. MDCCLXIV. 4 L.

267. Die nemliche. 4 L.

V. Sächsische.

Johann Georg.

268. Med. auf die Augsburgische Confeßion.

A) Inschrift von 11 Zeilen. Iohanns Churfurst zu Sachssen thut be=kennen frey aus Heldenmuth: Das die Lehr so er uberge=ben sey die Richtschnur zum ewigen Leben den 25. Iuny Ao 1630.

R) Verbum Domini manet in aeternum den 25. Iuny 1530. Des Churfürsten Johannis Brustbild in vollem Gesichte mit dem Barette auf dem Haupte, das Schwerdt mit beyden Händen haltend. Vier kleine Wappenschilde in der Umschrift. 2.7/16 L.

Johann Georg III.

269. En Mars Saxonicus. Churfürst Johann Georgs III Kopf im Helme mit einem Federbusche.

R) Ad utrumque. Ein Tisch mit zwey übereinander liegenden Schwerdtern, dem Fürstenhute und Helm. 1 Qt.

Johann Georg IV.

270. Med. Ioh. Georg. I:II. D. G. Dux Sax. & Elect. Das geharn. Brustbild.

R) Haec ara tuebitur omnes. Ein Altar, worauf ein kleines Feuer brennet. In demselben ist ein Wappenschild mit den kreuzweis gelegten zwey Schwerdtern eingegraben. Nebenzu stehen auf der einen Seite Mars und

und die Göttin der Gerechtigkeit, jener sich
auf einen Schild lehnend, worauf: Vot. X
& XX. Auf der andern Seite die Religion
und Viktorie, wovon diese einen Lorbeerkranz
gegen das Haupt der Gerechtigkeit hält. Im
Abschnitte: In mem. Elect. MDCXCI.
Randschrift: Rerum felix tutela salusque.
1.5/16 L.

Christina Eberhardina.

271. Med. auf ihre Niederkunft 1696.
A) Christ. Eberh. D. G. El. Saxon. BB.
M. H. O.

R) Meo spes munere spirat. Eine auf einer hervorragenden Erdkugel stehende weibliche Figur mit Glorie, trägt auf der Rechten ein Kind und hält in der Linken ein reiches Füllhorn. Randschrift: Salve luce spei patriae fausto omine nate Die 7. Oct. A°. 1696. 1.1/2 L.

Friedrich August.

272. Med. auf das Vicariat 1790.
A) Frid. Aug. D. G. Dux Sax: Elector
& Vicarius Imperii. Geharnischtes Brustbild.
(C. W. Hoeckner. f.)

R) Conservationi legum Imperii.
Schwerdt, Zepter und Kranz auf einem Altare liegend, an welchem der dopp. Reichsadler mit dem bekrönten Sächsischen Schilde zu sehen. Im Abschnitte: MDCCXC. 4.3/4 Loth.

273. Die nemliche. 4.3/4 L.

VI. Brandenburgiſche.

274. Med. auf Johann Georg und Friedrich Wilhelm.

A) Numen quod ſtupeat vel priſca Georgius aetas et miremur adhuc nos Rhenus et Odera nec non ſanguinis Brenni ſpes Fridericus habent, Bregela ſi famulis noſter adoret aquis. Zwey geharniſchte Figuren, neben zur Erde zwey Helme; auf einem Tiſche mit reichem Teppiche, Krone und Zepter.

R) Talis ego aureolam tranquilla Boruſſia pacem, raro divorum munere nacta color. Eine Landſchaft an der offenen See, im Vorgrunde ein Weib mit dem Palmzweige in der Hand und einem ausgeſchütteten Füllhorne im Schooſe, auf zertrümmerten Kriegsgeräthſchaften. 4.7/8 L.

Friedrich III.

275. Med. Frider. III. D. G. M. Brand. S. R. I. A. C. et Elect. Geharn. Bruſtbild in langer Perücke und Mantel. (R. Faltz.)

R) Vtilitati publicae. Ein Theil von Berlin mit der neuen über die Spree errichteten Brücke. Im Abſchnitte: Pons ad Spream in urbis ſplendorem medio bello Berolini erectus. MDCXCII. 3.3/8 L.

276. Denkm. mit deſſelben Bruſtbild und W.

277. Denkm. Fauſt. natalibq Frid. Wilhelmi March. Brand. Friderici III Elect. ex Soph. Car. Brunsw. Filii El. Br. Hered.

R) Ex utroque. Eine hieroglyphische Figur, halb Adler, halb Roß. Im Abschnitte: Nat. 4. Aug. 1688. 1/2 L.

VII. Braunschweigische.

Ernst August.

278. Med. Ern. Aug. D. G. D. Br. et L. S. R. I. EL Ep. O. Geharn. Brustbild mit Spanischer Perücke und umhangendem Mantel.
R) Augusto auspicio Leopoldi I. Rom. Imperat. semper Augusti. electorali dignitate eique annexis juribus solemni ritu investitus. Anno Domini M. DC. XCII. D. ♃ Decemb. Wappen mit Churhut und Mantel. 7.3/16 L.

Georg August.

279. Med. Georg. Aug. D. G. Princ. Electoral. Br. et Lun. Dessen geharn. Brustbild in langer Perücke und Gewand. (Faltz.)
R) Vis insita ducit in altum. Eine hochspringende Wasserkunst in einem Lustgarten. 4.7/16 L.

Georg Ludwig.

280. Med. auf die Erlangung der Erzschatzmeisters-Würde, 1710. 4.15/16 L.

d. Geistliche Fürsten.

I. Päbstliche.

281. Med. Clemens VIII. Pon. Max. An. I. Brustbild im Ornate.
R) Dne jube me ad te venire. Jesus im Schiffe und Petrus. 1 L.

282. Denkm. Clemens XII. Pont. Max. an. V. Wappen.
R) Palmkranz AAA. FF. Reſtitutum commerc. Unten ein mit dem Quaſtenhute bedeckter kleiner Wappenſchild.

283. Pius VI. Pontifex Maximus. Brustbild im Ornate. I. Donner f.
R) Inſchrift: Ioſephi II Aug. Vindob. hoſpes a Die XI. Kal, Apr. ad X. Kal. Mai. MDCCLXXXII. 1.3/16 L.

II. Würzburg.

284. Med. Ioan. Philip. D. G. E. Herb. S. R. I. Pr. Fr. Or. Dux. Bruſtbild im Ornate.
R) Semper idem. Ein Tannenbaum in einer weiten Gegend. Im Abſchn. MDCCII. 11.3/16 L.

III. Fulda.

285. Viereckige Klippe auf das Fuldiſche Frey-ſchießen 1715. 1. Auguſt. 1.13/16.
286. Med. Henricus D. G. Epiſ. et Abb. Fuld. S. R. I. Pr. Bruſtbild im Ornate.

R) Confilio et aequitate 1762. Ein Weib mit der Rechten auf ein aufgeschlagenes Buch deutend, das einer von den zwey hinter-stehenden Greisen hält, in der Linken eine Senkwage. Zur Rechten ein Postament mit dem fürstlichen Wappen und auf demselbigen einige Bücher, zur Linken eine knieende Figur, die mit dem Zirkel etwas ausmißt. 3.1/16 L.

287. M e d. Henricus VIII D. G. Ep. et Ab. S. R. I. Pr. poſt L. ann. in S. Ord. Iubilaris D. VI Nov. MDCCLXXIX. Bruſtbild im Ornate.

R) S. Sturmo Proto Abbati Fuldenſi poſt X. ſaecula Iubilari. Der Heilige in den Wolken mit zwey ſchwebenden Engeln, die die Mütze und Staab tragen. Unten ein auf drey Stufen errichteter brennender Altar, neben demſelben die Religion und der Glaube. Die an dem Altare befindliche Aufſchrift in Einfaſſung: XVII Decem. MDCCLXXIX. wird von zwey Bibern gehalten; an der unterſten Stufe eine knieende weibliche Figur mit der Mauerkrone und Fuldiſchem Schilde, im Hintergrunde die Stadt Fulda. 3.7/16 L.

288. Die nemliche. 3.7/16 L.

IV. Eſſen.

289. M e d. Franc. Chriſtina D. G. C. P. R. S. R. I. P. Abbat. Eſſen. Bruſtbild mit Hermelinmantel.

R) Hanc pie rexit prima inter principes Aſſindienſes Iubilaria. Die Kirche. Im Abſchnitte: Eccleſia Aſſindienſis. (1776.) 1,15/16 L.

V. Seligenstadt.

290. M e d. Transactis IX. faeculis iubilat ecclesia Seeligenstat 1725. Ludovico donante Einhardo fundante Petro renovante. Drey Wapen mit Kaiserkrone, Fürstenhut und Abtsmütze.
R) Sub patrocinio SS. MM. Marcellini et Petri atque S. P. Benedicti. Die Kirche und oben die drey Heiligen in den Wolken. 2 Loth.

e. Weltliche Fürsten.

I. Anhalt.

291. M e d. Guilielmus D. G. Princ. Anhalt. D. Sa. et W. C. A. D. B. et S. Geharn. Brustbild in langer Perücke, unten S G. zusammen geschlungen.
R) Sub praesidio altissimi nil timendum. Ein Bergwerk; oben die strahlende Sonne, unten 1694. 5. 13/16 L.

292. M e d. Vict. Amad. D. G. Pr. Anh. D. S. A. & W. C. A. D. B. & S. Geh. BB. mit Perücke und Mantel. Im Abschnitte: Moderamine victor.
R) Inschrift: Herzinia Anhaltina separata Anno MDCXXXV. Bernburgo reunita D. 14. Dec. An. M. DCC. IX. Natale solum. Unten die Stadt Harzgeroda, der Namen auf einem Bande zu lesen. 4.7/8 L.

293. Die nemliche. 4.7/8 L.

II. Baden.

294. M e d. Fridér. Magnus D. G. Mar. Bad. Hachb. Geharn. Bruſtbild mit Perücke und Gewand. A. Meibus F.

R) Quo fas et gloria ducunt. Ein ge‑ zäumtes und geſchmücktes, zum Turnier ge‑ rüſtetes Pferd im Galloppe. Unten 1689. 7.5/8 L.

295. M e d. Carol. Guilielm. D. G. March. Ba‑ den Durl. et Hochb. Geharn. Bruſtbild mit Perücke und Feldbinde.

R) Audacem fortuna coronat. Ein gekr. über Kriegsgeräthſchaften ſchreitender Löwe, unten MDCCVIIII. 2 L.

296. M e d. Francifca Sibylla Aug. Gubernatrix Ludovicus Marchio Badenſis. Beyder BB. in verzierter Einfaſſung, oben eine Taube mit dem Delzweige und Inſchrift: Dabo pa‑ cem in finibus veſtris, unten die zwey Wap‑ penſchilbe mit Fürſtenhut.

R) Pax Raftadii in arce compofita eft. Das Schloß, über demſelben ein Vogel mit einem Neſte und der Umſchrift: Nidum pa‑ cis hic inſtro (1714). Unten auf einem Schil‑ be: Et in loco iſto dabo pacem. 2.3/4 L.

297. M e d. Carol. Guilielm. D. G. March. Ba‑ den. et Hachberg. Geharn. Bruſtbild mit Perücke und Hermelinmantel.

R) Quiefco. Ein ruhender Löwe. Im Abſchnitte: MDCCXXXVI. J. Daſſier. 2.3/16 L.

298. Moneta Durlacenſis laeta ſacrificia ferens. Ein brennender Altar. Im Abſchn. 1746.

R) Reduci Serenissimo Principi quaeque felicia optans. Zwey Füllhörner, oben die scheinende Sonne. 5/16 L.

III. Brandenburg.

299. Denkm. auf das Absterben des Markgrafen Wilhelm Friedrichs mit Brustbild und Inschr. 7 Ian. 1723.

300. Med. auf die Vermählung Karl Wilhelm Friedrichs 1729.

A) Carl. Wil. Frid. March. Br. Frid. Ludovica R. Bor. Beyder gegeneinander stehende Brustbilder. Im Abschn. Nupt. peract. Berol. MDCCXXVIIII.

R) Perpetuo. Ein rauchender Altar. Im Abschnitte: Vota publica. 15/16.

301. Med. auf die Geburt des Erbprinzen Karl Friedrich Augusts.

A) Car. Wilh. Frid. March. Br. On. Frid. Ludov. nata reg. Pr. Bor. Beyder nebeneinander stehende BB. Unten: Vestner f.

R) Natus virtutis avitae. Eine Viktorie sitzend hält den jungen Prinzen auf dem Schoose, neben der Brandenburgische Schild und Adler. Im Abschnitte: Car. Frid. Aug. Pr. Her. Br. On. MDCCXXXIII. VII. Aprili. 2.15/16 L.

302. Denkm. auf den Anfall der Grafschaft Sayn.

A) Car. G. F. March. Br. Pr. et Sil. Dux Com. Sayn et Witg. Das geharn. Brustbild des Markgrafen mit Hermelinmantel und Orden, die Haare im Nacken zusammengebunden. (Unterm Arme: Vestner).

R) Eine weibliche Figur, in der rechten Hand, auf der die Statue der Göttin des Sieges steht, eine Waage, in der andern ein Füllhorn. Umschrift: Victrix aequitas. Abschnitt: Comitatus Saynensis haereditate adquisit cIɔIɔcɛxxxxi. 1 Qt.

IV. Braunschweig.

303. M e d. Carolus Philippus Princ. Br. & Lun. Obiit Kal. Ian. Anno MDCXC. Aet. XX. Inschrift von 10 Zeilen.

R) Geminat lucem flammamque cadendo. Ein Obelisk, dessen Spitze mit darauf stehendem Monde von den aus den Wolken kommenden Blitzen abgebrochen wird. 3.1/2 Loth.

V. Hessen.

304. M e d. Ludovicus D. G. Princeps Haered. Haſ. Darmſ. Geharn. Brustbild mit Perücke und Hermelinmantel.

R) Ibo quo vertas. Ein Pferd im Trabe, das eine aus den Wolken hervorkommende Hand am Zügel hält. Im Abschnitte: 1702. 2 Loth.

305. M e d. Erneſt. Lud. D. G. Haſſ. Landg. Pr. Hersf. Geharn. Brustbild im Mantel.

R) Festum seculare secundum ecclesiae Evang. Luth. 31. Oct. 1717. Eine vor einem rauchenden, von den Sonnenstrahlen beleuchteten Altare knieende Weibsperson. Auf dem Altare V. D. M. I. AE. Im Abschnitte: Hassia votorum compos Deo grata. 2 L.

306. Denkm. Ernest. Lud. D. G. Hass. Landg. Pr. Hersf. Geh. Brustbild mit Mantel.

R) Pro salute optimi principis. Ein Weib knieend vor einem Altare, worauf der verschlungene Namenszug des Landgrafen. Im Abschnitte: Vota Hassiae a. jub. 1738. D. 17 Febr. 3/8 L.

307. Med. Ludovicus VIII. D. G. Landgravius Hassiae. Brustbild mit gebundenen Haaren und Hermelinmantel. Unten: A. S.

R) Iosua non Moses nec Aaron. Moses neben einer Glorie auf einem Felsen stehend blickt in das vor ihm liegende gelobte Land. 4.7/16 L.

308. Med. Ludovicus VIII. D. G. Landgravius H. Das geh. Brustbild mit gebundenen Haaren und Hermelinmantel.

R) Inschrift von 6 Zeilen. 15/16 L.

309 Med. Vivat Louise Caroline Henriette Landgraefin zu Hess. Darmst. 1790.

R) Grune stets mit neuer Kraft Dieses wunscht die Iudenschaft. Ein Baum. 11/16 L.

VI. Lothringen.

310. Med. Carolv. Lotharing. et Barr. Dux. Geharn. Brustbild mit langer Perücke, Halsbinde und Mantel, vor ihm ein Helm.

R) Quomodo cecidisti de coelo. Ein Geharnischter mit Helm, Mantel und dem Lothringischen Wappen auf der Brust. In der Rechten ein Schwerdt, in der Linken ein Schild, worauf die Mutter Gottes abgebildet steht. Gegen ihm über ein vielköpfiges

Ungeheuer mit dem Türkischen halben Monde in einem länglichspitzen Schilde. Oben in einer Glorie der Kelch mit Hostie. 3.15/16 L.

311. Med. Eliz. Carola Aurelianensis Duciſſa et Regens Lot. Ba. Bruſtbild mit zurückgeschlagenem Schleyer und Hermelinmantel.

R) Decori gentis praeſtat virtutem. Die Regentin mit dem Steuerruder auf einem Throne sitzend, vor ihr das huldigende Lothringen in weiblicher Geſtalt. 4.1/4 L.

312. Denkm. Franc. III Lotharingie Theref. Auſtriac. Beyder nebeneinander geſtellte BB. Unten: M. D.

R) Votorum tandem compotes. Die Religion bekränzt zwey auf einem Altare brennende Herzen. Im Abschnitte: Celeb. Nupt. Die XII. Feb. MDCCXXXVI. 7/16 L.

313. Med. Maria Anna et Carolus. Beyder nebeneinander geſtellte BB. Unten in einer Einfassung: Auspicato connubio.

R) Sic amor Heroum stirpes et pectora jungit. Ein schwebender Genius knüpft das Oeſterreichiſche und Lothringiſche Wappen. Zur Rechten ein Genius mit Kranz, zur Linken ein anderer mit Fackel. Im Abschnitte: VII. Ian. MDCCXLIIII celebrato. 2 L.

314. Achteckige Klippe.

A) Car. Alex. Loth. Dux Belg. Praef. Geharniſchtes Bruſtbild mit Zopf und Teutſchordenskreuz.

R) Inschrift: Miserationis et emendationis aedes per provincias exſtructae MDCCLXXIII. 1.3/16 L.

VII. Oesterreich.

315 Denkm. des Fürsten Maximilian Carl von Loewenstein Wertheim als kaiserlichen Principal-Commissarius auf dem Reichstage, auf die Geburt des Erzherzogs Leopold 1716. 13 April. Mit: Nascor ad alta.

316. Oesterreichische Huldigungs=Denkmünze unter Maria Theresia 1740.; Mit: Iustitia et clementia. 1 Qt.

317. Med. auf die Geburt des Erzherzogs Joseph.

A) Maria Theresia Hung. Boh. Reg. Archid. Auft. Brustbild.

R) In matre utramque sequar. Der junge Erzherzog in Ungarischer Nationaltracht. Ihm zur Rechten Minerva, zur Linken Bellona. Im Abschnitte: Iosephus natus XIII. Martii MDCCXXXXI. 2 L.

318. Med. auf die Vermählung des Erzherzogs Joseph 1760.

A) Ioseph. A. A. Elisab. Bourb. Philip. Hisp. Inf. filia. Beyder nebeneinander stehende BB. Unten: A. Widemann.

R) Felix connubium. Hymen mit zwey Kränzen in der Rechten und einer Fackel in der Linken neben einem Altare, an welchem zwey kreuzweiß liegende Fackeln abgebildet sind. Im Abschnitte: Celebrat. Vindob. VI. Oct. MDCCLX. 1.3/4 L.

319. Die nemliche, kleiner. 7/16 L.
320. Die nemliche. 7/16 L.
321. Med. auf die Vermählung Franz II. 1788.

A) Franciscus A. A. Leop. M. D. H. F. Elisabetha F. Aug. D. Wurtem. M. F. Bey=

der nebeneinander stehende Brußb. Unten: I. N. Wirt. F.

R) Inschrift: Nuptiae celebratae Vindobonae VIII. Id. Ian. MDCCLXXXVIII. 1.3/4 L.

VIII. Rhein-Pfalz.

a. Simmern.

322. Med. Io. Casimirus D. G. Co. Pal. Rhe. Dux Ba. Geharnischtes Brustbild mit kurzen Haaren und steifem Kragen. Unten: Aet. 35. Conr. Bloc. F.

R) Constanter et sincere 1578. Das W. mit kreuzweiß gelegten Palm- und Oelzweigen in einem Ringe, welcher sich oben mit zwey in einander gefalteten Händen und unten mit einem spitzigen Diamante endiget. 3/4 L.

b. Sulzbach.

323. Christianus Augustus C. P. R. Bav. Iul. Cl. & Mont. Dux. Aet. 82. Vorwärts sehendes geharnischtes Brustbild in langer Perücke und Halsbinde.

R) Annosoque valet cum robore virg. Ein Eichbaum. Im Abschnitte: Augusti augusta senectus. 1 L.

c. Zweybrücken.

324. Eine achteckige längliche, auf einer Seite geprägte Med. Iohannes II.

Iohan. D. G. Co. Pa. Rhe. Dux Bava.
Iul. Cli. et Mon. Com. Vel. Spon. Mark.
et Ravensp. Dom. in Ravenst. Aet. XXXV.
Brustbild im Harnische, Spitzenkragen und
kurzen Haaren. 11/16 L.

325. M e d. Christianus III. D. G. Com. Pal.
Rhe. Dux Bav. et Bipontii. Geh. Brustbild
in langer Perücke mit Orden.

R) Novo publicae felicitatis statori. Der
Herzog von der schwebenden Fama mit einem
Lorbeerkranze gekrönt, ihm zur Seite seine
beyden Prinzen, vor ihm das huldigende
Zweybrücken in weiblicher Gestalt. Im Abschn.
Bipontum obsequens MDCCXXXIV. Sil-
ber vergoldet. 4.1/16 L.

326. M e d. D. G. Christian. IV. C. Pal. Rh.
Bav. Dux. Geharn. Brustbild mit gebundenen Haaren.

R) Auspicato regimine 1741. Ein gekrönter aufrechtstehender Löwe, in der Rechten das Schwerdt, mit der Linken das mit
Fürstenhut, Mantel und Ordenskreuz gezierte Wappen haltend, in der Ferne die aufgehende Sonne. 3 L.

327. M e d. auf die Vermählung des Pfalzgrafen
Friedrichs 1746.

A) Fridericus et Francisca. Beyder nebeneinander stehende BB.

R) Vinculum antiquum novo confirma-
tum. Das in eins vereinte Pfalzzweybrücki-
sche und Sulzbachische Wappen. Im Abschn.
Desponsat. D. 6. Feb. 1746. 15/16 L.

328. M e d. auf die Vermählung Karl II August
1774.

A) Car. Aug. C. P. R. Maria Amal. Sax. Beyder nebeneinander stehender BB. Unten: A. S.

R) Perennitati domus Aug. Ein Tempel mit 8 Säulen, oben das Pfälzische Wappen und Car. Theod. PP. Im Abschnitte: D. XII. Febr. MDCCLXXIV. 1.13/16 L.

329. Med. auf des nemlichen Regierungs-Antritt.

A) Der nemliche.

R) Vota publica S. P. Q. B. Eine Pyramide, deren Spitze von den Wolken gedeckt wird, unten das Pfalzgräfliche Wappen mit Fürstenhut. Im Abschnitte: D. V. Nov. MDCCLXXV. Der Wappenschild der Stadt Zweybrücken. 1.15/16 L.

330.] Med. auf die Genesung Herzog Karls II
| } und seiner Gemahlin 1789.
338.]   A) Carolo Augusto Mariae Amaliae. Beyder Brustbild.

R) Saluti Principum. Die Salus, neben ihr die um einen Altar sich windende Schlange. Im Abschnitte: Vot. Carolimont. MDCCLXXXIX. Jede 2.3/16 L.

339. Die nemliche, Meßing vergoldet.
340. Die nemliche.
341. Die nemliche.
342. Med. auf die Abschaffung des Wildzaunes 1789.

A) Minerva mit einem Palmzweige hält den im antiken Costume neben ihr auf einer Brücke mit zwey Bogen stehenden Herzog bey der Hand, der in der Linken ein Füllhorn trägt. Ohne Inschrift.

R) Carolo Aug. Christiano Principi Palatino Bojo Tutano Vogesi Bipontini ob pacem Cereris et Dianae ac spem felicitatis in agros reductam piissime gratulantur Cives et Coloni Dioeces Bipont. et Homburg. Im Abschnitte: D. XX et XXVII Sept. An. CIƆDCCLXXXVIIII. 2.5/8 L.

343. Die nemliche. 2.1/2 L.
344. Die nemliche. 2.7/16 L.
345. Med. auf die Geburt des Pfalzgrafen Karl Ludwig.

A) Inschrift: Le Palatinat se rejouit Louis est parain d'un Prince de Deux-Ponts (1786).

R) Das mit Fürstenhut und zwey Ordensketten geschmückte Wappen. 3 L.

346. Med. Wilhelmus Com. Palat. Rheni Boi. Dux. Brustbild.

R) Maria Anna Bipontina conjux. Brustbild. 1 L.

IX. Sachsen.

347. Med. auf das Absterben des Herzogs Ernst 4 Iun. 1675.

A) D. G. Ernestus Sax. Iul. Cliv. et Montium Dux. Geharnischtes Brustbild mit Ueberschlag und Feldbinde.

R) Landgr. Thur. March. Misn. Princ. Hen. Com. Mar. et Rav. Dynast. in Rave. Oben der mit dem Fürstenhute bedeckte grössere Sächsische Schild mit achtzehn kleinern Schilden im Zirkel in der Mitte. Inschrift von 9 Zeilen. 1.15/16 L.

348. Med. von Herzog Friedrich auf Einweihung des Magdalenenstiftes.

A) Aureis huius formae infignibus donata et hac Sereniſſimi Conditoris Friderici D. S. I. C. M. A. W. voce illuſtr. Collegii Magdalenei Altenburg. IV. Dec. MDCCV. inaugurati membra &c.

R) I. H. S. mit Kreuz und drey Nägeln in einer ſtrahlenförmigen Einfaſſung. 2 L.

349. Denkm. V. G. G. Iohann Wilhelm H. z. S. BW. — auf das Eiſenacher Religions-Jubiläum 1717.

X. Würtemberg.

350. Med. Eberh. Lud. Dux Wirtem. BW.

R) Spes magna minori. Ein großes Schiff mit vollen Segeln mit einem kleinen Boote. Randſchrift: Anno MDCLXXXV. Im Abſchnitte: I. C. M. 5/8 L.

351. Denkm. auf die Stiftung des Stuttgarder Gymnaſiums unter der Adminiſtration des Herzog Friedrich Karls 1685. 3/8 L.

352. Die nemliche.
353. Die nemliche.
354. Med. Carolus D. G. Dux Wurtemb. & Tec. Geharn. Bruſtbild mit gebundenen Haaren und Mantel.

R) Aperio coelum. Ein brennender Altar in Wolken, über demſelben das ſchwebende Kreuz, neben das Evangelium zwiſchen zwey Palmzweigen. Silber vergoldet. 6,1/4 L.

XI. Nassau.

355. Carolus Augustus D. G. S. R. I. P. Nass. Weil. Geharnischtes Brustbild in langer Perücke und Hermelinmantel.

R) Semper idem. Das von zwey Löwen gehaltene, mit Fürstenhut bedeckte Wappen. 2.9/16 L.

f. Gräfliche.

I. Hohenloh.

356. Ein Abguß.

A) Gotefrid de Hohenloeh Comes ROMANIOLE. Ein geharnischter gallopirender Reiter, mit Schild, Helm und Fahne, unten 1235.

R) Auf der andern ungeprägten Seite steht: 1541. AG. von HOENNLOE. 2.1/16 L.

II. Lippe.

357. M e d. Augustus Comes et nobilis Dominus in Lippia Consil. intim. et Campi Marechalcus Teut. Ord. Eq. et Praefect. Das geharnischte Brustbild des Grafen in langer Perücke mit dem Commandostaabe in der Rechten. Auf einem mit Kriegsarmaturen geschmückten und unten mit Todenkopf versehenen Leichensteine: Natus Bragae Anno Christi 1643. D. 9 Sept. Denatus Neuwid

d. 19 Iunii 1707. Sepultus Marburg. D. 17. August.

R) Ein Kreuz mit Krone und der Einfaſſung: Vicerunt crucem coeleſtia gaudia tandem. Ueber der Krone: Promiſſa fidele. In den 4 Ecken ein Stern, zwey Roſen und Schwalbe mit dem Motto: Per aspera ad astra — forma perit virtus remanet. Alibi hyemandum. Nunc cinis ante rosa. 5.1/4 Loth.

III. Boineburg.

358. M e d. Electoris Moguntini locumtenens Philippo Wilhelmo. Comes Boineburg. Bruſtbild in Perücke und Mantel. Im Abſchnitte: Proprinceps Erfurt. conſtitutus XXX. Iul. MDCCII.

R) In drey Zeilen: S. Caeſ. Mai. Conſil. intim. et Camerarius Eccleſ. Metrop. Mog. ac Trev. Canon. cap. Em. Pr. El. Mog. Conſiliar. intim. Ein dopp. gekrönter Reichsadler mit einem gekrönten Wappenſchilde auf der Bruſt. Im Abſchnitte: Decus avitum renovatum ab Auguſtiſſ. Caeſare inter Imperi Comites recepto. Boineb. M. DCIIIC. C. W. C. PR. Caeſ. Randſchrift: Memoriae felicis in Erfurtum ingreſſus IX Martii MDCCIII. Conſecrat. G. H. A. B. I. L. 1.15/16 L.

IV. Pagan.

359. M e d. Le Comte de Pagan. Geharn, BB. in langer Perücke.

R) Ein auf Armaturen liegender Krieger hält in der Rechten eine Viktorie. Auf dem dabey befindlichen Monumente stehet: Ingenieur M. 1665. 9/16 ℒ.

V. Starrenberg.

360. Med. Ern. Rudi. Com. a Starr. S. C. M. CC. B. GCM. Vienn. Comm. Geharnischtes Brustbild in langer Perücke, Halskrause und Vließorden.

R) Inschrift: Der 60. Tage lang die groste Wuth aushielte macht das der Turk Zelt Geld Feldstuck und Glück verspielte 16—83. Unten ein gefesselter Türk mit Kanone und andern Türkischen Kriegszeichen. Randschrift: Des Ruhm geht in die Runde der nicht weicht eine Stunde und schlagt die Turkenhunde. 2.7/16 ℒ.

g. Freyherrliche.

Stralenheim.

361. Med. Henning L. B. de Stralenheim S. R. M. Suec. Plenip. in Siles. Geharn. BB. mit langer Perücke und Feldbinde.

R) Citius et fortius. Die Religion mit dem Kreuze in der Linken und mit einem Brennspiegel in der Rechten, mit welchem sie das auf dem daneben stehenden Altare befindliche Feuer entzündet. Im Abschnitte:

Ob fidem Regi. et Relig. in reſtaurat ſacrorum. Sileſiae praeſt. MDCCVIII. 2 ℒ.

---

362. Ein ſilbernes Büchschen mit dem Kaiſer Leopold, König Joſeph und 7 Churfürſten zu Pferd. 9 Stück. 1.13/16 ℒ.
363. Ein ähnliches mit 8 gekrönten Häuptern. 1.13/16 ℒ.
364. Ein ähnliches mit 8 gekrönten Häuptern. 1.12/16 ℒ.

h. Italieniſche.

Venedig.

365. Den Im. Aloyſio Mocenico. Princ. Ven. Munus An. VI. An. Domini 1768 in einer Einfaſſung.
R) S. Hier. Emilianus Patritius Ven. Der Heilige, vor ihm eine knieende Perſon — eine andere hält er bey der Hand. Oben das ſtrahlende Auge der Vorſehung. 5/8 ℒ.

i. Niederländiſche.

Wilhelm Karl Heinrich Friſo.

366. M eb. W. C. H. F. Princ. Aur. et Anna Mag. Brit. Beyder Bruſtbild.

R) Stadhouder Admiraal & Kapiteyn Generaal van 7. Provintien. Der runde Schild mit dem Löwen in der Mitte, um denselben die sieben gekrönte Wappenschilde der vereinigten Provinzen. Silber vergoldet. 1.1/4 L.

367. M e b. A Iehovah hoc factum est et mirabile in oculis noſtris. Eine Hand aus den Wolken deutet auf den ausſchlagenden Zweig eines abgebrochenen Orangebaumes, den ein Löwe beſchützt. Neben 1672.
R) Germini quod auriaco fidat Leo Belgicus Gallo laeſus. Gekröntes Wappen mit: Honi ſoit qui mal y penſe. 1.1/4 L.

k. Städtiſche.

I. Augsburg.

368. M e b. Auguſta Vindelicorum. Die Stadt Augsburg mit dem ſtrahlenden Auge der Vorſehung. Im Abſchnitte: MDCCXLIV.
R) Carolus VII. D. G. Rom. Imp. S. A. Geharn. und belorbeertes Bruſtbild mit dem Vließorden. Silber vergoldet. 2 L.

II. Colmar.

369. Eine auf ein viereckiges Stück Silber geprägte Schulprämie. S. P. q. Colmarienſ. Induſtr. ac virtutis Scholaſtic. munus dedic. Stadtwappen. Ohne Revers.
370. Die nemliche.

III. Frankfurt.

371.. M ed. Francofurtum. Die Stadt Frankfurt. Oben ein Adler in den Wolken.

R) Leopoldus D. G. Rom. Imp. semp. August. Der doppelte Reichsadler in einer verzierten Einfassung, oben mit einer Krone. Zwey schwebende Engel, die in der einen Hand die nemliche Krone, in der andern Palmzweige halten, unten in einer ovalen Einfassung: 1696. 1. L. 5. 13/16 L.

IV. Freyburg.

372. M ed. Da pacem Domine in diebus nostris. Die Stadt Freyburg. Im Abschnitte: Die Stat. vnd Vestung Friburg in Brisgo 1711.

R) Der einköpfige Adler mit Schwerdt und Zepter. Oben die Kaiserkrone, unten zwey Wappenschilde. Im Abschnitte in einer Einfassung: Sub vmbra alarum tuarum. 1. 13/16 L.

V. Ludwigsburg.

373. Denkm. auf die Erbauung der Kirche zu Ludwigsburg 1716. unter dem Herzoge Eberhard Ludwig von Würtemberg.

VI. Murten.

374. M ed. Die Stadt Murten. Oben drey Wappenschilde mit einer Krone. Im Abschnitte: Muratum.

R) Caroli inclyti fortiſſimi Burgundiae Ducis exercitus Muratum obſidens ab Helvetiis caeſus hoc ſui monumentum reliquit A°. MCCCCLXXVI. Das Beinhaus bey Murten. Im Abſchnitte: Oſſuarium de Clade Burgund. ad Muratum. 1 L.

VII. Regensburg.

375. Denkm. in einer verzierten Einfaſſung: In memoriam regiae coronationis Ratisbon. Ano. MDCLIII.

R) Reſpicit haec populum Reſpicit illa polum. Die Stadt Regensburg, der doppgekrönte Adler mit dem Reichsapfel, oben die ſtrahlende Sonne. 5/8 L.

VIII. Straßburg.

376. Viereckige Denkmünze.
   Iubilaeum Argentoratenſe 1617. Poſt tenebras lux 1517.

377. Schulprämie von 1688. Ventoque et remige fertur.

378. Schulprämie von 1696 mit nocet advertentibus aures. 1 Qt.

IX. Stuttgard.

379. Viereckige Denkmünze.
   Wohlgerathene Iugend macht Freude.

X. Wien.

380. M eb. Hoc oriente fugit. Die Stadt Wien mit dem fliehenden Heere der Türken. Oben die aufgehende Sonne und der sich in Wolken verbergende halbe Mond. Unten: Die 12 Sep. MDCLXXXIII.

R) Oppugnata bona eſt non expugnata Vienna nam coelo perdens hoſtibus hoſtis erat. Die Belagerung von Wien. 2.1/8 L.

381. Das belagerte Wien.

R) Inſchrift: Wien belagerte der Turk 1683. den 14 Iul. ward entſezt d. 12 Sep. mit Verluſt all ſeiner Stuck. 7.16 L.

I. Friedensſchlüſſe.

382. Denkm. Reverſus victor in pace. Ind. 8. Der König Heinrich IV. von Frankreich im Ornate mit Krone, Zepter und Oelzweig. Im Abſchnitte: 1598.

R) Pax sacra tuetur. Ein Weib mit Glorie und zwey Oelzweigen bedeckt mit ihrem Mantel die vor ihr ſtehende Kirche. Im Abſchnitte: Eccl. ration. 7/16 L.

383. Würtembergiſche Friedens=Gedächtnißmünze von 1650. unter Herzog Eberhard Ludwig.

384. Die nemliche.

385. Die nemliche.

386. M eb. auf den Frieden 1697.

A) Gottlob der Krieg hat nun ein → Eine zerbrochene Trommel, worinnen ſich ein Loch befindet. Im Abſchnitte: MDCXCVII.

R) Herr mache gantz und fest dem Friede seinen Boden. Ein Korb, in dessen Boden ein Loch ist, darüber ein Füllhorn. 1 L.

387. Eine viereckige Denkmünze auf der Augsburgischen Kinder Friedensfest 1704. 7/16 L.

388. Ein. Denkmünze auf den Badischen Frieden 1714.

389. Med. auf den Rastädter Frieden.

A) Carolus VI. D. G. Rom. Imp. semp. Aug. Belorbeertes Brustbild in langer Perücke mit Gewand.

R) Mediis crescebat in armis. Ein Olivenbaum unter Kriegszeichen. Im Abschn. Pax Rastatdiens. A. MDCCXIIII. 1 L.

390. Med. auf die Schweizer Frieden 1712 und 1718.

A) Minerva sitzend, auf eine abgebrochene Säule gelehnt, einen Oelzweig in der rechten, einen Palmbaum in der linken Hand. Auf der Erde liegen rings um sie herum allerhand Kriegsgeräthe. Oben die Wappen der Cantons Unterwalden, Uri, Bern, Zürch, Lucern, Schweiz und Zug. Abschn. Pac. Arov. Helv. concl. et sign. D. D. 18. Iul. 9 et 11 Aug. 1712.

R) Die Wappen von Bern, Zürch und St. Gallen, welche zwey Hände, die aus den Wolken kommen, an drey Bändern zusammenhalten. Abschnitt: Pac. Bad. conc. et sign. Tig. et Bern. cum Abb. S. Galli. D. 15. Ian. 1718. 1.7/16 L.

391. Med. auf den Frieden 1763.

A) In einer verzierten Einfassung: Zum Andenken des Friedens Francfurt 1763.

R) Der Namen des Herrn ist ein festes Schlos. Die Stadt Frankfurt, oben das Auge der Vorsehung, unten der Mercuriusstaab mit zwey Füllhörnern. 13/16 L.

m. Gelegenheits-Medaillen
und
Denkmünzen
auf verschiedene Vorfälle.

---

392. Eine viereckige Denkmünze. Tandem fit furculus arbor. 1648.

393. Denkm. von 1680. Krieg Vngluckh Pest v. Hungersnoth wend gnädig ab Herr Zebaoth &c. 1/2 L.

394. Med. auf die Eroberung von Ofen.

A) Ofen im Prospecte. Im Vorgrunde Schlachtgewühl. Oben ein fliegender Engel, einen Palmzweig in der Rechten, ein Kreuz in der Linken. Darüber die Worte: der Christen Ruhm.

R) Ofen A. 1526. von Solyman erobert, u: A. 1541. mit List besetzt: hernach von R. K. M. Leopold D. $\frac{2}{7}\frac{3}{7}\frac{Aug.}{Sept.}$ A. 1686 in Angesicht des Grofs-Veziers durch Sturm bezwungen. Unten die Buchstaben: L. G. L. 1/2 L.

395. Viereckige Denkmünze.
A) In einer Einfassung: Zum Dank fur Gottes alte Güt 1704. Die neu auch in den neuen blüht 1705.

R) Der stillt die Flut und stärkt den Mut auf künftigs Gut. Eine Person neben einem brennenden Altare, bey welchem verschiede=ne Kriegsarmaturen liegen. Oben ein Regen=bogen. 1/2 L.

396. Med. Acht verschiedene Fastnachts = Co=stume.
R) Ein Pallast mit einem großen Carou=sell=Platze. Randschrift: Carousell comique Le mardi gras 1722. 2.5/8 L.

397. Med. auf die Salzburger Emigranten.
A) Drey Emigranten, Mann, Frau und Kind. Oben ein Auge in einer Glorie in den Wolken. Umschr. Du solt unser Auge seyn. Abschnitt: Salzb. Emigr. 1732.
R) Die Wolkensäule mit Strahlen umge=ben. Ich geh mit Dir aus und ein. 3/8 L.

398. Med. auf das Rhinozeros 1748.
A) Das Thier abgebildet, oben die strah=lende Sonne, unten Strasburg 1748. I. D. Hamm.
R) Inschrift von 12 Zeilen. 1.3/8 L.

399. Med. Bey dem Ausbruche des Englisch=Französischen Krieges.
A) Salus in fluctibus. Ein Englisches und Französisches Schiff im Gefechte, am Ufer steht Mercurius. Im Abschnitte: Sta-tus Rerum.
R) Sed motos praestat componere fluc-tus. — Im Abschnitte: Sub exitum anni MDCCLV. 15/16 L.

400. Ein Boot auf dem Meere, oben Wolken und der blasende Wind, unten im Abschnitte: Dubieus.

R) Gekröntes Wappen. 1/2 L.

401. Viereckige Schaumünze.

A) Toujours le même 1725. Ein Baum, worauf die Buchstaben G. M. W. B. Z.

R) Erweist man hier Geschicklichkeit, So wird man mit Gewinst erfreut. Eine Stange, worauf ein Vogel sich befindet. 1.7/8 L.

402. Med. Gott erhalt durch sein Starcke dis Iahr den Lehr Wehr und Nehr Stand in einem Krantze, oben der strahlende Name Iehovah (mit Hebräischer Schrift).

R) Imperando orando laborando consistit. Eine Kugel, aus welcher rechts ein geharnischter Arm mit dem Schwerdte, links ein Arm mit der Spade hervorragen. Oben ein aufgeschlagenes Buch mit zwey gefalteten Händen. 7/8 L.

403. Med. Rectorem expecto paratus. Ein gesatteltes Pferd an einem frisch ausschlagenden Stamm angebunden, oben der strahlende Name Iehovah.

R) Cave fictus fallit amicus. Ein in Pilgershabit verkleideter, auf den Hinterfüßen stehender Fuchs, welcher dem vor ihm stehenden Hahnen einen Brief mit daran hängendem Siegel vorhält. Oben die strahlende Sonne. Im Abschnitte: Wer glaubt zu gschwind offt Schaden empfindt. 1.7/8 L.

404. Pax Themis et Pietas Sapientia Musa resurgunt e contra gladius bellica signa jacent. — Inschrift: Dreisig Iahr hatt ge-

weert der Krieg viel Blutt vergofen ward
zum Sieg dis Iahr fchickt Gott den Frieden fein, dem fey Ehr Lob und Preys al-
lein Anno 1648.

R) Aurea pax vigeat det Deus arma ca-
dant. Eine weibliche Figur mit einem Palmzweige in der Rechten empfangt von einer
aus den Wolken ragenden Hand einen Oelzweig, neben ihr steht ein Krieger mit dem
Helme in der R. und zerbrochenen Schwerdt
in der Linken, um ihn herum zertrümmerte
Kriegeszeichen. 1.3/8 L.

405. Kleiner Basler Friedenspfenning von 1648.

406. Nürnberger Klippe zum Gedächtniſſe des
Friedens-Vollziehungs-Schluſſes 1650.

A) Imper. Ferdinando III. P. F. Augu-
fto. Die drey Nürnbergifchen Wappen. Darunter: Gedaechnoss des Friedens. Voll-
ziehungs Schluss. in Nürnberg 1650. 16.
Iunii.

R) Die halbe Erdkugel, aus der zwey ge-
faltete Hände hervorragen. Oben hält eine
Hand einen Kranz von Oelzweigen aus den
Wolken: Magnas ferte Deo grates pro paCe
reLata. Eine Klippe, in deren vier Ecken
Rofen. 1/2 L.

407. Eine kleinere Klippe.

A) Gedaechtnus des Frieden Vollzie-
hungs Schluss in Nürnberg 1650. 16. Iunii.
Eine Hand, die einen Kranz aus der Wolke
reicht.

R) Albrecht Marg. z. Brand. z. Magd.
in Preuſ. Hertz. Das Wappen.

v. Klippen.

408. Feldklippe des von den Protestanten 1592 zum Bischofe von Straßburg ernannten Markgrafen Johann Georg von Brandenburg. Das Markgräfliche Stift- und Stadt Straßburgische Wappen in einer runden bekränzten Einfaffung, neben 15—92. 1.7/8 Loth.
409. Die nemliche. 1.7/8 L.
410. Franckenthaler Nothm. 1623. — Ein Triangel Batz XV. 5/8 L.
411. Bredaer Belagerungsklippe.
 Breda obfeſ. 1625. Ein Schild mit drey XX / X oben 20. unten eine kleine Rofe. 1 Qt.
412. Breyſacher Nothklippe von 1633.
 A) Mo. no. Auſt. Alſ. et Briſiacae Index. Diefe Auffchrift ift in einen Zirkel gefaßt.
 R) Die drey W. von Oefterreich, Elſaß Breyſach. Oben 1633. 1/2 L.
413. Klippe von Aire 1641.
 Lud. XIII. Rex pius juſtus invictus Aria uno aº bis obſeſ. 1641. 1 Qt.
214. Landauer Nothmünze von 1702.
 Eine Nothmünze, die der Commandant von Landau, Mr. Melac, während der Belagerung 1702 aus Silbergeſchirre hat ſchlagen laſſen. Oben deſſen W. in einem runden Schilde, darunter 1 Liv. 1 S. Landav. Der Revers ift glatt. Ein länglich eckiges Stück. 3/8 L.

415. Eine ähnliche achteckige von 1702. 3/8 L.
416. Eine viereckige mit Wappen und oben 2. Livre 2 S. Landau 1702. in jeder Ecke eine Lilie, 7/8 L.
417. Eine viereckige abgerundete, oben das W. unten 2 Livre 2 S. Landau 1702. in jeder Ecke zwey Lilien. 6/8 L.
418. Ein unförmliches Stück, woran noch der Rand des Geschirres zu sehen — zu 4. Livre 4 S. von 1702. 1.3/4 L.
419. Klippe von dem Herzoge Karl Alexander von Würtemberg während der Belagerung von 1713. Gekrönter Chiffre, auf den 4 Ecken das Wappen, oben pro Caes. et Imp. unten Bel. Landau 1/2 fl. 2 xr. 3/8 L.
420. Die nemliche. 5/16 L.
421. Klippe vom nemlichen C. A. H. z. W. 1713. Gekröntes Wappen mit Orden. Der Namens-Chiffre auf den 4 Ecken. Oben pro Caes. et Imp. unten Bel. Landau. 1 fl. 4 xr. 3/4 L.

422. ⎫
    ⎬ Die nemlichen. Jede 3/4 L.
425. ⎭

426. ⎫
    ⎬ Die nemlichen zu 2 fl. 8 kr. Jede 1.3/8 Loth.
431. ⎭

---

o. Jubel

o. Jubel-Medaillen
und
Denkmünzen.

432. Martinus Lutherus Theologiae Doctor. Verbum Domini manet in aeternum. Brustbild.

R) Si non dixerint juxta verbum hoc non erit eis matutina lux. Die Religion vor einem Altare knieend, worauf ein Buch aufgeschlagen, in welchem zu lesen: Ad legem et testimonium. Oben der strahlende Name der Gottheit. Im Abschnitte: In memor. Iubil. Sec. Luther. 2 ℒ.

433. Med. 1617.

A) Verbum Domini manet in aeternum. Churfürst Friedrich von Sachsen und Doctor Luther, jener mit dem Schwerdte und Churhabit, dieser aber mit einem brennenden Lichte weiset auf die auf einem Tische liegende Bibel. Oben der strahlende Name der Gottheit.

R) Wie Moyses Israel geführt &c. Umschrift von zwey Zeilen. Der Ziegelofen und eherne Schlange mit einer Glorie in Wolken. Oben: Egyptus et Israel. Unten: Anno Iubilaei 1617. 1.3/8 ℒ.

434. Denkm. der Stadt Ulm auf das Evangelische Jubeljahr 1617. 1 Qt.

435. Dergleichen von der Stadt Straßburg viereckig. Post tenebras lux 1517 — Iubilaeum Argentoratense 1617. 1 Qt.

436. M e d. auf die Augsburgische Confeßion.
A) Ioh. et Io. Frid. Sax. Geor. Brand. Phil. Haff. Ern. et Fr. Lün. Wolf. Anh. Nürn. Reutl. Inschrift: Secularis memoria A? MDCXXX 25 Iunii Summae fidei Carolo V et stat. comitiis Augustan. A? MD. XXX. XX Iunii exhibitae.
R) Verbum Domini manet in aeternum. Zwey aus den Wolken ragende Arme halten Bibel, — zwey andere die Confeff. August. Oben die strahlende Glorie, unten eine Lilie mit Palm- und Lorbeerzweig. 1.1/4 L.

437. M e d. auf die Augsburgische Confeßion.
A) I. et I. F. Sax. G. Bran. Ph. Haff. Er. et Fr. Lun. W. Anh. Nurn. et Reut. — Iubileus Ao MDCXXX. 25. I. confeffionis Carolo V. et stat. comit. August. ao 1530. 25. Iun. exhibitae.
R) Verbum Domini manet in aeternum. Ein Engel hält in der einen Hand die Bibel, in der andern die Augsburgische Confeßion. 3/8 L.

438. Regensburger Jubelmedaille von 1642.
A) In einer verzierten Einfassung oben das Stadtwappen mit 1642 und der Inschrift: Das Iubelfest man heut begeth Gott gebs auch der Posteritaet S. p. q. R.
R) Nun leucht dis Licht uns 100 Iahr dasselb noch fort ys Gott bewahr (V. D. M. I. AE. oben, und 1542 unten). Zwey aus einer Wolke ragende geschlossene Hände, über denselben ein Licht und Bracium Dei, unten die aufgeschlagene Bibel und Conf. August. 5/8 L.

439. Med. Jubiläum der Univerſität Helmſtädt.
A) Inſchrift: Aeternit. ſacr. et fauſtae memoriae Directorii academici Sereniſſ. Princ. ac Dom. Dn. Iohannis Friderici Ducis Brunsv. et Luneb. ſub quo Academia Iulia exacto a fundat. Seculo primo alterum ingreſſa D. XV. Oct. A. MDCLXXVI. Mirentur poſteri inter arma vigent muſae. Gloria Principum felicitas ſeculi H. B.

R) Rigantur ut ornent. Ein Springbrunnen von vier Palmbäumen umgeben, oben das Braunſchweigiſche Roß. 2 L.

440. Med. von 1717.
A) Verbum Domini manet in aeternum, wie Nro. 433.

R) Inſchrift: Das ſich des Wortes Licht Durch Luthers treue Hand nach langer Finſternus zur Chriſtenheit gewandt. Preiſt Gott die Chriſten Schaar nun Zweymal Hundert Iahr. Im Abſchn. Martinus Lutherus Theologiae Doctor (1717). 1.3/8 L.

441. Denkm. auf das zweyte Evangeliſche Jubiläum 1717. 31. Oct. mit Doctor Luthers Bruſtbild und Palmbaum, Silber vergoldet.

442. } Heſſen = Darmſtädtiſche Denkmünzen auf
  | } das zweyte Evangeliſche Jubiläum 1717.
445. } von Landgrafen Ernſt Ludwig. Mit Inſchrift und Wappen.

446. Gräflich = Hohenlohiſche Jubelmünze von 1717. Mit Wappen und Inſchrift.

447. Der Stadt Speyer Jubelmünze von 1717. Auf beyden Seiten Inſchrift. Viereckig. 1 Qt.

448. Jubelmünze der Stadt Ulm von 1717. Mit Inſchrift und Wappen.

449. Sachsen-Gothaische Jubelmünze der Augsburgischen Confeßion 1730. Mit Inschrift und dem Brustbilde des Herzogs Friedrich II. 1 Qt.

450. Als Guttenberg und Faust den Bucherdruck erdacht ward Wahrheit und Verstand in helles Licht gebracht. Oben Wappen. Im Abschnitte: Drittes Iubilaeum 1740. d. 24. Iun.

R) I. G. I. F. der Buchdruckerkunst Erfinder 1440. zu Maynz. Johann Guttenbergs und Johann Fausts vorwärts sehende Brustbilder. 1/2 L.

p. Berühmte Männer.

I. Helden.

451. Med. Prinz Eugen von Savoyen.

A) Fregi Alpes galeisque Padum victricibus hausi. Geharn. Brustbild mit langer Perücke, Halsbinde und Vließorden. Im Abschnitte: Eugenius Sab. Supr. Exercit. Caef. in Ital. Dux.

R) Victores ite furentes ite mei comites, et caufam dicite ferro. Lager und Schlachtgetümmel. Im Abschnitte: Impetus Gallorum fractus ad Athefin. 2.3/4 L.

452. Med. Laudon.

A) Gedeon Laudonius Exercitus Caefar. Dux. Geh. Brustbild mit gebundenen Haaren, Mantel und Ordensband. I. Vinazer f.

R) Veni vidi vici. Ein Adler auf einem abgestutzten Eichenstamme hält den halben Mond in einer Kralle, unten liegen verschiedene Türkische Kriegszeichen. 1.3/4 L.

454. Die nemliche. 1.3/4 L.
454. Med. Ged. Laudonius Exercitt. Auftr. summus Imp. Brustbild im Gewande mit gebundenen Haaren, Harnisch und Ordensband.

R) Taurunum expugnatum. Die Beschießung von Belgrad. Im Abschnitte: VIII. Id. Octobr. MDCCLXXXIX. 2.3/8 L.

455. Die nemliche. 2.3/8 L.
456. Med. Marlborough.

A) Ioh. D. Marleburg. Ang. Exer. Capit. Gener. Geharnischtes Brustbild in langer Perücke.

R) Miratur telis aemula tela suis — Mars Ultor mit Schwerdt und Schild sitzend. Ein Krieger ebenfalls mit Schwerdt und Schild hauet auf die vor ihm liegende Feinde. Im Abschnitte: Ob Gallos et Bavaros devictos Tallardo Duc. ad Hochstad. capto 1704. Randschrift: Fortunae obsequenti Ducis fortissimi post primitias Schellenbergicas. 1.1/4 L.

457. Die nemliche. 1.1/4 L.
458. Med. Graf Münich.

A) Christoph. Burch. Comes de Munich. Generalis campi Maresch. Russiae. Vorwärts sehendes geharn. Brustbild mit kurzer Perücke, Ordenskreuz und Hermelinmantel. I. L. Oexlein f.

R) Fulmen belli. Ein Krieger in antiker Rüstung mit dem Wurfspieße, vor ihm die fliehenden Feinde. Im Abschnitte: Vincendo Turcas et Tartaros MDCCXXXIX. 2 L.

459. Rabenhaupt.

A) Carl Rabenhaupt Latenant Generael der Vereende Proventien. Vorwärts sehendes geharn. Brustbild mit Halsbinde und langer Perücke — tandem bona caufa triumphat. An. 1674.

R) Gekröntes Wappen mit Kriegsarmaturen. 3.3/4 L.

II. Gelehrte Geistliche und andere.

460. Ioannes Sebastian. Clais. Brustbild im Gewande und Mantel und fliegenden Haaren. Iof. Scheufel f.

R) Carolo Th. Palat. Boi. Princ. Elect. vocante et auspice. Die Saline zu Reichenhall. — Im Abschnitte: Salinas Halar. divitis arte ditavit M. DCC. LXXXII. 3 L.

461. Denkm. auf Elisabetha Kraufin 1639. Brustbild und Inschrift.

462. Kleine Med. Auf der einen Seite das Brustbild des Johannes Huß mit: Ioannes Hus ist zu Costnitz verbrand 1415. d. 6. Iulii.

Auf der andern Seite des D. Luthers vorwärts sehendes Brustbild. D. Martin Luther was jene Gans gedacht hat dieser Schwan vollbracht. 1/2 L.

463. Med. auf Joh. Jakob Scheuchzer 1733.

A) Ioh. Iacobus Scheuchzer. Brustbild in Perücke, Mantel und Gewand.

R) Inschrift von 11 Zeilen. 1.1/4 L.

464. Med. auf Michel von Senshaim.
A) Michael de Senshaim Canonicus Herbipo. Brustbild mit viereckiger Mütze.
R) Utriusque miliciae miles An⸜o⸝ MD. XXVIII. Wappen, mit einem Kreuze oben. 2.1/8 L.

465. Med. van Swieten.
A) Ger. L. B. v. Swieten ord. S. Step. Com. A. Con. Aul. Arch. Co. Bib. Pr. Brustbild im Gewande mit Mantel und Ordenskreuz.
R) Ob doctrinam et integritatem. Das Denkmal van Swieten's mit der Inschrift: M. Theresia Aug. memoriae Ger. L. B. v. Swieten Nat. 7. May. 1700. † 18. Iun. 1772. 2.7/8 L.

466. Med. Iohan. Iacob. Tezel.
A) Das vorwärts sehende erhabene Brustbild in steifem Kragen und verbrämten Gewand.
R) Kirchensitenbach Reip. Norib. VII. Vir. &c. AE. L. Ao. 1646. Das Wappen. 2.3/4 L.

q. Medaillen und Denkmünzen auf religiöse Gegenstände.

467. Med. Tetragrammaton Iehovah Adonay Eloy. Gott der Vater mit einer Krone.
R) Benedicta semper sancta sit Trinitas. Die heil. Dreyeinigkeit. — Vergolbet. 2.3/4 Loth.

468. Med. Das Brustbild des Heilandes.
R) Die Geräthschaften der Kreuzigung. 2.1/2 L.

469. Med. Das Brustbild des Heilandes mit Hebräischen Namen.
R) Hebräische Inschrift. 7/8 L.

470. Denkm. Das Brustbild des Heilandes und das Lamm. 1 Qt.

471. Med. Die Hirten bey der Geburt Christi.
R) Die Anbetung der Weisen, mit Lateinischer Umschrift. Vergoldet. 1.3/4 L.

472. Eine kleinere, die Menschwerdung und Anbetung der Weisen vorstellend. Vergoldet. 1 L.

473. Med. Die Geschichte Simsons von dem Thoren von Gaza und die Höllenfahrt Christi — 1588. Vergoldet. 2.3/8 L.

474. Med. Christi Taufe im Jordan — Christus sendet seine Jünger aus. Vergoldet. 1.1/2 L.

475. Med. Jesus Auferstehung und Erscheinung. 9/16 L.

476. Med. Geschichte der Sarah — Gott tröstet Abraham. 11/16 L.

477. Med. Die eherne Schlange und Kreuzigung Christi — 1551. 3/8 L.

478. Med. Iahel — und Iudas Maccabaeus. 3/8 L.

479. Med. Brustbild des Apostel Paulus.
R) Geschichte seiner Bekehrung. 1 L.

480. Med. Die Erschaffung der Eva — die Vertreibung der ersten Eltern aus dem Paradiese. 2.1/8 L.

481. Med. Die so empfangen die Heilige Tauf nimbt Gott zu seinen Kindern auf. Chri-

sus mit dem Kreuze auf einem Taufsteine, links ein Engel stehend, rechts ein knieender Engel, der den vor ihm liegenden Täufling taufet, unten 1630.

R) Laſſet die Kindlein zu mir &c. Jeſus und die Kinder. 2.1/4 L.

482. M e d. Wer glaubt und getauft wird &c. 1711. Inſchrift von 11 Zeilen.

R) Tauffet ſie in namen des Vaters &c. Die Taufe im Jordan, mit der heil. Dreyeinigkeit. 1.15/16 L.

483. Die nemliche. 1.15/16 L.
484. Eine ähnliche. 1.15/16 L.
485. M e d. 1528. Die eherne Schlange. Unten in der Mitte getödtete Menſchen, zu beiden Seiten knieende Betende mit dem Spruche: der herr ſprach zu moſe mac Dir ein erne Slang &c.

R) Jeſus am Kreuze, zu beiden Seiten knieende Menſchen mit aufgehobenen Händen, in der Umſchrift der Spruch: Gleic. wi. Di Slang. So Mus Des Menſen Son. 2.1/8 L.

486. M e d. Das Blut Jeſu Chriſti. Von dem am Kreuze hangenden Heiland fließt das Blut auf ein Kind, das über den Taufſtein gehalten wird.

R) Ich gieng für dir über und ſahe dich in deinem Blut ligen &c. Der in einer Gegend wandelnde Heiland, neben ihm ein Kind auf der Erde liegend. 2 L.

487. M e d. Der ausziehende Saulus.

A) Saulus ſpirans minas et caedem &c.

R) Der durch eine Stimme vom Himmel bekehrte Saulus. Prope urbem proſtratus audivit vocem. 7/8 L.

488. M e d. Ich laſſe dich nicht, du ſegneſt mich denn. Der mit dem Engel ringende Jakob.

R) Inſchrift von 9 Zeilen. Der herr ſegne und behute dich &c. 15/16 L.

489. M e d. Vulnera Chriſti. Der verwundete Heiland. Unten 1626.

R) Noſtra medela. Ein Engel, der das Kreuz und die übrigen Geräthſchaften der Kreuzigung trägt. 1.1/2 L.

490. M e d. Schön wie Rahel Klug wie Ruth. Rahel und Ruth.

R) Martha fleis Marien glut. Martha und Maria. Randſchrift: Frauenzimmer Heuratgutt. 7/8 L.

491. M e d. Die Neugeburt fleuſt — Jeſus und Nicodemus.

R) aus Waſſer und Geiſt. Eine Kanne und Taufſchüſſel, oben der heilige Geiſt in einer durch die Wolken brechenden Glorie. 3/4 L.

492. M e d. Auf zwey Geſetztafeln: Du ſolt Gott deinen Herrn lieben von ganzem Hertz vnd den naechſten als dich ſelbſt. Oben die Glorie der Gottheit, unten Marc. XII. 30. 31. In der Umſchrift: Es iſt kein ander Gröſſer Gebot denn dieſes —

R) Der iſt wie ein Baum Gepflanzet an den Waſſerbächen. Ein groſſer mit zwey kleineren Bäumen an einem Bache. 1 L.

493. M e d. Die Forcht des Herrn iſt der Weisheit Anfang. Pſ. III. Die Religion ſteht einer andern Figur zur Seite, die auf einem Tiſche ein aufgeſchlagenes Buch und neben ſich andere zu den Wiſſenſchaften gehörige

Instrumenten hat. Oben die durch Wolken strahlende Glorie der Gottheit.

R) Das Geschlecht der Frommen wird gesegnet seyn. Die Frömmigkeit mit einem aufgeschlagenen Buche, das sie vor sich hält, von verschiedenen andern Personen umgeben. Oben aus den Wolken und Strahlen ein hervorragendes Füllhorn. 7/16 L.

494. Eine Medaille mit Hebräischen Worten und Lateinischer Schrift. 7/16 L.

495. Denkmünze mit dem Spruche: Wer hat des Herrn Sinn erkannt. Röm. XI. 34.
R) Ein Comet und andere Sterne, unten 1744.

496. Denkm. auf die Hand des heil. Stephans 1771. 1 Qt.

497. S. Philippus Nerius.
S. Car. B. Beyder Brustbild in einer kleinen achteckigen Denkmünze.

498. Der heilige Hubertus vor einem Hirsche knieend, unten S. H. nur auf einer Seite geprägt, in einen Ring gefaßt, der ein Waldhorn vorstellet.

499.⎫ Fünf sogenannte Silberlinge, oder Seckel
⎬ des Heiligthums. Drey davon wiegen je-
503.⎭ de 13/16 L. einer 1/2 L. und einer 7/16 L.

r. Vermischte Medaillen,
besonders
moralischen, verliebten und satirischen Inhalts.

504. Nupsisti et Sancte Totoque ex corpore Iunctus Hinc amor atq. Labor surgit Utroque Place. Mann und Weib an der Hand und Fuß zusammengekettet, halten in der einen Hand eine Tafel, worauf zwey brennende Herzen. Zwischen beyden steht ein Cupido. Der Mann hält in der Rechten eine Spade, die Frau in der Linken einen Rocken.

R) Excludit pariter perdix sine compare palma emoritur. Nubis: Par in amore vige. Zwey aus Wolken ragende geschlossene Hände, die eine Blume halten. Zwischen zwey Palmbäumen oben der strahlende Geist Gottes, unten in einem Ringe zwey Tauben — in der Ferne eine Stadt zwischen zwey Bergen. 5 L.

505. Vt Salomon sic ego matrem 1617. Eine von dem Stuhle aufstehende Person mit Krone und Zepter, vor einer sitzenden Matrone.

R) Maternis precibus nihil fortius. Der Name Gottes in den Wolken und zwey gefaltete Hände. 15/16 L.

506. Die Römerin ihren Vater liebt durch ihr brust sie ihm nahrung gibt. Die Römerin und ihr gefangener Vater, 1626.

R) Die Störck uns lehrn wie wir soln ehrn. unsr. eltern werth auf diser Erdt.

Eine Stadt, über derselben drey Störche. 1.1/4 L.

507. Wie das Licht vom Feuer entflamt. Zwey Genien, der eine mit der Fackel, der andere zündet eine Kerze an derselben an.

R) Also Lieb von Liebe stammt. Zwey Genien mit Fackeln, die sich umarmen. 1.3/16 L.

508. Leib und Seele wird vergnüget. Zwey Liebesgötter, die sich umarmen.

R) Wenn getreue Libe siget. Zwey schnäbelnde Tauben auf einem sie umschlingenden Rosenzweige. 1 L.

509. Viereckige Klippe.

A) Die Ehlich Hand macht festes band. Ein Brautpaar hält die Hand über einem Becken geschlungen, worauf ein schwebender Engel Wasser gießet. Oben der Name Gottes in einer Glorie, unten: Manus manum lavat. 1627.

R) Wie man sihet im Taubenstand. Zwey Tauben in einer Einfassung von Laub. Oben zwey Wappenschilde, unten zwey geschlungene Hände. 11/16.

510. Inschrift in einer Einfassung: O Mensch der Lieb dich nit ergib das dirs nicht Leib und Sehl betrieb. 1626.

R) O. Pirame Dein Lieb thut weh Dir und Thisbe. Die an der Seite ihres Liebhabers sich erstechende Geliebte. 1.1/4 L.

511. Wenn du nicht Treu wilt sein So. Cupido in natürlicher Positur.

R) Umsonst. Ein Hahn, der eine Henne tritt.

512. Ich weis nicht was Cupido speist. Cupido mit Köcher und Bogen.

R) Weil er lauter Herzen scheißt. Cupido im Laufen läßt eine Menge Herzen fallen.

513. Sic veniunt. Ein alter Bergmann mit einem Füllhorne vor einer Schmelzhütte.

R) Sic abeunt. Die Zeit mit einem hölzernen Beine schüttet das Geld aus dem Füllhorne in einen ausgemauerten Brunnen. 7. 7/8 L.

514. ⎱ Kommstu mir also. Eine krumme Hand
517. ⎰ mit Geld.
R) So komme ich dir so. Ein Brustbild, das die Hand vors Gesicht hält und durch die Finger sielet. 13/16, 3/8, 5/16 L. 1 Qt.

518. Du Kornjude. Ein Mann, der einen Kornsack trägt, darauf der Teufel sitzet und ein Loch in den Sack reisset, daß das Korn heraus lauft. Unten: Theure ●it 1694.

R) Wer Korn innhaelt, dem fluchen die Leuthe. Ein Schüffelmaas mit der Aufschrift: aber Seegen kommt über den, der es verkauft. Sprüche Salomo XI. 26. 15/16 L.

519. Ecclesia perversa tenet faciem diaboli. Der Kopf des Pabstes mit Krone, umgekehrt ein Kopf mit Hörnern.

R) Stulti aliquando sapientes. Ein Cardinalskopf in der Mütze, umgekehrt ein Kopf mit einer Schellenkappe. 1 L.

520. Die nemliche. 7/8 L.

521. Die nemliche, etwas kleiner und mit einiger Abänderung der Umschrift. 11/16 L.

522. Falsche Lere gilt nicht mehr. MDXLIII. Ein Bischof mit dem Kelche, umgekehrt ein Weib mit einem Buche und Licht.
R) Des Bapst Gebot ist wider Got. MDXLIII. Ein Cardinalskopf mit der Mütze, umgekehrt ein Kopf mit einer Schellenkappe. 7/8 L.

523. Rex. Raris.
R) Ester. Beyder BB. 1 Qt.

524. Ein Bock a moi tout un. 1773.
R) Ein Weib mit verbundenen Augen und Füllhorn. 3/4 L.

525. Ein Jetton mit bekröntem Wappen. 1/2 L.

Thaler.

a. Kaiserliche.

I. Römisch-Kaiserliche.

Maximilian I.

1. **Max.** Rom. Im. Arch. Auſt. et Do. Ter. Occ. Ori. Des Kaiſers Bruſtbild links ſehend, mit dem Barette auf dem Haupte, in einer mit Pelzwerk aufgeſchlagenen Schaube und umgelegten Ordenskette des goldenen Vließes.

R) Sui Nepo. CAROL. Hiſpa: ac FERTI. Sicil. Re. Ac. T. Av. Bo. BB. ſeiner beyden Enkel einander gegenüber, König Karls in gleichmäßiger Kleidung, wie Maximilian auf dem Avers, Erzherzog Ferdinands im bloßen Kopfe mit einer Halskette, an welcher ein Kreuz, deſſen Perle er mit der Hand berührt. Im Abſchnitte: 1518.

Ein außerordentlich rarer Thaler.

2. Thalerförmige Begräbnißmünze.

A) Des Kaiſers Bruſtbild in einer mit Pelz aufgeſchlagenen Schaube, mit der Ordenskette des goldenen Vließes und einem Barette auf dem Kopfe. Umſchrift in zwey Reihen: Maxi. Ro. C. 12. Die menſis Ianuarii Etatis ſue Anno

Anno 59. Felicit. in Dno. Obdormivit Ano Christi. 1519.

R) Inschrift: Qui fueras semper patiens plenusque laborum , nunc regni superum Maximiliane cuba.

Ein rares Kabinetestück.

Ferdinand I.

3. Ferdinand. D. G. Rom. Ung. Boe. Da. C. Rex. Gekröntes und geharn. Brustbild, in der Rechten den Zepter, in der Linken das angegürtete Schwerdt haltend.

R) Inf. Hispa. Archidux Austrie. Einsköpfiger Adler mit dem Wappen auf der Brust. Ohne Jahrzahl.

4. Ferdinan. D. G. Roma. Boem. Hung. &c. Rex. Gekr. und geharn. Brustbild mit umhangender Bließkette, das übrige, wie Nro. 3.

R) Infans. Hispaniar. Archidux Austrie &c. Einköpfiger Adler mit Wappen und Herzschild auf der Brust. Ohne Jahrzahl.

5. Ferdinand. D. G. Rom. Hung. Boe. Dal. C. Rex. Gekröntes und geharn. Brustbild bis an den Schoos.

R) Inf. Hispa. Archidux Austrie Dux Bur. 1554. In einem Schilde der einköpfige Reichsadler mit dem Wappenschilde auf der Brust. Ueber dem Schilde ein Marienbild, auf den Seiten K. B.

6. Der nemliche.

7. Ferdinan. D. G. Ro. Boe. Hung. &. Rex. Gekr. und geharn. Brustbild mit umhängender Bließkette, neben die Jahrzahl 1554. das übrige, wie Nro. 3.

R) Infans Hispaniar. Archidux Auſt. Eintöpfiges Adlerwappen mit Herzſchild auf der Bruſt.

Maximilian II.

8. Maxi. II. De. G. R. I. S. Au. Ger. Hu. Bo. Rex. Bruſtbild mit Kaiſerkrone, Harniſch, Vließkette, in der Rechten den Zepter, mit der Linken das gegürtete Schwerdt, unten der Böhmiſche Schild, in der Mitte getheilt 1573.
R) Archi: Dux. Auſ. Dux. Burg. Mar. Mor. Doppelter gekr. Adler mit dem Wappen auf der Bruſt.

Rudolph II.

9. Rudolphus. II. D. G. Ro. Im. S. Au. G. H. B. R. Bruſtbild mit Kragen, Harniſch und Löwe.
R) Archidux Auſtri. Dux Bur. Mar. M. 1594. Doppelter Adler mit Krone, Schwerdt, Zepter und Reichsapfel auf der Bruſt.
10. Rudol. II. D. G. Ro. Im. S. Au. Ger. Hun. Bo. Rex. Geharn. Bruſtbild mit Kragen.
R) Archidux Auſ. Dux. Burg. Mar. Mora. 1599. Dopp. Adler mit Krone, Schwerdt, Zepter und Reichsapfel auf der Bruſt, neben K. B.
11. Der nemliche von 1602.
12. Rudolphus II. D. G. Rom. Im. Se. Au. Ger. Hun. Boh. Rex. Bruſtbild mit Lorbeerkranz, Kragen, Toiſonkette und Harniſch, unten 1605.

R) Nec non Archiduces A. Duces Bur: Com. Tirol. Weitläufiges Wappen mit Krone und umhangender Vließkette.

13. . . . . . Ro. . . Aug. Brustbild mit Lorbeerkranz, Kragen, Vließkette und Harnisch, unten an der linken Seite 1612.

R) Nec non Archiduces Auf. Du. Bu. Lan: G: Alf. Co. Fe. Weitläufiges Wappen mit Krone und Vließkette.

Mathias.

14. Mathias D. G. Ro. Im. S. Aug. Ger. Hun. Boh. Rex. Brustbild mit Lorbeerkranz, Harnisch und Vließkette.

R) Archidux. Auf. Dux Bur. Mar. Mor. Co. Tyr. 1617. Der kaiserliche dopp. Adler mit Krone, Schwerdt, Zepter und gekrönt. Wappen im Herzschilde auf der Brust.

Ferdinand II.

15. Ferdinandus II. D. G. R. I. S. Aug. G. Hun. Boh. Rex. Brustbild mit Lorbeerkranz, Kragen, Harnisch und Vließkette.

R) Archid. Auf. Dux Bur. Co. Tyr. 1621. Der kaiserliche Adler mit Krone, Schwerdt und Zepter, und großem Wappen mit Vließkette.

16. Ferdinandus II. D. G. Ro. I. S. A. G. H. Bo. Rex. Brustbild mit Lorbeerkranz, Kragen und Harnisch.

R) Archid. Auft. Dux Burg. Mar. Mo. 1621. Dopp. Adler mit Krone, das gekrönte Oesterreichische Wappen auf der Brust.

17. Ferdinandus II. D. G. Rom. Imp. S. A. Ge. Hu. e. Bo. Rex. Brustbild mit Krone, Kragen und Harnisch, unten 1621.

R) Archi. Austriae Carinthiae Dux Burg. ꝛc. Doppelter Adler mit Krone, Schwerdt, Zepter und Vließkette und großem Wappen auf der Brust.

18. — — — — Ro. I. S. A. G. H. B. Rex. Brustbild mit Lorbeerkranz, Harnisch und Vließkette, unten 1624.

R) Archi. Aust. Dux. Bur. Styriae etc. Großes Wappen mit Krone und Vließkette.

19. — — — — R. Im. S. A. G. H. Bo. Rex. Der Kaiser in ganzer Rüstung mit umgürtetem Schwerdte und Krone auf dem Haupte, in der Rechten den Zepter, in der Linken den Reichsapfel.

R) Archid. Aust. Dux Burg. Mar. Mor. 1624. Der kaiserliche Adler mit Krone, der Böhmische Löwe mit Krone und umgebender Vließkette auf der Brust.

20. Wie Nro. 18. nur steht unterm Brustbilde die Jahrzahl 1625.

21. Wie Nro. 19. nur die Jahrzahl 1625.

22. Ferdinand. D. G. Ro. I. S. Aug. Ger. Hu. Boh. Rex. Brustbild mit Lorbeerkranz, Kragen, Harnisch und Vließkette.

R) Archidux Aus. Dux. Bur. Mar. Mor. Co. Tyr. 1631. Kaiserlicher doppelter Adler mit Krone, Schwerdt und Zepter, Wappen mit Krone und Vließkette auf der Brust.

23. Der nemliche von 1632.

Ferdinand III.

24. Ferdinandus III. D. G. Hung. Bohemiae Rex. Geharnischtes Brustbild mit Kragen. Die Umschrift mit einem Lorbeerkranze eingefaßt.

R) Archidux Auftriae. Der Böhmische Löwe in einem bekrönten von dem Vließorden umgebenen Wappen. Das übrige ebenfalls mit einem Lorbeerkranze. Wiegt 4 Loth.

25. Ferdinandus III. D. G. R. Imperator S. A. Das Brustbild im Harnische, mit eigenen ausgekämmten Haaren mit einem Spitzbarte, im breiten Ueberschlage.

R) Ger. Hun. Bohemiae Rex Ao. 1643. Der gekrönte doppelte Adler mit dem mit der Toisonkette behangenen Wappen auf der Br. Das Münzmeisterzeichen ist eine Hand, die einen Stern hält.

26. Ferdinand. III. D. G. Ro. I. S. Aug. Ger. Hu. Boh. Rex. Brustbild mit Lorbeerkranz, Harnisch und breitem Ueberschlage.

R) Archid. Auf. Du. Bur. Mar. Mor. Co. Tyr. 1654. Der gekrönte doppelte Adler mit Schwerdt und Zepter mit bekröntem Wappen und Vließkette auf der Brust. K. ½ B.

27. Ferdinand. III. D. G. Ro. I. S. Aug. Ger. Hu. Boh. Rex. Brustbild mit Lorbeerkranz und breitem Ueberschlage.

R) Archidux Auf. Dux Bur. Mar. Mor. Co. Ty. Dopp. Adler mit Krone, Schwerdt und Zepter, nebst Wappen mit Vließkette auf der Brust. K. B.

28. Der nemliche.
29. Der nemliche.

30. Der nemliche.
31. Der nemliche von 1656.

Leopold I.

32. Leopoldus D. G. Ro. I. S. Aug. Ger. Hu. Boh. Rex. Brustbild mit Lorbeerkranz, Harnisch, breitem Ueberschlage und Vließ im Bande.

R) Archidux Auf. Dux Bur. Mar. Mor. Co. Ty. 1660. Doppelter Adler mit Krone, Schwerdt und Zepter mit bekröntem Wappen und umhangender Vließkette auf der Br. K. B.

33. — — — — — Im. Se. Au. G. H. e. Bo. Rex. Belorbeertes Brustbild mit Harnisch und Vließ am Bande.

R) Archid. Auf. Dux B. Com. Tyr. 1664. Dopp. Adler mit Krone, Schwerdt und Zepter mit bekröntem Oesterreichischen Wappen auf der Brust. 1/2 Thaler.

34. Leopoldus D. G. Ro. I. S. Aug. Ger. Hu. Bo. Rex. Geharn. mit Lorbeern gekröntes Brustbild in Spanischer Perücke.

R) Archidux Auf. Dux Bur. Mar. Mor. Co. Ty. 1691. Der kaiserliche Adler mit Krone, Schwerdt und Zepter, ein bekröntes mit der Ordensfette behangenes Wappen auf der Brust, neben K. B.

35. Der nemliche von 1693.
36. Leopoldus D. G. Rom. Imp. S. A. Ge. Hu. Bo. Rex. Das nemliche Costum.

R) — — — — Co. Tyr. Uebrigens dem vorigen gleich, 1693.

37. Leopoldus D. G. Roman. Impera. S. A. Das nemliche Costum.

R) Germ. Hung. & Bohemiae Rex 1695. Doppelter Adler mit Krone, Schwerdt und Zepter. Löw in einem Schilde, mit Krone und Ordenskette auf der Brust.

38. Leopold. D. G. R. I. S. Au. Ge. Hu. B. Rex. Bekröntes Brustbild mit Spanischer Perücke.

R) Archid. Au. Du. Bu. Mar. Mor. Co. Tyr. 1698. Dopp. Adler, Krone, Schwerdt und Zepter, bekr. Wappen auf der Brust. ⚔ K. B.

39. Leopoldus D. G. Rom. Imp. Se. Au. G. H. B. Rex. Dessen geharn. mit Lorbeern bekränztes Brustbild in Spanischer Perücke.

R) Archid. Aust. Dux Bu. Com. Tyr. 1701. Das gekrönte mit der Vliesordenskette behangene Wappen.

40. Leopold. D. G. R. I. S. A. Ger. Hu. Bo. Rex. Brustbild mit Lorbeerkranz, in Spanischer Perücke.

R) Archid. Au. Dux Bu. Mar. Mor. Co. Tyr. 1702. Doppelter Adler mit Krone, Schwerdt und Zepter, bekröntes Wappen mit Ordenskette auf der Brust, unten K. B. ⚔.

Joseph I.

41. Iosephus D. G. Roman. Imp. semper Au. Geh. BB. mit Lorbeerkr. und Ordenskette.

R) German. Hungar. et Bohemiae Rex. 1707. Dopp. Adler mit Krone, Schwerdt und Zepter. Der Löwe mit gekröntem Schilde und Ordenskette auf der Brust.

42. Iosephus D. G. Rom. Imp. Se. Au. G. Hu. Bo. R. Nemliches Costum.

R) Archid. Auſt. Dux. Bu. Com. Tyr. 1707. Ein mit der kaiſerlichen Hauskrone und der Vließordenskette geſchmücktes Wappen, in deſſen Mittelſchilde der Tyroliſche Adler.

43. Der nemliche von 1710.

Karl VI.

44. Carolus VI. D. G. R. I. S. A. Ger. Hiſp. Hun. Boh. Rex. Bruſtbild mit Lorbeerkranz und Vließkette, in Spaniſcher Perücke.

R) Archid. Au. Du. Bu. Mar. Mor. Co. Ty. 1715. Doppelter Adler mit Krone, Schwerdt und Zepter mit Ungariſchem Wappen und Oeſterreichiſchem Herzſchilde auf der Bruſt.

45. Carolus VI. D. G. Rom. Imp. Geharniſchtes Bruſtbild mit Lorbeerkranz.

R) Hieruſal. utrius Sicil. Bekröntes W. 1731. 1/2 Thaler.

46. Carol. VI. D. G. R. Imp. S. A. Ge. H. Hu. B. Rex. Belorbeertes Bruſtbild im Harniſche.

R) Archid. Auf. D. Bu. M. Mor. Co. Tyr. 1731. Doppelter Adler mit Krone, Schwerdt und Zepter und bekröntem Wappen auf der Bruſt, mit Ordenskette behangen. Unten K. B.

47. Car. VI. D. G. R. I. S. A. G. Hi. H. B. Rex. Bruſtbild mit Lorbeerkranz im Römiſchen Habite.

R) Archid. Au. D. Bu. M. Mor. Com. Ty. 1737. Doppelter Adler, mit Krone, Schwerdt und Zepter, mit bekröntem Wappen und Ungarischem Herzschilde auf der Brust.

Karl VII.

48. Carolus VII. D. G. Rom. Imp. S. A. Geharn. Brustbild mit Lorbeerkr. und Mantel.

R) Tuta his auspiciis. Die Stadt Nürnberg. Im Abschnitte: Norimberga 1742.

49. Car. VII. D. G. R. I. S. A. Germ. et Boh. Rex. Geharn. Brustbild mit Lorbeerkranz, Mantel und Vließkette.

R) Utr. Bav. et Pal. sup. Dux Com. Pal. Rh. Archid. Aust. S. R. I. E. L. L. Doppelter gekrönter Adler mit Schwerdt, Zepter und Reichsapfel. Das gekrönte mit dem Vließ- und Georgenorden umgebene Wappen. Zwischen den Flügeln 17 — 43.

Franz I und Maria Theresia.

50. Franciscus R. I. S. A. G. Hier. Rex. Loth. Bar. M. D. Etr. Brustbild mit Lorbeerkr.

R) In te Domine speravi — Pisis 1746. Doppelter Adler, mit Krone, Schwerdt und Zepter mit bekröntem Lothringischen und Toskanischen Wappen. 1/2 Thaler.

51. Franc. D. G. Ro. I. S. A. G. Ier. R. Lo. B. M. H. D. Brustbild mit Lorbeerkr. im schuppigen antiken Panzer.

R) In te Domine speravi 1746. Der gekrönte kaiserliche Adler mit Schwerdt und

Zepter, das gekrönte Wappenschild auf der Brust, an welchem die Vliesordenskette und der Orden des heiligen Stephans an einem Bande hänget. Randschrift: Pro Deo et Imperio.

52. M. Theresia D. G. R. Imp. Ge. Hu. Bo. Reg. Deren Brustb. mit kurzgelocktem Haare und über den Nacken herabhangenden Haarlocken.

R) Arc. Au. Dux Bu. Medi. Pr. Tran. Co. Ty. 1747. Der kaiserl. dopp. gekrönte Adler mit gekröntem Wappen auf der Brust.

53. M. Theresia D. G. R. Imp. Ge. Hu. Bo. Reg. Brustbild mit kurzgelocktem Haare und über der Nacken herabhangenden Haarlocken.

R) Archid. Aust. Dux Burg. Cam. Tyr. 1749. Der kaiserliche gekrönte dopp. Adler mit dem gekrönten Brustschilde. Randschrift: Iustitia et clementia.

(Ist der erste von einer Kaiserin geprägte Thaler. vid. Köhler Münzbelust. XVIII. p. 289).

54. Mar. Th. D. G. R. Imp. G. Hun. Boh. R. Brustbild mit kurzgelockten Haaren und über den Nacken herabhangenden Haarlocken.

R) Arch. Auf. Dux Burg. Brab. C. Fl. Wappen mit Krone und Oesterr. bekröntem Herzschilde auf Andreaskreuz, unten die Antwerpische Hand und 1753.

55. M. Theresia D. G. R. Imp. Ge. Hu. Bo. Reg. Brustbild mit kurzgelockten Haaren.

R) S. Ioachims Thaler Ausbeuth 1758 Doppelter Adler mit Krone und bekröntem Wappen auf der Brust.

56. Francif. D. Gratia Roman. Imperat. S. A. Am Ende der Umschrift die Antwerpische Hand. Der gekrönte kaiserl. Adler mit einem gekrönten Wappenschilde, an dem der St. Stephansorden hängt, auf der Brust. Um den ganzen Adler herum ist die Vließordenskette gezogen.

R) Germ. Iero. Rex. Loth. Bar. Mag. Het. Dux. 1760. Ein Andreaskreuz, in dessen Mitte ein Feuereisen mit herabhangendem goldenen Vließe. Im obern Winkel befindet sich die Kaiserkrone, und in den zwey Seitenwinkeln zwey königl. Kronen. Randschrift: In te Domine speravi.

57. Franciscus D. G. R. I. S. A. G. H. Rex Lot. Bar. M. D. Etr. Brustbild mit Lorbeerkranz und Panzer.

R) In te Domine speravi Pisis 1762. Doppelter Adler mit Krone, Schwerdt und Zepter, bekröntes Wappen mit dem goldenen Vließe auf der Brust.

58. Mar. Therefia D. G. R. Imp. Germ. Hung. Boh. Reg. Andreaskreuz mit vier Kronen.

R) Arch. Auft. Dux Burg. Brab. Com-Fland. 1765. Doppelter Adler mit gekröntem Wappen und ditto Oesterr. Mittelschilde auf der Brust.

Joseph II.

59. Iofeph. II. D. G. R. I. S. A. Ger. Hie. Hun. Boh. Rex. Brustbild mit Lorbeerkranz.

R) Arch. Auft. Dux Burg. Loth. Brab. Com. Flan. 1787. Andreaskreuz mit 3 Kronen und herabhängendem Vließe. 1/2 Thaler.

Leopold II.

60. Leopoldus II. D. G. R. Imp. S. A. Germ. Hu. Bo. Rex. Brustbild mit Lorbeerkranz.

R) Arch. Auft. D. Burg. Loth. M. D. Het. 1790. Kaiserlicher Adler mit Krone, Zepter und Schwerdt in der Rechten, Reichsapfel in der Linken, auf der Brust ein mit dem goldenen Vließ- und Stephansorden umgebenes mit zwey Kronen bedecktes Wappen, in dessen Mitte der Oesterreichische bekrönte Mittelschild.

II. Rußisch-Kaiserliche.

Peter I.

61. Des Czaars antikes Brustbild in einem Lorbeerkranze. Die Rußische Umschrift heißt im Lateinischen: Czaar Petrus I. totius Russiae Autocrator.

R) Der Rußische zweiköpfige, mit zwey Kronen bedeckte Adler mit Zepter und Reichsapfel. Die Rußische Inschrift heißt: Gute Münze, ein Thaler. Die drey Buchstaben A. Ψ. K. deuten die Jahrzahl 1710 an.

Katharina I.

62. Brustbild mit aufgebundenem Haare, die Krone auf dem Haupte.

R) Der gekrönte Adler mit Zepter und Reichsapfel, 1727.

Peter II.

63. Dessen mit Lorbeern gekröntes Brustbild, von der rechten Seite, in einer laugen Perücke und Römischen Harnisch. Die Rußische Umschrift heißt: Petrus II. Imperator Autocrator totius Russiae.

R) Desselben gekrönter Namensbuchstabe Π. viermal in Form eines Kreuzes zusammengesetzt, in den vier Winkeln die Namenszahl II. in der Mitte die Jahrzahl 1729. Die Rußische Randschrift zeigt an, daß dieser Rubel in Moskau geschlagen worden.

64. Der nemliche.

Anna.

65. Dei Gratia Anna Imperatrix et Autocr. omnium Russ. in Rußischer Sprache. Deren Brustbild mit der Krone auf dem Haupte und umhangenem Ordensbande.

R) Der gekrönte Rußische Adler mit Zepter und Reichsapfel, um den Adler Andreas-Ordensketten, auf der Brust ein Schild mit dem Ritter St. Georg. Umschrift: Moneta Rubl. 1733.

66. Der nemliche.
67. Der nemliche von 1734.

Iwan III.

68. Der bekannte sehr rare Rubel des abgesetzten Kaisers Ivan III.

A) Dessen Brustbild von der rechten Seite mit einem Lorbeerkranze auf dem Haupte und umgehangenem St. Andreasorden. Die Rußische Umschrift heißt: Iohannes III. D. G. Imperator Autocrator omnium Russorum.

R) Der doppelte, dreymal gekrönte Rußische Adler mit Zepter und Reichsapfel, und auf dessen Brust ein mit der St. Andreas-Ordenskette umgebenes Schild, darin der Ritter St. Georg zu sehen ist. Die Rußische Umschrift heißt: Moneta Rubel. 1741. Die Randschrift heißt: Geprägt in der Münze zu St. Petersburg.

Köhler im XIII Theile, pag. 361.

Elisabeth.

69. Der Kaiserin Brustbild mit Krone und Ordenskette.

R) Moneta Rubl. 1746. Der zweyköpfige Adler mit Zepter und Reichsapfel, Andreas-Ordenskette und Schild mit Ritter St. Georg auf der Brust.

Peter III.

70. Petrus D. G Magnus Dux totius Russiae. Dessen geharnischtes Brustbild von der rechten Seite, mit fliegendem Haare, Hermelinmantel und Ordensbande. Unten ein S.

R) Der dopp. einmal gekrönte Adler mit dem Rußischen und Hollsteinischen Wappen auf der Brust, an welchem der schwarze Adlerorden an einem Bande hängt. Umschrift: Haer. Norv. Dux Slesv. Holst. et Dithm. Com. Old. et Delm. 1753. Randschrift:

Nach dem Fuss der Albertus Thaler. (Gehört zu den Hollsteinischen). Joachim Münzkabinet II. Th. 271 — 277.

71. Geharnischtes Brustbild von der rechten Seite, im Haarzopfe, mit umgehangenem Ordensbande. Die Rußische Umschrift heißt: Petrus III. D. G. Imperator et Autocrator omnium Rusiorum.

F) Gekrönter Adler mit Zepter und Reichsadler, Andreas-Ordenskette und Schild mit Ritter St. Georg. Die Randschrift besaget, daß dieser sehr seltene Rubel zu Moskau im Jahre 1762 geschlagen ist.

Katharina II.

72. Der Kaiserin Brustbild mit Krone, Haarlocken, Bandschleife und Ordensband.

R) Moneta Rubel. 1773. Dopp. Adler gekrönt, mit Zepter und Reichsapfel, Ordenskette und Schild mit heil. Georg.

III. Türkisch-Kaiserliche.

73. ⎱ Zwey Türkische Thaler verschiedener Größe
74. ⎰ mit morgenländischer Inschrift.

b. Königliche.

I. Spanische.

Philipp II.

75. Phs. D. G. Hisp. z. Rex Dux Gel. BB.
R) Dominus mihi adjutor. Das gekrönte Wappen auf einem Andreaskreuze. Ohne Jahrzahl.
76. Phs. D. G. Hisp. Ang. z. Rex - - - - Brustbild.
R) Dominus michi adjutor. Gekröntes Wappen auf einem Andreaskreuze. Ohne Jahrzahl.
77. Phs. D. G. Hisp. z. Rex Dux Gel. BB.
R) Dominus mihi adjutor. Bek. Wappen auf einem Andreaskreuze. 1/2 Thaler.
78. Der nemliche, wie Nro. 75. Die Jahrzahl ist unter dem Brustbild verwischt.
79. Phs. D. G. Hisp. z. Rex Comes Flan. 1553. Brustbild von der rechten Seite.
R) Dominus michi adjutor. Gekröntes Wappen auf einem Andreaskreuze.
80. Der nemliche.
81. Philippus D. G. Hisp. Ang. z. Rex Dux Gel. 1557. Brustbild.
R) Dominus mihi adjutor. Gekr. Wappen auf einem Andreaskreuze.
82. Der nemliche Avers, nur Phs.
R) Dominus michi adjutor.
83. Der nemliche.

84. Philippus D. G. Hisp. Ang. z. Rex Comes
 Flandr. 1557. Brustbild von der rechten
 Seite.
    R) Gekröntes Wappen ꝛc. in dem Sinn-
 spruche: Michi.
85. Der nemliche, wie Nro. 82.
86. Philippus D. G. Hisp. Ang. z. Rex Dux
 Brab. 1557. Brustbild von der rechten Seite.
    R) Wie die vorigen mit: Michi.
87. Der nemliche mit Brustbild von der linken
 Seite, hinter dem Haupte ein kleiner Stempel mit einem Löwen.
    R) Der nemliche mit: Michi.
88. Philippus D. G. Hisp. Ang. z. Rex. Hol.
 1557. Brustbild.
    R) Der nemliche mit: Mihi.
89. Phs. D. G. Hisp. Ang. z. Rex Comes Hol.
 1557. Brustbild.
    R) Der nemliche mit: Michi.
90. Phs. D. G. Hisp. Ang. z. Rex Comes Flan.
 1557. Brustbild.
    R) Der nemliche mit: Michi.
91. Der nemliche, wie Nro. 82. vom Jahre 1558.
92. Der nemliche, wie Nro. 86. vom Jahre 1558.
93. Der nemliche.
94. Philippus D. G. Hisp. Rex Dux Brab. 1561.
 Brustbild.
    R) — — Mihi. 1561.
95. Philippus D. G. Hisp. Rex Dux Gel. 1561.
 Brustbild mit bloßem Haupte, hinter dem e-
 ben ein kleiner eingeschlagener Stempel mit
 einem Löwen.
    R) Dominus michi adjutor. Das gekr.
 Wappen.

96. Phs. Dei. G. Hifp. Rex D. Trs. Iſſu. 1563.
Bruſtbild.
R) -- michi.
97. Phs. D. G. Hifp. z. Rex Dux Gel. 1563.
Bruſtbild.
R) Michi. 1/2 Thaler.
98. — — — — — — — Brab. 1564.
R) Mihi. 1/2 Thaler.
99. Phs. Dei. G. Hifp. z. Rex. D. Trs. Iſſu.
Andreaskreuz, oben Krone, neben 1567.
R) Dominus mihi adjutor. Gekr. Wap-
pen mit goldener Bließkette.
100. Phs. D. G. Hifp. z. Rex Dux Bra. 1572.
Bruſtbild.
R) Dominus mihi. Bekröntes Wappen
auf einem Andreaskreuze.
101. Der nemliche von 1573, etwas kleiner.
R) Mihi.
102. Der nemliche, wie Nro. 100. von 1574.
R) Dominus mihi.
103. Phs. D. G. Hifp. z. Rex Dns. Torna. 1583.
Bruſtbild.
R) D. mihi, etwas kleiner.
104. Der nemliche, wie Nro. 100. von 1589.
105. Phs. D. G. Hif. z. Rex. C. Art. 1589.
Bruſtbild.
R) Dominus mihi &. 1/2 Thaler.
106. Der nemliche, wie Nro. 103. von 1590.
R) D. mihi.
107. Phs. D. G. Hifp. z. Rex Co. Nam. 1592.
Bruſtbild.
R) D. mihi.

Philipp IV.

108. Phil. IV. D. G. Hifp. et Indiar. Rex. Andreaskreuz mit goldenem Vließe, oben Krone und neben die Jahrzahl 1622.

R) Archid. Auſt. Dux. Burg. Brab. Gekröntes Wappen mit umhängender Vließkette.

109. Der nemliche vom Jahre 1633.

110. Phil. IIII. D. G. Hifp. et Indiar. Rex. 1636. Bruſtbild mit Kragen, Harniſch und goldenem Vließe am Bande.

R) Archid. Auſt. Dux Burg. Brab. ꝛ. Gekröntes Wappen, von zwey Löwen gehalten, unten mit dem goldenen Vließe.

111. Der nemliche, wie Nro. 108. von 1637. 1/2 Thaler.

112. Phil. IIII. D. G. Hifp. et Indiar. Rex. 1658. Bruſtbild.

R) Archid. Auſt. Dux Burg. Brab. ꝛc. Gekröntes Wappen, von zwei Löwen gehalten, unten gold. Vließ.

113. Der nemliche von 1664.

114. Der nemliche von 1665.

Karl II.

115. Carol. II. D. G. Hifp. et Indiar. Rex. Des jungen Königs Bruſtbild in kurzen lockigten Haaren, mit umgeſchlagenem Gewande und darüber hangender Ordenskette. Unten die Jahrzahl 1667.

R) Archid. Auſt. Dux. Burg. Brabb. ꝛc. Gekr. Wappen, von zwey Löwen gehalten. (Iſt ſehr rar).

116. Der nemliche vom Jahre 1668.

Philipp V.

117. Philip. V. D. G. Hifpan. et Ind. Rex. Gekröntes Wappen, an deſſen einer Seite M. F. an der andern 8. zu ſehen.

R) Utraque unum. Unten M̊. 1741 M̊. Zwey Erdkugeln unter einer Krone zwiſchen den beyden Säulen des Herkules, worauf: Plus ultr. zu leſen.

Ferdinand VI.

118. Ferdnd. VI. D. G. Hifpan. et Ind. Rex. Gekr. Wappen, auf deſſen einer Seite M. M. auf der andern 8.

R) Wie Nro. 117. vom Jahre 1757.

Karl III.

119. Carolus III. Dei. G. 1773. Bruſtbild mit gebundenen Haaren.

R) Hifpaniarum Rex. Caftil. Leon. Wappen mit Krone und drey Lilien in der Mitte, neben R. M. mit Kreuz und 8. Pi.

120. Carolus III. Dei Gratia 1774. Geh. Bruſtbild mit Lorbeerkranz.

R) Hifpan. et Ind. Rex 8 R. I. R. Das vorige Wappen zwiſchen den beyden Säulen, worauf: Plus ultra.

121. Der nemliche Avers 1776.

R) Hifpan. et Ind. Rex. M̊. 8 R. F. M. Das übrige, wie bey vorigem.

122. Der nemliche Avers 1783.

R) Der nemliche, nach Rex aber M̊. 8 R. F. F.

123. Ein Stück von Achten, eckig. Hispan. Cast. und Leon. Wappen, zwey Kugeln mit Krone zwischen den Säulen, 1753.
124. Ein Stück von Achten, rund — — — Gratia. Das gekr. Wappen, auf der einen Seite M. F. auf der andern 8.
  R) Hispaniar. W. von Castilien und Leon in einer ausgezackten Einfassung. (Wahrscheinlich von Philipp IV. oder Karl II.)

II. Französische.

Ludwig XIII.

125. Lud. XIII. D. G. Fr. et Nav. Rex. Brustbild im Harnische mit Lorbeerkr. Unten A.
  R) Sit nomen Domini benedictum 1643. Das gekrönte Wappen. In dem Rande: Exemplum probati Numismatis.
  Ist klein und dick, wiegt 1.7/8 L.

Ludwig XIV.

126. Lud. XIIII. D. G. Fr. et Nav. Rex. BB. im Harnische mit Lorbeerkranze.
  R) Sit nomen Domini benedictum 1646. Bekr. Wappen mit drey Lilien.
127. Der nemliche von 1652. 1/2 Thaler.
128. Der nemliche, in Spanischer Perücke, von 1694. 1/2 Thaler.
130. Lud. XIIII. D. G. Fr. et Na. Re. BD. geschlungen. Brustbild mit Spanischer Perücke und Harnisch.
  R) Sit nomen Domini benedictum 1695. Gekröntes Wappen mit drey Feldern.

131. Lud. XIIII. D. G. Fr. et Nav. Rex. BB.
mit Spanischer Perücke und Harnisch.
R) Sit nomen Domini benedictum 1701.
Das gekrönte Lilienwappen auf zwey im
Kreuze liegenden Zeptern, unten W.
132. Lud. XIIII. D. G. Fr. et Nav. Rex. BB.
in Spanischer Perücke und Harnisch.
R, Sit &c. 1709. Drey Kronen, zwischen
denselben drey Lilien, in der Mitte ein P.
133. Der nemliche von 1711. in der Mitte ein A.

Ludwig XV.

134. Lud. XV. D G. Fr. et Nav. Rex. Brustbild mit gekrausten Haaren.
R) Sit nomen &c. 1716. Lilienwappen
mit Krone.
135. Lud. XV. D. G. Fr. et Nav. Rex. Brustbild mit Lorbeerkranze und Harnisch.
R) Sit nomen &c. 1718. Gekröntes vierfeldiges Wappen.
136. Lud. XV. D. G. Fr. et Nav. OMEX. BB.
mit Lorbeerkranze und Harnisch.
R) Sit &c. 1721. Lilienwappen mit Krone, unten T.
137. Avers, wie Nro. 135.
R) Sit &c. 1721. Lilienwappen, unten I.
1/2 Thaler.

Ludwig XVI.

138. Lud. XVI. D. G. Fr. et Nav. Rex. BB.
R) Sit nomen &c. 1784. Lilienwappen.
Kann aufgedrehet werden.
139. Der nemliche von 1792. 1/2 Thaler.

140 Louis XVI. Roi des François 1792. Brustbild mit gebundenen Haaren.

R) Regne de la Loi l'an 4 de la Liberté.
Der Genius mit den übrigen Symbolen der
Freyheit.

---

141. Henric. P. Domba D. Montisp. R.   Geh.
Brustbild.

R) Dns adjutor et redem. meus 1604.
Wappen mit drey Lilien und Krone, neben
H. H. 1/3 Thaler.

III. Englische.

Karl II.

142. Carolus II. Dei Gratia. Brustbild mit Lorbeerkranz.

R) Mag. Br. Fra. et Hib. Rex. 1667.
Vier kreuzweis gelegte gekrönte Wappen mit
dazwischen stehendem doppeltem C. in der
Mitte der Ordensstern. Randschrift: Decus
et tutamen anno regni decimo nono.

143. Der nemliche von 1673.

Jakob II.

144. Iacobus II. Dei Gratia. Dessen mit Lorbeern gekröntes Brustbild.

R) Mag. Br. Fra. et Hib. Rex 1687.
Vier ins Kreuz gestellte gekrönte Wappen, in
der Mitte der Ordensstern. Randschr. Decus
et tutamen anno regni secundo.

Wilhelm und Maria.

145. Guilielmus et Maria Dei Gratia. Ihre Brustbilder neben einander.

R) Mag. Br. Fr. et Hi. Rex et Regina. Vier gekr. Wappen ins Kreuz gesetzt, zwischen denselben die gekrönte Chiffre W. M. viermal, nebst der Jahrzahl 1692. Randschrift: Decus et tutamen anno regno quarto.

Wilhelm III.

146. Guilielmus III. Dei Gratia. Dessen Brustbild im Lorbeerkranze.

R) Mag. Br. Fra. et Hib. Rex 1695. Vier Wappen ins Kreuz gesetzt, in der Mitte das Nassauische. Randschrift: Decus et tutamen anno regni octavo.

Anna.

147. Anna Dei Gratia. Ihr Brustbild mit aufgebundenem Haare, darunter das Wort: Vigo.

R) Mag. Br. Fra. et Hib. Reg. 1703. Vier Wappen ins Kreuz gesetzt, in der Mitte ein Ordensstern. Randschrift: Decus et tutamen anno regni tertio.

Eine rare halbe Crowne, auf die im Hafen zu Vigo theils verbrannte, theils eroberte Spanische Silberflotte geschlagen.

148. Der nemliche von 1708. 1/2 Crown.

Georg I.

149. Georgius D. G. M. Br. Fr. et Hib. **Rex** F. D. Brustbild mit Lorbeerkranz.

R) Brun. et L. Dux. S. R. I. A. Th. et El. 1723. Vier Wappen ins Kreuz gesetzt, in der Mitte ein Ordenskreuz, dazwischen SS. C.

Wilhelmine Karoline.

150. Derselben Begräbnißthaler.

A) Wilhelmina Carolina. Io. Frid. **March.** Brand. Filia. Georgii secundi M. Brit. Fr. et H. R. El. Br. et L. conjux. Brustbild von der linken Seite, darunter im Abschnitte: Nata Onoldi 1. Mar. 1683. Nupt. Hannov. II Sept. 1705. Caelo recepta **Lond.** XX. Nov. 1737.

IV. Schwedische.

Erich XIV.

151. Ericus XIIII. D. G. Sve. Got. Van. Qz. Rex. Gekröntes Brustbild mit Schwerdt und Reichsapfel.

R) Deus dat cui vult 1563. Gekröntes Wappen mit umhangender Kette des Salvator=Ordens, bey dessen Einweihung der Thaler ausgetheilt worden.

Johann III.

152. Iohannes III. D. G. Svecie. Got. Van. Rex. PB. mit den Reichsinsignien aufs Wappen gelehnt. Deus protector noster.

R) Salvator mundi salva nos. 1573. Jesus.

Sigismund.

153. Sigismundus Dei Gratia Suecorum. Deffen gekröntes und geharn. Brustbild bis an den Schoos, in der Rechten das Schwerdt, in der Linken den Reichsapfel.

R) Gotorum Wandalorumq. et Poloniae Rex. Vierfeldiges Schwedisches und Polnisches Wappen gekrönt, im Mittelschilde die Wasaische Garbe, zur Seite die Jahrzahl 95.

154. Carolus D. G. Haered. Prin. Svetiae et Dux Sv. Geharn. Brustbild mit der Feldbinde, den befiederten Helm vor sich haltend.

R) Deus solatium meum. Das gekrönte Wappen, von einem Löwen und Greifen gehalten. Unten die Jahrzahl 97.

Gustav Adolph.

155. Gustavus Adolphus D. G. Rex Suecorum. Dessen geharn. und gekr. Brustbild.

R) Salvator mundi salva nos. 1632. Jesus, zu dessen Rechten unter einer Krone das dreyfache Wappen, zur Linken der Reichsapfel.

156. Gusta. Adol. Magn. D. G. Sue. Got. W. Rex Augustg. Brustbild mit spitzenem Ueberschlage. Dabey stehen die Worte: Aetatis suae 38.

R) Dux gloriosg pig heros triumphator felix 1633. Unter einer offenen Krone die Auffchrift: Ioh. X. Ein guter Hirt lesset sein Leben für die Schafe. Osnabrv.

Sehr rar.

Christina.

157. Christina D. G. Sueco. Got. Vand. Q.) Def. Regina. Der Königin geschmücktes Bild bis an die Knice, im Laubwerke, die Reichsinsignien auf dem Titel vor sich habend.

R) Moneta nova argent. Ducatus Pomera. 1641. Das von zwey wilden Männern gehaltene Pommerische Wappen, hinter welchem der Heiland steht.

158. Christina D. G. Suec. Goth. Vand. Regina. Gekröntes Brustbild in lang herabhangendem Haare, vorwärts sehend, mit bedecktem Busen.

R) Finl. Dux Ethon. et Carel. Dom. in 1745. Gekröntes Wappen.

159. Christina D. G. Sue. Got. Wan. Q. De. Regi. et Pr. Hae. Derselben Bildniß mit der kleinen Krone, bedecktem Busen und langen Haaren.

R) Salvator mundi salva nos. 1645. Christus mit dem Reichsapfel in der Hand, auf der rechten drey kleine Wappen unter einer Krone, zu den Füßen A. G.

160. Der nemliche von 1646, jedoch ohne A. G.

Karl Gustav.

162. Carolus Guſtavus Decimus D. G. Rex Svecor. Bruſtbild in bloßem Haupte.

R) In Iehovah ſors mea ipſe faciet. 1654. Das gekrönte, von zwey Löwen ge=haltene Wappen, im Herzſchilde das Pfäl=ziſche Wappen.

Karl XI.

162. Carolus XI. Rex Sueciae. Bruſtbild mit Lorbeerkranz, drey Kronen 1669. 2 FK. M.
163. Carolus XI. Dei Gratia Rex Sue. Bruſt=bild mit Lorbeerkranz im antiken Geſchmacke.

R) Factus eſt Dominus protector meus 1670. Zwey geſchlungene C mit einer Krone, die drey Kronen zu beyden Seiten und un=ten — 8. M.

164. Carolus XI. D. G. Rex Sueciae. Geharn. Bruſtbild.

R) In Iehova ſors mea ipſe faciet 1676. Gekröntes Wappen, von zwey gekrönten Lö=wen getragen, in der Mitte das Pfälziſche Wappen.

165. Carol. XI. D. G. Rex Suec. Go. et Van. Geharn. Bruſtbild in Spaniſcher Perücke.

R) Das gekrönte Wappen, von zwey be=helmten wilden Männern gehalten. Mon. nova Pomeran. citerioris. $\frac{2}{3}$. 1684.

166. Carol. XI. D. G. Suec. Goth. et Van. Rex. Bruſtbild in Spaniſcher Perücke.

R) Dux Brem. et Verd. 1692. Gekrön=tes W. von Löwen getragen, in der Mitte das Pfälziſche Wappen.

Karl XII.

167. Carolus XII. D. G. Rex Sue. Geharnischtes Brustbild.

R) Dominus protector meus 1698. Die drey Nordischen Kronen in einem Schilde, von einer Krone bedeckt, neben 8. M. A. S.

168. Carolus XII. D. G. Rex Suec. &c. Geh. Brustbild mit eigenen Haaren.

R) Med. Gudz. Hielp. Gekröntes Wappen mit Pfälzischem Mittelschilde, von zwey gekr. Löwen getragen, unten 1707. L. C.

169. Carolus XII. D. G. Rex Sueciae. Geharn. Brustbild in einer großen Perücke.

R) Das gekr. Wappen mit der Ueberschr. Med. Gudz. Hielp. unten 1707. L. C.

170. Carolus XII. D. G. Rex Sve. Geh. Brustbild mit bloßem Kopfe und kurzem Haare.

R) Das gekr. von zwey Löwen gehaltene Wappen, unten 1713. L. C.

171. Carolus XII. D. G. Rex Sveciae. Ein zierlich geschnittenes Brustbild.

R) Das gekr. von zwey Löwen gehaltene Wappen, oben: Med. Gudz. Hielp. unten: 1718. L. C. Um den Rand: Manibus ne laedar avaris.

Ulrica Eleonora.

172. Ulrica Eleonora D. G. Regina Svec. Antikes Brustbild.

R) Das gekr. Wappen, von zwey Löwen gehalten, oben steht Gud. Mitt. Hopp. unten L. C. 1719.

Friedrich.

173. **Fridericus D. G. Rex Sueciae.** Geharn. Brustbild in Spanischer Perücke.

R) Hassiae Landgr. Wappen mit Krone, von zwey gekrönten Löwen getragen, unten 1733.

174. Der nemliche Avers.

R) Gekr. W. von Löwen getragen. Oben: Gud. Mitt. Hopp. Unten: 1736.

Gustav III.

174. **Gustavus III. D. G. Rex Sueciae.** Brustbild mit gebundenen Haaren.

R) Faderneslandet. Drey Kronen mit Krone und Ordensfete. 1. R^d 3. D. S. M. o. L. 1775.

V. Dänische.

Friedrich II.

176. **Fridericus z. D. G. Da. Nor. Sla. Goto:q. Rex.** Geharn. Brustbild mit Kragen und Spitzbart, neben 1572.

R) Deus refugium et fiducia mea. Das gekr. ganze W. mit einem Kranze.

Christian IV.

177. **Christianus IIII. D. G. Dani. Nor. etc. Rex.** Gekröntes Brustbild mit der Feldbinde. Unterschrift: Regna firmat pietas.

R) Benedictio Domini divites facit. Der Norwegische Löwe mit der Jahrzahl 1641.
178. Der nemliche von 1648, unter dem Löwen P. G.

Friedrich III.

179. Frid. III. D. G. Dan. Nor. Van. Got. Rex. Geharn. mit Lorbeern gekr. Brustbild, den Orden auf der Brust.

R) Dux Sles. Hol. Stor. Ditm. Com. Old. Delm. Ein großes bis in die Umschrift reichendes Kreuz, auf der Mitte unter einer Krone die drey Nordischen Wappen, ringsherum 15 kleinere Provinzwappen. Unten: G. K. Raubschrift: Dominus providebit. Anno 1669.

Christian V.

180. Christian. V. D. G. Rex. Dan. Nor. V. G. Römisch=geharnischtes Brustbild im Lorbeerkranze.

R) Pietate et justitia 1693. H. C. M. Kreuz, auf dessen Mitte unter einer Krone die drey Nordischen Wappen, ringsherum acht kleinere Wappen. 1/2 Thaler.

181. Ein ganzer Thaler. Nemlicher Avers.

R) Pietate et justitia. Kreuz mit Wappen, mit Krone und Band des Elephantenordens.

VI. Ungarische.

Mathias II.

182. Matthias II. D. G. Hungari et Bohemi Rex. Geharn. und gekröntes Brustbild mit der Ordenskette.
R) Archid. Auf. Dux. Bur. Mar. Mo. Co. Tyr. 1612.

Gabriel.

183. Gabriel D. G. El. Hun. Dal. Cro. Scla. Rex. Brustbild im Harnische.
R) Prin. Tranfyl. et Siculor. Comes 1621. Ungarisches Wappen mit Krone. N. B.
184. Gabriel D. G. El. Hungariae Dal. Cr. Scl. Rex. Brustbild im Panzer bis zum Schoose, den Zepter in der rechten Hand.
R) Tranf. Princeps et Siculor. Com. 1621. Gekröntes Wappen. K. B.

---

185. Mo. nov. Arg. Reg. Hun. Das gekr. mit Fruchtbändern gezierte Ungarische Wappen.
R) Ein über dem halben Monde in den Wolken sitzendes Marienbild mit dem Kinde, den Zepter in der linken Hand. Umschrift: Patrona. Hung. 1706. (Ein rgrer halber Thaler der Ungarischen Aufrührer).

Maria Theresia.

186. Mar. Therefia D. G. Reg. Hung. Bo. BB. mit herabhangenden Haarlocken.
R) S.

R) S. Maria Mater Dei Patrona Hung.
1743. Die Mutter Gottes mit dem Kinde und Zepter über dem Monde in einer Glorie stehend, neben: K. B., unten das Ungarische Schildlein mit einer Krone, in der Randschrift: Iustitia et clementia.
187. Der nemliche Avers, außer Hun. statt Hung.
R) Der nemliche.
188. Der nemliche von 1742.

VII. Böhmische.

Kommen theils bey den kaiserlichen Thalern, theils bey den Pfälzischen vor.

VIII. Polnische.

Sigismund III.

189. Sigis. III. D. G. Rex Polo. M. D. Lit. Ruſſ. Pruſ. Ma. Gekröntes Brustbild mit Schwerdt und Reichsapfel.
R) Sam. Liv. nec. no. Sue. Got. Vad. q. HRI. Rex. Wappen mit Krone und Ordenskette, neben 1627.
190. Sigis. III. D. G. Rex. Pol. M. D. Lit. Ruſ. Pruſ. Masur. Gekr. Brustbild im Harnische bis auf den Schooß, in der rechten Hand den Zepter, in der linken den Reichsapfel.
R) Sam. Liv. nec no. Sue. Got. Vad. q. HRI. Rex. Gekr. Wappen mit Schwedischem und Wasaischem Mittelschilde mit unhangender Vliesskette. I. I. 1630.

Wladislaus IV.

191. Wladis. IIII. D. G. Rex. Pol. M. D. Lit. Ruf. Pruf. Ma. Gefr. Bildniß geharnischt, mit Schwerdt und Reichsapfel.

R) Sam. Liv. he. no. Sve. Got. Vand. q. Hr. Rex. Das mit der Krone und Vließ= ordenskette geschmückte Wappen, auf den Seiten: I. I. 1634.

Friedrich August.

192. D. G. Frid. Aug. Rex Pol. Dux Sax. I. C. M. A. et W. Geharn. BB. im Lorbeerkr.

R) Sac. Rom. Imp. Archim. et Elect. 1702. Polnisches und Sächsisches Wappen mit Krone und Palmzweigen.

193. D. G. Frid. August. Rex Poloniarum. Ge= harn. Brustbild im Lorbeerkranze.

R) Dux Sax. I. C. M. A. et W. S. R. I. Arch. et El. 1704. Polnisches und Sächsi= sches Wappen mit einer Krone und Palm= zweigen. ⅔ St. I. L. H. unten.

Christiana Eberhardina.

194. ⅔ St. auf derselben Absterben vom Jahre 1727.
A) Inschrift von 11 Zeilen.
R) Quot folia tot corda lugent.

August III.

195. D. G. Auguftus III Rex Poloniarum. Ge= harn. Brustbild mit Krone.

R) Sac. Rom. Imp. Archim. et Elect. Wappen mit Krone und dem gekrönten Sächsischen Mittelschildlein.

Friedrich August.

196. D. G. Frid. August. Rex Pol. D. S. I. C. M. A. et W. Brustbild mit herabhangenden Haaren und goldenem Vließe.
R) Sac. Rom. Imp. Archim. et Elector 1763. X. eine feine Marck. Polnisches und Sächsisches Wappen mit Krone.

Friedrich Christian.

197. D. G. Frid. Chrift. Pr. R. Pol. & L. Dux Sax. Brustbild mit gebundenem Haare und Panzer.
R) Iul. Cl. Mont. A. et W. S. R. I. Archim. et Elector 1763. X. eine feine Marck. Das gekrönte kleinere Sächsische Wappen mit Polnischem und Lithauischem Mittelschilde und bekröntem Erzmarschalls Herzschildlein.

Stanislaus August.

198. Stanislaus Augustus D. G. Rex Pol. D. M. Lithu. Geharn. Brustbild mit umgelegtem Hermelinmantel.
R) X. ex Marca pura Colonien. 1766. Gekr. quadrirtes Wappen mit dem mit einer Perlenkrone bedeckten Poniatowskischen Mittelschildchen, mit Eichen und Palmzweigen umgeben, um welche ein Band mit der Aufschrift: Pro fide, lege et grege, gewunden

und das Ordenskreuz unten angeheftet ist. Dabey F. S.

IX. Preußische.

Friedrich.

199. Der Ordensthaler. Frid. D. G. Rex Boruss. El. Br. Geharn. Brustbild mit Lorbeerkranze und dem Ordensbande, beym Arme C. F. L.

R) Die Chiffre F. R. mit der Ordenskette vom schwarzen Adler umgeben, unten 1712. C. S.

Friedrich Wilhelm.

200. Frid. Wilh. D. G. Rex Borussiae. Geharn. mit Lorbeern gekröntes Brustbild in Spanischer Perücke.

R) Der gegen die Sonne fliegende Adler mit der Ueberschrift: Nec soli cedit. Unten: H. F. H. 1713.

201. Frid. Wilh. D. G. Rex Bor. El. Br. Geh. Brustbild im steifen Zopfe.

R) Das gekrönte Wappen mit dem Preußischen Mittelschilde. Oben 1718.

202. Frid. Wilh. D. G. Rex Boruss. El. Brand. Geharn. Brustbild im Haarzopfe.

R) Das mit einer Krone bedeckte Wappen, dabey die Jahrzahl 1723.

Friedrich.

203. Fridericus Borussorum Rex. Geh. Brustbild mit eigenem im Nacken zusammen geknüpften Haare.

R) Der Preußische Adler mit Zepter und Reichsapfel in einem gekr. verzierten Schilde. Oben 1741. Unten F. G. N.

204. Ein von der Asiatischen Compagnie zu Emden geprägter Thaler.

A) Fridericus Borussorum Rex. Das geharnischte Brustbild im Hermelinmantel und Ordensband.

R) Der Preußische gekrönte Adler mit Schwerdt und Zepter. Auf der Brust F. R. in einem gekrönten Schildchen. Darunter ein Schild, auf dem ein Kauffartheischiff abgebildet ist, das zur Rechten von einem wilden Manne, zur Linken von einem Chinesen gehalten wird. Der leztere hat ein Stück Stoff auf dem Arme, und einen Ballen Waaren, auf dem Porcellangeschirre stehen, neben sich. Unten in einer Cartouche mit der Compagnie=Chiffre: K. P. A. C. V. E. Ganz unten ein fliegendes Band mit der Aufschrift: Confidentia in Deo et vigilantia.

Friedrich Wilhelm.

205. Fried. Wilhelm Koenig von Preussen. BB. im Zopfe und Uniform.

R) Der gekrönte Adler mit Zepter und Reichsapfel in einem mit einer Krone bedeckten Schilde, dem zwey wilde Männer zur Seite stehen. Unten: Ein Thaler 1791.

c. Churfürstliche.

I. Maynzische.

206. Georgi. Frider. D. G. Archiep. Mog. Pr. El. Ep. Wor. Brustbild in eigenem Haare mit Spitzbart, Umschlag und geblümt. Kleide.

R) Moneta nova argentea Moguntina 1627. Wappen mit vier Helmen, Schwerdt und Krummstaab.

207. Anselm. Casimir. D. G. Archiepi. Mog. Brustbild in vollem Gesichte mit geblümtem mit Spitzen besetztem Talare.

R) S. Rom. Imp. per. Ger. Arc. Ca. Pr. El. Das dreymal behelmte W. 1642.

208. Ioh. Phil. D. G. S. Sed. Mog. A. Ep. S. R. I. p. G. A. C. P. E. H. F. O. Dux. BB. in vollem Gesichte, unten das gekr. W.

R) Clypeus omnibus in se sperantibus 1652. Die Mutter Gottes mit Zepter und Jesuskind auf einem halben Monde.

209. Lothar. Frid. D. G. Ar. Ep. Mog. S. R. I. A. C. P. E. BB. in eigenem Haare und geblümtem Kleide mit aufgeschlagenen Ermeln.

R) Ep. Wor. et Spir. PP. Weiß. et Od. 1673. Wappen mit Kreuz, Krummstaab und Schwerdt. 1 fl.

210. Lothar. Frid. D. G. Archiep. Mogs. S. R. I. per Germ. Ar. C. P. E. Brustbild in eigenem Haare mit geblümtem Kleide und aufgeschnittenen Ermeln.

R) Episc. Wor. et Spir. Praepos. Weiß. et Oden. 1674. Wappen mit sechs Helmen.

211. Wie Nro. 209. von 1675.
212. Damian. Hartard. D. G. Archiepus Moguntinus. Brustbild in eigenem Haare, in geblümtem Kleide und aufgeschlagenen Ermeln.

R) S. R. I. p. Germ. Archican. et Prin. El. Eps. Wor. 1676. Wappen mit vier Helmen, Krummstaab und Schwerdt.

213. Anf. Fran. D. G. Ar. Eps. Mog. S. R. I. p. G. A. P. E. Brustbild in eigenem Haare.

R) Dextera Domini exaltavit me 1690. Wappen mit Krone, Schwerdt und Krummstaab. 1 fl.

214. Anf. Franc. D. G. A. Eps. Mog. S. R. I. p. G. A. C. P. E. Brustbild im Hermelin, unten Wappen.

R) Pax praevalet armis. Eine Waage, worauf Oelzweig und Schwerdt, von einer Hand aus den Wolken gehalten.

215. Capitulum Metropolitanum Moguntinum sede vacante. Ein ovaler Schild auf einer Urne.

R) Der heil. Martin zu Pferd mit dem Bettler, unten 1774.

II. Trierische.

216. Ioan. Hugo, D. G. Arch. Trev. S. R. I. per Gall. et Reg. Arelat. Brustbild in eigenem Haare und geblümtem Kleide.

R) Archic. et Princ. El. Epis. Spir. Admr. Prum. Praep. Weiß. Ohne Jahrzahl. Drey Schilde mit Krone, Krummstaab und Schwerdt.

217. Der nemliche vom Jahre 1702.

218. Sterbethaler auf Johann Hugo 1711.
A) Inschrift von 8 Zeilen.
R) Ioan. Hugo. D. G. Archi. Trev. S. R. I. per Gall. et Reg. Arelat. Archic. et Princ. El. Epis. Spir. Admr. Prum. Praep. Weiss. Drey Wappenschilde mit Krone, Krummstaab und Schwerdt.

219. Capitulum Metropolitanum Trevirense. Ein Kreuz, über welchem der heilige Petrus, in der Rechten zwey Schlüssel, in der Linken ein Buch, in einer Wolke sitzt.
R) Sancta Helena Fundatrix Ecclesiae. Die Kaiserin Helena gekrönt in einem langen Talare, den ungenähten Rock Christi vor sich haltend. Abschnitt: Sede vacante. Anno 1715.

220. Der nemliche, etwas kleiner.
221. Der nemliche.
222. D. G. Clem. Wenc. A. Ep. Trev. S. R. I. p. Gal. et R. Arel. A. Canc. & P. El. Ep. Aug. Adm. Prum. PP. Brustbild im Hermelin.
R) Reg. Pr. Pol. et Lith. Saxon. Dux. Gekröntes Wappen mit dem Polnischen gekrönten Wappen und Sächsischen Herzschilde in der Mitte.

III. Cöllnische.

223. Salentinus electus eccles. Colonien. Der heilige Petrus mit dem Schlüssel, neben 1570.
R) Moneta nova argen. Tuicii. Wappen mit Helm und Fahnen.

IV. Pfalzbayerische.

Ludwig V.

224. Lu. D. G. Co. Pa. D. B. Pr. E. 1525. Brustbild im Churhabite mit Schwerdt und Reichsapfel. Der Bayerische und Pfälzische Wappenschild in der Umschrift, unten ein leerer Schild.

R) Mon. Car. V. Cef. et. Rom. Imp. Der doppelte Reichsadler.

Friedrich II.

225. Fride. D. G. C. Pal. Rhe. Ba. Dux. S. R. I. P. El. Vorwärts gekehrtes Brustbild mit breitem Barte, im Churhabite mit Schwerdt, Reichsapfel und Bließorden.

R) Mone. arge. superio. Palati. Bava. Drey Wappensch. mit Helm, unten 15—47.

226. Der nemliche Avers, statt El. nur E.

R) Mo. argen. supe. Palatina Bavari. Drey Wappensch. mit Helm, unten 15—48.

227. Der nemliche.

Friedrich III.

228. Fride. D. G. Co. Pa. Rhe. S. R. I. Prin. El. Ba. Dux. Geharn. vorwärts sehendes Brustbild in bloßem Haupte mit Schwerdt und Reichsapfel.

R) Herr nach deinem Willen. Drey Wappenschilde mit einem Helme. Unten 1567.

229. Die nemliche Umschrift. Das Brustbild von der rechten Seite mit Schwerdt und Reichsapfel.

R) Der nemliche. 1568. (½)

230. A) Wie Nro. 228.

R) Moneta no. Rhen. Elect. Princ. consoci. Vereinter Fürsten Wappenschild, neben 1572.

Johann Casimir.

231. Ioh. Casimirus. Com. Pal. Rh. Dux Bav. Geharn. Brustbild von der rechten Seite in kurzen gekräuselten Haaren und Bart, im Spanischen Kragen und Feldbinde. In der Rechten den Streitkolben, in der Linken den Griff des Schwerdtes haltend.

R) Constanter et sincere. 1578. Das vierfeldige Wappen in einem Ringe, daran oben zwey geschlossene Hände, unten ein spitziger Diamant zu sehen.

232. Ioh. Casimirus Com. Pal. Rhe. Dux Bav. Brustbild von der rechten Seite, Streitkolben in der Rechten, die Linke gestützt.

R) Der nemliche, 1578.

233. Ioh. Casim. D. G. Com. Pal. Ren. Dux Bav. Brustbild, wie Nro. 231.

R) Der nemliche.

234. Johan. Casi. D. G. Com. Pal. Rhen. El. P. Tutor et Admi. D. B. Brustbild, wie Nro. 231.

R) Moneta nova argentea Renensium Elector. Der vier Rheinischen Churfürsten Wappenschilde, neben 8—7.

235. Iohan. Caſi. D. G. Com. Pal. Rhen. El. P. Tutor. et Admi. D. B. Die Wappen von Pfalzbayern und das Churſchild in einem Ringe, daran oben zwey in einander geſchloſſene Hände, unten ein ſpitziger Diamant zu ſehen. Oben die vertheilte Jahrzahl 1587.

R) Moneta nova Renenſium Elector. Die vier Wappen der Rheiniſchen Churfürſten in einem Schilde.

Friedrich IV.

236. Moneta. nova. argent. Manheimii cuſa. Friedrichs IV Bruſtbild in bloßem Haupte, Harniſch und Spitzenkragen. XXVI Alb.

R) Churfurſtlicher Pfaltz Landmunz. Wappen mit drey Schilden und einem Helme oben getheilt. 16—08.

237. Frid. IV. D. G. C. P. Rh, S. R. I, Prin. El. Ba. Dux. Geharn. Bruſtbild in bloßem Haupte mit Schwerdt und Reichsapfel.

R) Regier mich Herr nach deinem Wort. Das mit dem Churhute bedeckte Wappen, neben 16 — 19.

Friedrich V.

238. Fridericus D. G. Bohe. Rex. Co. Pa. Rh. Das gekr. und geharn. Bruſtbild in Spaniſchem Kragen, unten 48.

R) Dux Ba. Mar. Mo. Dux Sil. Mar. Luſa. 1620. Böhmiſch-Pfälziſches Wappen. 1/2 Thaler.

239. Der nemliche.

Karl Ludwig.

240. Car. Lud. D. G. C. P. Rh. S. R. I. Archith. et El. B. D. Geharn. Brustbild.
R) Dominus providebit (60). Drey Wappen (wovon das mittlere leer) mit einem Helme, oben 16 — 58.

241. Carol. Lud. D. G. Com. Pal. Rh. S. R. Imp. Archith. Pr. El. D. Bav. Geh. Brustbild mit Feldbinde.
R) Dominus providebit 1659. Drey W. mit Helm.

242. Car. Lud. D. G. C. P. Rh. S. R. I. Archith. et El. B. D. Geharn. Brustbild.
R) Dominus providebit 1660. Drey Wappenschilde mit Helm (60).

243. Car. Lud. D. G. Com. Pal. El. D. Bav. Geharn. Brustbild.
R) Dominus providebit. Das Pfälzische Wappen mit dem Churhute und 1661 dazwischen, mit dem Hosenbande und der Devise: Honi soit qui mal y pense.

244. Carol. Lud. D. G. Com. Pal. Rh. S. R. Imp. Archith. Pr. El. D. Bav. Geharn. Brustbild mit Feldbinde.
R) Dominus providebit 1662. Drey Wappenschilde mit einem Helme.

245. Car. Lud. D. G. Com. Pal. Rhen. S. R. I. Archith. et Elec. B. D. Brustbild.
R) Churfürstlicher Pfaltz Landmüntz. Drey Wappensch. mit einem Helme 16—64. 1/2 Thaler.

Karl.

246. Carolus D. G. Com. Pal. Rh. S. R. Imp. Archith. Pr. El. D. B. Geharn. Brustbild in langen Haaren mit Feldbinde und Elephantenorden.

R) Sustentante Deo. Drey an einander hängende Wappenschilde mit dem Orden des blauen Hosenbandes und den Worten: Honi soit qui mal y pense. Unten 1681.

Johann Wilhelm.

247. I. W. D. G. C. et P. P. E. P. R. B. I. C. et M. Geharn. Brustbild mit dem goldenen Vliesse.

R) Dux Co. V. S. M. R. M. D. I. N. R. 1690. Gekröntes Wappen mit Vliesskette, unten 2/3.

248. I. W. D. G. I. C. Pr. S. R. I. Arc. et El. I. C. & M. D. Geharn. Brustbild mit Vliessordenskette.

R) Co. V. S. M. R. et M. D. I. R. 1691. Gekröntes Wappen. 2/3.

249. I. W. D. G. C. P. R. S. R. I. Archit. et El. Geharn. Brustbild.

R) B. I. C. & M. D. C. V. S. M. R. & M. D. I. R. 1694. Wappen mit Churhut und Ordenskette. Randschrift: Dominus virtutum nobiscum.

250. Der nemliche von 1700.

251. I. W. D. G. C. P. R. S. R. I. Archid. et El. Geharn. Brustbild.

R) B. I. C. & M. D. P. R. M. C. V. S. M. & R. D. I. R. Drey Wappenschilde mit

Krone und umhangender Vließkette, oben 17 — 08.

252. D. G. Ioh. Wilh. C. P. R. S. R. I. Archid. et El. Brustbild in antikem Geschmacke und bloßem Haupte.

R) B. I. C. & M. D. P. M. C. V. S. M. & R. D. I. R. 1709. Drey Wappenschilde mit Krone und zwey Ordensketten, oben 2/3.

253. D. G. Ioh. Wilh. C. P. R. S. R. I. Archid. et El. Antikes Brustbild in bloßem Haupte.

R) Arma Palatini consolidantur. Drey Wappenschilde mit Krone und umhangender Vließkette. 2/3.

254. D. G. I. W. C. P. R. S. R. I. Arc. El. eiusq. Brustbild in Perücke.

R) In P. R. S. et Fr. I. Prov. et Vicarius. 1711. Der Reichsadler mit doppeltem Herzschilde und Krone, unten 2/3. N. P.

255. D. G. Ioh. Wilh. C. P. R. S. R. I. Archid. El. eiusq. Brustbild.

R) In. P. R. S. et Fr. I. Prov. et Vicarius 1711. Der zweyköpfige Reichsadler mit doppeltem Herzschilde und Krone. Unten N. P.

Karl Philipp.

256. C. Phil. D. G. C. P. R. S. R. I. Archit. & El. Geharn. Brustbild.

R) Fein Silber. Drey Wappenschilde mit Krone im Abschnitte. 1737. 2/3.

257. D. G. C. P. C. P. R. S. R. I. A. T. & E. B. I. C. & M. D. P. M. Drey Wappenschilde mit Krone und zwey Ordensketten.

R) Deus servet metallifodinas Montenses ($\frac{1}{2}$) fein Silber 1738. F. M.

Karl Theodor.

258. Car. Theodor. D. G. El. Palatinus. Geh. Bruſtbild. Heidelberger Huldigung in Ehrenobiſt.
259. Car. Theodor. D. G. C. P. R. utr. Bav. Dux. Bruſtbild.
R) S. R. I. Archid. & El. Dux. I. C. & M. Wappen mit Krone, 1778. Randſchrift: In Domino confido.
260. Car. Theodor. D. G. C. P. R. U. B. D. Bruſtbild.
R) Ad normam Convention. Wappen mit Krone. 1781. 1/2 Thaler.
261. Car. Theodor. D. G. C. P. R. V. B. D. S. R. I. Ar. & El. Prov. et Vicar. WB.
R) In part. Rheni Suev. et Iur. Francon. Der doppelte Reichsadler, das gekrönte Wappen auf der Br. mit 4 Ordensketten. 1790.
262. Der nemliche. 1/2 Thaler.
263. C. Th. D. G. C. P. R. U. B. D. S. R. I. A. et. E. &. I. P. Rh. Su. & I. Fr. Pro. et Vic. Geharn. Bruſtbild mit Mantel.
R) Iul. Cl. & Mont. D. L. L. P. M. M. M. A. Z. C. V. S. &. R. D. I. R. 1790. Der Reichsadler mit dem Wappen auf der Bruſt.
264. Car. Theod. D. G. C. P. Rh. &c. Vicariatsthaler von 1792.

Maximilian I.

265. Maximil. Com. Pal. Rh. vt. Bav. Dux S. R. I. Archidap. et Elect. Gekröntes Wappen von zwey Löwen getragen. 1625.

R) Clypeus omnibus in te sperantibus. Mutter Gottes mit Jesuskind.

266. Max. Com. P. Rhe. vt. Bav. Dux. S. R. I. Ar. et El. Wappen mit Krone und Bließ=kette.

R) Ferdinandus II. Romanorum Imperator. Doppelter Adler mit Krone.

267. Max. Emanuel D. G. V. B. & P. S. D. C. P. R. S. R. I. AD. et El. L. Geharn. BB. in Perücke.

R) Clypeus omnibus in te sperantibus 1694. Mutter Gottes mit Jesuskind und Wappen.

Karl Albrecht und Karl Philipp.

268. D. G. Car. Alb. et Car. Phil. S. R. I. Electores eiusq. Geharn. Brustbild.

R) In part. Rheni Suev. et jur. Francon. Vicarii. 1740. Doppelter Adler mit zwey gekrönten Wappen und zwey Ordensketten.

269. Der nemliche.

270. D. G. C. Alb. &. C. Phil. Elect. Prov. & Vicarii. Beyder Brustbild geharnischt.

R) In part. Rheni Suev. et jur. Francon. 1740. Doppelter Adler mit zwey gekrönten Wappen auf der Brust.

Karl Albrecht.

Kommen schon oben unter den kaiserlichen Thalern sub Nris 48 & 49 vor.

Maximilian Joseph.

271. D. G. Max. Iof. u. B. et P. S. D. C. P. R. S. R. I. A. & El. L. L. Brustbild im Harnische, Mantel und Ordensband.

R) Patrona Bavariae. Die Mutter Gottes mit dem Jesuskinde auf einer Wolke und halbem Monde. Unten 1753.

V. Sächsische.

Johann Friedrich und Georg.

272. Iohan. Fri. Elec. Dux Sax. fie. fe. Des Churfürsten Brustbild mit Schwerdt und Churhabit.

R) Geor. Dux Sax. fie. fe. A. 1536. Des Herzogs Brustbild, auf beyden Seiten zwischen der Umschrift vier Wappenschildlein.

Johann Friedrich.

273. Ioan. Frid. Dux Sax. Elect. et Buggraf. Maigd. fieri fe. Brustbild im Churhabite, ein großes Schwerdt mit beyden Händen haltend.

R) Spes mea in Deo est 1539. Wappen mit drey Helmen.

Johann Friedrich und Philipp.

274. Iohan. Frederic. D. Sac. B. Magde. Des Churfürsten Brustbild in vollem Gesichte, Churrock und Schwerdt.

R) Philip. D. G. Lan. Haſſie C. K. D. Z. N. Des Landgrafen geharn. Bruſtbild, nicht ganz voll, mit Commandoſtaab in der Rechten, in der Linken den Degen haltend, oben neben dem Kopfe 1543, auf dem Av. vier und auf dem Rev. fünf Schildlein zwiſchen der Umſchrift.

Moriz.

275. Mauricius D. G. Du. Sax. Sa. Ro. Imp. Bruſtbild, geharniſcht mit dem Schwerdte, drey Schilde zwiſchen der Umſchrift.
R) Archimarſchal et Elec. Anb. Drey Schilde zwiſchen der Umſchrift, fünffeldiges Wappen, über demſelben 1548.

276. Der nemliche Avers.
R) Archimarſchal et Ele. Fri. Fünffeldiges Wappen, über demſelben 1553, auf dem Av. und Rev. drey Schilde zwiſchen der Umſchrift.

Auguſt.

277. Auguſtus D. G. Du. Sax. Sa. Ro. Imp. BB. in vollem Geſichte, Churhabit und Schwerdt.
R) Archimarſchal et Elector. Fünffeldiges Wappen, von einem Engel gehalten, neben 1553, auf dem Avers und Rev. drey Schilde zwiſchen der Umſchrift.

278. Auguſtus D. G. Dux Saxonie Sa. Roma. Im. Bruſtbild in entblößtem Haupte, Streitart und Schwerdt, neben 1565.
R) Archimarſchal et Elec. Wappen mit zwölf Feldern und drey Helmen, oben HB.

279. Der nemliche Avers. *Imp.* statt Im. Brustbild mit bedecktem Haupte, Churhabit und
Schwerdt.

R) Der nemliche. *Electo:* T: ohne HB.
Das nemliche Wappen, neben rechts und
links 1568.

280. Av. wie 279. BB. in entblößtem Haupte,
geharnischt, das Schwerdt mit beyden Händen haltend, neben 1572.

R) Wie 278.

281. Der nemliche von 1575.
282. Der nemliche von 1581.
283. Der nemliche von 1582.
284. Der nemliche von 1583.

Christian I.

285. Christian. D. G. Dux Saxo. Sa. Roma.
Imp. Geharn. Brustbild in bloßem Haupte,
mit dem Schwerdte in der rechten Hand und
den Helm vor sich habend, oben neben dem
Haupte 1587.

R) Der nemliche mit Vermehrung des Hen-
nebergischen Schildes.

Christian II.

286. Christian. Iohan: Georg. et Augustus.
Drey Brustbilder in bloßen Häuptern, Krau-
sen, Krägen und Mantel, oben 1593.

R) Frat. et Duces Saxon. Wappen mit
drey Helmen, oben das Zeichen HB.

287. Der nemliche von 1594.
288. Der nemliche von 1596.
289. Der nemliche von 1598.

290. Der nemliche von 1600.
291. Christian. II. D. G. Sa. Ro. Imp. Archimar. et Elec. Geharn. Brustbild in bloßem Haupte, mit dem Schwerdte in der rechten Hand und den Helm vor sich habend, oberhalb 1602, unterhalb zwischen der Schrift der Schild mit den zwey Churschwerdten.

R) Iohan. Georg. et August. Frat. et Duces Saxon. HB. Zwey kleine Brustbilder, um welche 14 Wappenschilde.

292. Christian. II. D. G. Sa. Ro. Imp. Archim. et El. Geharn. Brustbild in bloßem Haupte, mit dem Schwerdte in der Rechten und den Helm vor sich habend, nebenzu 1606, unten zwischen der Schrift der Schild mit den zwey Churschwerdten.

R) Iohan. Georg. et August. Frat. et Duc. Sa. HR. Zwey gegen einander stehende geharn. Brustbilder, unterhalb zwischen der Schrift der Sächsische Rautenschild.

293. Der nemliche.
294. Der nemliche vom Jahre 1607.
S. Ro. Imp.
Frat. et Du. S.
295. Christian. II. D. G. S. Ro. Imp. Archim. El. Das geharn. Brustbild mit dem Spitzenkragen, Feldbinde, das Schwerdt in der rechten Hand, vor sich den Helm, oben die getheilte Jahrzahl 1609, unten zwischen der Schrift der Schild mit den zwey Schwerdten.

R) Iohan. Georg. et August. Frat. e. D. S. HR. Zwey gegen einander gestellte geh. Brustbilder, unterhalb zwischen der Schrift der Sächsische Rautenschild.

296. Der nemliche, wie 294.

A) Christian. II. D. G. S. Ro. Imp. Archim. Ele. von 1610.

R) Iohan. Georg. et August. Frat. et D. S. HR.

Johann Georg I.

297. Iohan. Georg. D. G. Sa. Ro. Imp. Archim. Ele. Geharn. Brustbild in bloßem Haupte, mit dem Schwerdte, den befederten Helm vor sich habend, unten das zweyfeldige Wappen, neben 1614.

R) E. August. F. E. D. S. I. C. E. M. Des Herzogs geharn. Brustbild in der Mitte, außenherum 18 Wappenschilde.

298. Iohan. Georg. D. G. Dux Sax. Iul. Cliv. et Mon. Geharn. Brustbild in entblößtem Haupte, Schwerdt in der Rechten, und den Helm neben sich habend.

R) Sacri Romani Imp. Archim. et Ele. 1616. Das vierfeldige Wappen von Sachsen, Jülich, Cleve ꝛc., in der Mitte zwey Schwerdte. 2/3.

299. Der nemliche Avers. *Monti.* statt Mon.

R) Sa. Rom. Imp. Archim. et Elect. 1625. Großes Wappen mit sechs Helmen.

300. Der nemliche von 1626.

301. Confess. Luther. Aug. exhibitae Seculum. Des Churfürsten Johann Georgs Brustbild im Churhabite, mit dem Schwerdte auf das Wappen gelehnt, neben getheilt: Ioh. Georg. oberhalb getheilt: 1630. 25. Iuny.

R) Nomen Domini turris fortissima. Des Churfürsten Johannis Bildniß mit Barette und dem Schwerdte, neben getheilt: Ioannes, oberhalb: 1530. 25. Iun. Vier Wappenschilde zwischen der Umschrift.

302. Der nemliche, wie 299. vom Jahre 1632.
303. Der nemliche, wie 299. von 1639. Wappen mit acht Helmen, neben dem Wappen: S. D.
304. Der nemliche, wie 299. von 1646. Wappen mit acht Helmen, neben dem W. C. R.
305. Vom nemlichen Jahre. *Montiu.* C. R. neben dem Wappen.
306. Von 1647. *Montium.* C. R.
307. Von 1654. *Mont.* C. R.
308. Von 1655. *Mont.* C. R.

Johann Georg II.

309. Vicariatsthaler, Schrift in 12 Zeilen.
 R) Deo et patriae. 1657. Der Churfürst mit bedecktem Haupte, im Churhabit mit Schwerdt zu Pferde, unten das zweyfeldige Chursächsische Wappen.
310. Der nemliche.
311. Iohan. Georg. II. D. G. Dux Sax. Iul. Cliv. et Mont. Brustbild in bloßem Haupte, mit Churhabit und Schwerdt, neben der Churhut.
 R) Sac. Rom. Imp. Archim. et Elect. 1659. Großes Wappen mit acht Helmen, neben C. R.
312. Der nemliche von 1667.
314. Der nemliche.
314. Iohann. Georg. II. D. G. Dux Saxon. Iul. Cliv. et Mont. Der Churfürst im Churhabit mit Schwerdt, neben ihm auf einem Tische der befederte Helm.

R) Sacri Rom. Imp. Archimarſ. et Elect. Die zwey Schilde mit einem Helme, um die Umſchrift 20 beſondere Schilde in einem Kreiſe. Wiegt 3 Loth.

Johann Georg III.

315. Iohan. Georg. III. D. G. Dux Sax. Iul. Cliv. et Mont. Geharn. Bruſtbild in bloßem Haupte, mit dem Schwerdte, den befederten Helm vor ſich.

R) Sac. Rom. Imp. Archim. et Elect. 1683. Großes Wappen mit acht Helmen, neben C. F.

316. Ioh. Georg. III. D. G. Dx Sax. I. C. M. A. et W. Bruſtbild in bloßem Haupte und Harniſch.

R) Sac. Rom. Imp. Archim. et Elect. X. 1690. Zweyfeldiges gekröntes Wappen, unten ⅔. I. K.

Johann Georg IV.

317. Ioh. Georg. IV. Dux Sax. I. C. M. A. &. W. S. R. I. Archim. et Elect. 2/3. Inſchrift von 8 Zeilen (1694).

R) Sola glorioſa quae juſta. Eine beſtrahlte Pyramide mit zwey gekrönten Wappenſchilden.

Friedrich Auguſt.

318. Frid. Auguſt. D. G. Dux Sax. I. C. M. A. & W. Geharn. Bruſtbild mit Spaniſcher Perücke.

R) Sac. Rom. Imp. Archim. et Elect.
* X. 1696. Zweyfeldig gekr. Wappen, unten
I. K. 2/3.

319. Der nemliche von 1697. Unten auf dem
Rev. E. P. H. Archim. & El.

320. Vicariatsthaler von 1711.
A) Der König zu Pferd mit dem Polnisch-Sächsischen Wappen.

R) Drey Tische, auf dem ersten und zweyten die Königliche und Churfürstliche Insignien, über denselben Frid. Aug. Rex Elector. Auf dem dritten Tische ist folgende in einem Rautenkranze befindliche Inscription zu lesen: Et Vicarius post mort. Iosephi Imperat. Neben MDCCXI. I. L. N.

321. Kleiner Vicariatsthaler von 1741.
A) D. G. Frid. Aug. Rex Pol. Dux Sax. Archimareschall. et Elect. Der Churfürst im Lorbeerkranze, Harnisch und Mantel zu Pferd, das Schwerdt in der Rechten.

R) In provinciis Iur. Saxon. Provisor et Vicarius 1741. Der Kaiserliche Thron mit den Insignien.

Xaver.

322. Xaverius D. G. Reg. Pr. Pol. & Lith. Dux Sax. Brustbild mit gebundenen Haaren und Harnisch.

R) Electoratus Saxoniae Administrator 1765. X. eine feine Marck. F. Wappen mit Krone, unten E. D. C.

Friedrich August.

323. Frid. Aug. D. G. Dux Sax. Elector et Vicarius Imperii. Bruſtbild bloß.
R) X. eine feine Marck. F. Der Reichsadler mit dem zweyfeldigen Sächſiſchen Wappen auf der Bruſt, unten I. E. C. 1790.
324. Ein kleiner.
A) Frid. Auguſt. D. G. Dux Sax. Elector. Bruſtbild in bloßem Haupte, geharniſcht. 1792.
R) Sac. Rom. Imp. Provifor. Der Reichsadler mit dem zweyfeldigen Sächſiſchen Wappen auf der Bruſt, unten I. E. C. ℔. XX. eine Marck. F.
325. Ein großer vom nemlichen Jahre. X. eine Marck. F.

VI. Brandenburgiſche.

Friedrich Wilhelm.

326. Frid. Wilh. D. G. M. Br. S. R. I. Arc. & El. Bruſtbild.
R) Moneta nova argent. 1676. Gekröntes Wappen. 2/3.
327. Frid. Wilh. D. G. M. B. Elec. Bruſtbild mit Perücke und Gewand, unten 1676.
R) Moneta no. arg. Reinſ. Gekröntes Wappen. 2/3.
328. Frid. Wilh. D. G. M. Br. S. R. I. Ar. C. & El. &c. Bruſtbild mit Gewand.
R) Deus fortitudo mea. Das Wappen mit 7 Helmen, mit behelmten Schildhaltern,

neben 1677. In dem Rande: Salus populi suprema lex esto.

329. Frid. Wilh. D. G. M. B. S. R. I. Arc. et El. Geharn. Brustbild.

R) Churf. Brand. Landmunz 1688. W. mit Krone, unten 2/3, neben L. C. S.

Friedrich III.

330. Frider. III. D. G. M. B. S. R. I. A. C. & Elect. Brustbild mit Perücke und Harnisch.

R) Moneta nova Brandenb. 1689. W. mit Krone, neben I. E. unten 2/3.

331. Der nemliche Avers. *El.*

R) 1691, neben L. C. S. unten 2/3.

332. Der nemliche Avers. *Arc. El.*

R) 1692, neben W. H. unten 2/3.

333. Frider. III. D. G. M. B. S. R. I. A. C. & E. Geharnischtes Brustbild in Spanischer Perücke.

R) Suum cuique. Das vollständige, mit dem kronenartigen Churhute bedeckte Wappen mit zwey Palmzweigen, neben 1692, unten L. C. S.

334. Frider. III. D. G. M. B. S. R. I. A. C. et El. 1695.

R) Die gekrönte Namens-Chiffre F. III. viermal, in Form eines Kreuzes, in der Mitte der Zepter in einem Schildchen. Nach dem Fves des Burgund. Thalers.

VII. Braunschweigische.

Ernst August.

335. 1/3 Thaler.
A) Ern. Aug. D. G. D. Br. & L. S. R.
I. Elect. Ep. O. Der wilde Mann.
R) Sola bona quae honesta 1696. XII.
Mariengrosch.

336. Ern. Aug. D. G. D. Br. et L. S. R. I.
Elect. Ep. O. Brustbild, darunter H. B.
R) Sola bona quae honesta 1697. Das mit dem Churhute bedeckte Wappen mit einem leeren Mittelschilde.

Georg Ludwig.

337. Georg. Lud. D. G. D. Br. & L. S. R. I.
Elect. 1700. XXIV. Mariengrosch. v. fein Silb.
R) In recto decus. Der wilde Mann, neben 24.

338. Georg. Lud. D. G. D. Br. et Lun. S. R. I.
El. Das mit dem Churhute bedeckte Wappen mit leerem Mittelschilde, 1701.
R) Sanct. Andreas revivifcens. Der heil. Andreas mit dem Kreuze.

339. Georg. Lud. D. G. D. Br. et Lun. S. R. I.
El. Das mit dem Churhute bedeckte Wappen, neben 1703. H. B.
R) In recto decus. Das springende Roß. 2/3 fein Silber.

340. Der nemliche von 1704.

341. Georg. Lud. D. G. D. Br. et Lun. S. R. I. Elect. 1706. Das mit Churhut bedeckte W. neben H. B.

R) In recto decus. Das springende Roß.

342. Georg. Lud. D. G. D. Br. et L. S. R. I. El. 1708. Das mit dem Churhute bedeckte verzierte Wappenschild.

R) In recto decus. Der wilde Mann, den Baum in der rechten Hand, unten eine mit Bäumen besetzte Gegend, unten R. B.

343. Georg. Lud. D. G. D. Br. et L. S. R. I. Elect. 1711. XXIIII. Mariengrosch. v. fein Silb.

R) In recto decus. Der wilde Mann, neben 24.

Sophia.

344. Sophia D. G. ex stirpe El. Pal. Elect. Vid. Br. et Lun. Mag. Brit. Haeres. Brustbild im Schleyer.

R) Inschrift mit ihrem Lebenslaufe in 13 Zeilen.

Der seltene Begräbnißthaler der Churfürstin Sophie von Braunschweig vom Jahre 1714.

Georg I.

345. Georgius D. G. M. Brit. Fr. et Hib. Rex F. D. Das belorbeerte Brustbild, unten H. C. B.

R) Br. et Lun. D. S. R. I. A. Th. et El. 1716. Vier ins Kreuz gefaßte Wappen mit Kronen, in der Mitte 2/3.

346. Georgius D. G. Mag. Brit. Fr. et Hib. Rex.
F. D. Das belorbeerte Brustbild.
R) Brun. et Lun. Dux S. R. I. A. Thef.
et El. 1716. Das gekrönte, vom Löwen und
Einhorn gehaltene Wappen mit der Hosen=
bandordens = Devise : Honi soit qui mal y
pense. Unten: Dieu et mon droit.
347. Georgius D. G. Mag. Br. Fra. et Hib. Rex.
Fid. D. Vier ins Kreuz gesetzte gekr. Wap=
pen, in der Mitte 2/3 fein Silb.
R) Brun. et Lun. D. S. R. I. Ar. Thef.
et El. 1717. Der wilde Mann, unten H. H.
348. Georgius D. G. M. Brit. Fr. et Hib. Rex.
F. D. Belorbeertes Brustbild.
R) Br. et Lun. Dux S. R. I. A. Th. et
El. 1718. Vier ins Kreuz gesetzte Wappen
mit Krone. Der Werth 2/3 in einem Zirkel
mit der Umschrift: Fein Silb.
349. Wie Nro. 346. von 1718.
350. Georgius D. G. Mag. Brit. Fran. et Hib.
Rex. Fid. D. Das gekr. vom Löwen und
Einhorn gehaltene Wappen mit: Honi soit
qui mal y pense, und unten: Dieu et mon
droit.
R) Brunf. et Lun. D. S. R. I. Ar. Th. et
El. 1722. Der wilde Mann, unten C.
(werth 1/3).

Georg II.

351. Georg. II. D. G. M. Brit. F. et H. Rex
F. D. B. & L. Dux S. R. I. A. Th. et El.
Das gekrönte Wappen.
R) Nec aspera terrent. Das springende
Roß, unten 1732. C. P. S.

352. Der nemliche Avers. *M. Br. F. — A. T. & E.*

R) Der nemliche. 1742.

353. Georg. II. D. G. M. Brit. Fr. et H. Rex F. D. Belorbeertes Brustbild.

R) Brunf. et Lun. Dux S. R. I. A. Th. et El. 1736. Das gekrönte Wappen, unten Fein Silber 2/3.

354. Georg. II. D. G. M. Br. Fr. et Hib. Rex F. D. 1744. Das gekr. Wappen.

R) Br. et Lun. Dux. S. R. I. A. Th. et El. Der wilde Mann, neben 24, unten I. B. H.

355. Georgius II Dei Gratia. Belorbeertes BB. unten Lima.

R) M. B. F. et H. Rex F. D. B. et L. D. S. R. I. A. T. et E. 1746. Vier ins Kreuz gesetzte gekrönte Wappen, in der Mitte ein Ordenskreuz.

356. Georgius II. D. G. M. Brit. F— et H. Rex F. D. Belorbeertes Brustbild.

R) Brunf. et Lun. Dux. S. R. I. A. Th. et El. 1751. Das gekrönte Wappen.

357. Georg. II. D. G. M. Brit. Fr. et Hib. Rex Fid. Def. 1760. Das gekrönte Wappen.

R) Br. et Lun. Dux S. R. I. A. Th. et Elect. Der heil. Andreas, unten I. W. S.

Georg III.

358. Georg. III. D. G. M. Brit. Fr. et Hib. Rex F. D. Gekr. Wappen. Nach dem Reichsf. 2/3 fein Silber.

R) Brunf. & Lun. Dux S. R. I. A. Th. et Elect. 24 Mariengrofch. 1777.

d. Geistliche Fürsten.

I. Päbstliche.

359. Sixtus V. Pon. Max. An. IIII. Starkes Brustbild von der linken Seite, mit einer großen Glatze, geschornem Kranze und breitem Barte, im Chormantel. Unten 1588 und G. T.

R) In te sitio. Der heil. Franziskus, der die Wundenmaale empfängt. Vor ihm liegt ein offenes Buch. Abschnitt: Roma.

360. Vrbanus VIII. Pont. Max. Das Brustbild von der rechten Seite in Pontificalibus. Unten An. XII. Gasp. Molo. f.

R) Vivit Deus. Ein geharnischter und bewaffneter Engel verfolgt vier fliehende Teufel. Im Abschnitte ein kleines W. Roma.

361. Innocentius X. Pont. Max. Das bärtige Brustbild in bloßem Haupte, darunter An. II.

R) In verbo tuo. Petrus mit den zwey Schlüsseln knieet vor dem Heilande, und empfängt den Segen von ihm. Unten Romae.

362. Sede vacante M. DC. LXIX. Ein Cardinalswappen, die drey Bienen (vermuthlich Barberini), über demselben die Schlüssel Petri unter einem Baldachin.

R) Illuxit illucescat adhuc. Der schwebende heil. Geist, unten ein Wappen. Roma.

363. Clemens X. Pont. Max. An. Iub. Das Brustbild in der Callotte und Rochetto. Darunter: Eq. Hier. Lucenti.

R) Clausis foribus veniet et dabit pacem. Die vermauerte goldene Pforte mit dem Kreuze, zu beyden Seiten Petrus und Paulus. Unten das Wappen des Münzpräsidenten Gios. Renato Imperiali MDCLXXV.

364. Innocen. XI. Pont. Max. An. I. Das Brustbild in der Mütze und Rochetto. Darunter: I. Hameranus f.

R) Sanctus Matthaeus Apost. Der heil. Matthäus mit dem Engel in den Wolken. Unten Cardinalswappen.

365. Alexander VIII. Pont. Max. A. I. Das Brustbild mit dem Namen des Medailleur Hameranus.

R) Legione ad bellum sacrum instructa. Eine mit päbstlicher Krone gekrönte Weibsperson, die in der rechten Hand eine Kirche, in der linken ein auf Römische Art ausgeziertes Signum legionarium hält. Unten: ƆIƆIƆCXC.

Ein seltener Scudo.

366. Innocen. XII. Pont. M. A. II. Dessen BB. in der Mütze und Rochetto, darunter: Hameranus.

R) Der Erzengel Michael, der den Teufel mit Donnerstrahlen zu Boden schlägt, und ihn unter seine Füße tritt. Dabey liegt ein Quaderstein mit des Cardinals Farsetti Wappen. Unten 1692. Umschrift: Deus pacis conteret Satanam.

367. Clemens XI. Pont. Max. An. I. Brustbild, unten S. V. P.

R) Portam sanctam clausit A. Iubilei MDCC. Die vermauerte goldene Pforte mit dem Kreuze. Unten Cardinalswapp. Roma.

368. Be-

368. Benedict. XIV. Pont. Max. An. XIV. Das Brustbild mit der Mütze auf dem Haupte. Unten: (). Hamerani.

R) Die Römische Kirche, als eine in den Wolken sitzende weibliche Figur, in der rechten Hand zwey Schlüssel, in der linken einen Tempel. MDCCLIV.

369. Pius VI. Pon. Max. Anno Iubilaei. Wappen mit päbstlicher Krone und Schlüssel.

R) S. Petronius Bon. Prot. Der Bischoff sitzend in seinem Ornate. Unten 80.

370. Pius VI. Pon. Max. An. III. Wappen mit päbstlicher Krone und Schlüssel, 1777.

R) S. Petronius Bon. Prot. Der Bischoff stehend, neben zwey Wappen, unten 100.

371. Pius VI. Pont. Max. Gekröntes Wappen mit päbstlicher Krone und Schlüssel, unten zwey kleinere Wappen, 1785.

R) S. Petronius Bonon. Prot. Der Heilige in einer Wolke sitzend. Unten 50.

372. Pius Sextus Pont. M. A. IV. Wappen mit Krone und Schlüssel.

R) Auxilium de Sancto. Allegorische Vorstellung, die Römische Kirche in der Wolke sitzend, in der Rechten zwey Schlüssel, in der Linken einen Tempel, 1778. Unten Cardinalswappen.

II. Salzburg.

373. Matheus Card. Ar. Eps. Salzb. Ac. Eps. Gurcen. BB. mit der Jahrz. M.D.X.X.I.I.

R) Matheus M. D. Card. Archieps. Salzb. Ap. Se. Leg. Das mit dem Cardinalshut bedeckte Wappen. Ein Zwitterthaler.

374. Paris D. G. Archieps. Sal. Se. Ap. Le. Ein gekröntes Marienbild mit dem Kinde und Zepter, vor ihr das mit dem Quastenhute bedeckte Wappen. Ueberschrift: Sub tuum praesidium confug.

R) Sanct. Rudbertus Eps. Salisb. 1625.
375. Der nemliche von. 1627.
376. Guidobaldo D. G. Ar. Ep. Sal. Se. Ap. L. Das gekrönte Marienbild mit dem Kinde und Zepter, vor ihr das mit dem Quastenhute bedeckte Wappen. Ueberschrift: Sub tuum praesidium confug.

R)
377. Maximil. Gandolpho D. G. Archieps: Salisb. Sed. Ap. Leg. Wappen mit Kreuz und Quastenhut, neben 1668.

R) S. S. Rudbertus et Virgilius Patroni Salisburgenses. Die beyden Heiligen im bischöflichen Ornate.
378. Franciscus Anton. S. R. I. Princ. de Harrach. Brustbild.

R) D. G. Archiepiscop. & S. R. I. Princ. Salisburg. S. S. A. L. 1715. Wappen mit Fürstenhut, Staab, Kreuz und Schwerdt mit einem Quastenhute bedeckt.
379. Leopoldus D. G. Arch. et Princeps. BB. unten FMK.

R) Salisburg. S. Sed. Apof. Legat. Germ. Prim. 1744. Wappen mit Staab, Kreuz und Schwerdt mit dem Quastenhute.
380. Iacobus Ern. D. G. Arch. et Princeps. Brustbild, unten FMK.

R) Der nemliche 1746.
381. Andreas D. G. Arch. et Princeps. Brustbild, unten FMK.

R) Salisburg. S. Sed. Apof. Legat. Germ. Prim. 1748. Uebrigens das nemliche.

382. Sigismund. D. G. A. & Pr. Sal. S. A. L. nat. Germ. Primas. Zwey Wappen mit Staab, Kreuz und Schwerdt mit Quaſten=hut bedeckt.

R) S. Rupertus Epifcop. Salisburgenſ. 1759. Der Heilige auf einer Wolke, neben ihm tragen zwey Engel das Salzkörbchen.

III. Augsburg.

383. Alex. Sig. D. G. Epifc. Auguſt. Bruſtbild in Perücke und Mantel.

R) Com. Pal. Rh. B. Iu. Cl. et Mont. Dux &c. Zwey neben einander geſtellte Wap=pen unter dem Fürſtenhute, mit Staab und Schwerdt.

384. Ioſeph. D. G. Ep. Auguſt. S. R. I. Pr. Landgr. Haff: Bruſtbild.

R) Auguſtano facerdotio ornato et aucto. Zwey Wappen mit Fürſtenhüten, zwiſchen welchen die Biſchofsmütze, unten 1744.

VI. Bamberg.

385. Iohann. Georg. D. G. Epifco. Bamberg. Vorwärts ſehendes Bruſtbild im Jeſuitenba=rette. In der Schrift vier eingeſchaltete W.

R) Kaiſer Heinrich der Heilige und deſſen Gemahlin Kunigunda, welche die Bambergi=ſche Kirche emportragen. Daneben: S. Heinricus. S. Cunigunda. Unten das mit einer Kaiſerlichen Krone bedeckte biſchöfliche Wap=pen.

386. Melchior. Otto. D. G. Epi. Bamb. BB.

R) Ohne Inschrift. Wappen mit Kaiserkrone, Kreuz und Staab, nebst zwey Palmzweigen, oben 1649.

387. Philipp. Valentin. D. G. Epif. Bamberg. Brustbild.

R) Zwey Wappenschilde, über welchen die Kaiserkrone mit Kreuz und Staab, unten 1657.

388. Marquardus Sebaſtianus. Brustbild mit geblümtem Kleide.

R) D. G. Epifcopus Bambergenſis S. R. I. Princeps. 1687. Wappen mit zwey Helmen, zwischen diesen die Kaiserkrone, rechts und links das Kreuz und Staab.

389. Lothar. Franc. D. G. Ar. & El. M. Ep. Bamb. Brustbild.

R) In manibus Domini ſortes meae 1696. Wappen mit Fürstenhut, Staab, Kreuz und Schwerdt (gehört zu Maynz), unten G. F. n.

390. Ioann. Philipp. Anton. D. G. Epifcop. Bamb. S. R. I. Princeps. Brustbild.

R) Inviolata fides pax et concordia firmant. Wappen mit fünf Helmen, auf dem mittlern Kaiserkrone und Kreuz, unten 1750. C. G. L.

391. Adam. Frider. D. G. Ep. Bam. et Wirceb. S. R. I. Pr. Fr. Or. Dux. Brustbild in Perücke.

R) Patrona Franconiae. Die Mutter Gottes mit dem Kinde und in der Rechten einen Zepter, auf einem halben Monde stehend. Neben 1760. X. eine feine Marck. Wappen in einem Ringe, unten G. N. P. B.

392. Ad. Fr. D. G. Ep. Bam. et Wir. S. R. I. Pr. Fr. Or. Dux. Bruſtbild in Perücke

R) 10 eine feine Marck 1770. Das Wappen von zwey Löwen getragen, mit Fürſtenhut, Schwerdt, Kreuz und Staab, unten W. — I. n. m. — F. H. P.

V. Breslau.

393. Franc. Ludov. D. G. Episc. Wratisl. BW. in langer Perücke.

R) Com. Palat. Rheni Bavar. I. C. e. M. D. Das mit der Biſchofsmütze bedeckte Wappen mit Staab und Schwerdt, in der Mitte befindet ſich das gekr. Pfälziſche W.

VI. Coſtnitz.

394. Fran. Con. Tit. S. Ma. de Pop. Card. de Bodt Epiſc. Conſt. S. R. I. Prin. Bruſtbild mit Perücke und Hermelin.

R) Pro Ecclesia et pro Patria. Wappen mit Fürſtenhut, Staab, Kreuz und Schwerdt in einem Hermelinmantel, über welchem ein Quaſtenhut.

VII. Eichſtädt.

395. Ioh. Eucharius D. G. Eps. Eyſt. S. R. I. Prin. Bruſtbild in der Perücke und Mantelkleide.

R) Vires unitae sola salus patriae. Das behelmte von zwey Löwen gehaltene Wappen, unten 1694. Um den Rand: Ne me falsificans rodat avara manus.

396. Capitulum regnans sede vacante. Fünfzehen Wappenschildchen der Capitularen des Stifts formiren einen Kranz, mit dazwischen gesteckten Fruchtzweigen, oben mit einer Bandschleife gebunden. In der Mitte ein größeres Schild mit drey über einander schreitenden Leoparden mit der Umschrift: Fortis concordia nexus. Darunter 1757. 10 eine feine Mark.

R) Zwey auf einer Wolke erhabene Heiligen, die durch den beygesetzten Namen: S. Wili: und S. Walb: (St. Wilibald und St. Walpurgis) kenntbar gemacht sind. Der erstere im bischöflichen Gewande, an dessen Saume vorn auf der Brust die Worte: Fides, spes, caritas, stehen. Die zweyte, als Aebtißin gekleidet, liegt auf den Knieen und hält ein Buch nebst einem Fläschchen in den Händen. Oben ein Auge in einem mit einer Glorie umgebenen Dreyeck. Umschrift zur Rechten: Hic plantavit. Links: Haec rigavit. Oben: Deus incrementum dedit. Zwischen den Heiligen des Stifts Eichstädt Wappen. Um dasselbe herum: Dirigit et arcet.

397. Raim. Antonius D. G. Ep. Eyst. S. R. I. P. Brustbild mit Perücke.

R) X. Eine feine Marck MDCCLXIV. Wappen mit Fürstenhut, Staab, Kreuz und Schwerdt, neben N. F. Unten: Intima candent.

VIII. Halberstadt.

398. Luneb. Gch. Brustbild in bloßem geschornem Kopfe mit schmalem gekräuseltem Halskragen.

R) Honestum pro patria. Wappen mit drey Helmen, an das sich der wilde Mann lehnt.

399. Der Wahrheitsthaler.

A) Henr. Iulius Dei Gratia Post. Epis. Hal. D. B. e. L. P. P. C. Inschrift: Recte faciendo neminem timeas. 1597.

R) Die nackte Wahrheit mit ausgespannten Armen und glänzendem Haupte tritt auf die Verläumdung und Lügen, die durch die Beyschrift: Calumnia et mendacium, bezeichnet sind. Oben: Veritas vincit omnia. Auswendig 12 Wappensch. in einem Kreise.

400. Der nemliche.
401. Der nemliche.
402. Der nemliche.
403. Der nemliche von 1598.
404. Henricus Iulius D. G. Ep. Ha. Dux Brun. et El. Wappen mit fünf Helmen.

R) Honestum pro patria 1601. Der heil. Andreas mit dem Kreuze.

405. Henricus Iulius Dei Gr. Postulat. Episcopus Halberstad. Dux Brunsvic. et Lune. Der Herzog zu Pferd, unter ihm eine Stadt, Commandostaab, Feldbinde, Degen, Spanische Tracht, geschmücktes Pferd.

R) Honestum pro patria 1609. Das fünfmal behelmte Wappen. Der Werth durch die in der Einfassung befindliche Zahl 10. bemerkt.

IX. Hildesheim.

406. Iodoc. Edm. D. G. Ep. Hild. S. R. I. Pr. Brustbild in Perücke.

R) In pace et aequitate. 24. Mariengrofch. 1691.
407. Frid. Wilh. D. G. Ep. Hild. S. R. I. P.
Bruſtbild mit Perücke und Hermelin.
R) Concordia ſtabili. Wappen mit Für=
ſtenhut, Mantel, Staab und Schwerdt. Un=
ten: I. H. V. U. X Stück eine feine Marck
1768.

X. Minden.

408. Chriſtiano D. G. El. Ep. Mind. Dux Br. et
L. Geſern. Bruſtbild im Spitzenüberſchlage.
R) Iuſticia et Concordia 1620. Das be-
helmte Braunſchweigiſche Wappen mit dem
Mindenſchen Mittelſchilde.

XI. Münſter.

409. Auf die Eroberung der Stadt Münſter.
A) Die Stadt im Proſpekte, darüber das
Bruſtbild des h. Paulus mit der Beyſchrift:
S. Paul. Patron. Im Abſchnitte: Monaſt.
Weſtph. ad obed. reductum Umſchrift: A-
Rv. Cel. D. D. Chriſtoph. Bern. Ep. et Principe Monaſt. A. MDCLXI.
R) Protector meus et in ipſo ſperavi,
qui ſubdit populum meum ſub me. Pſal.
143. Das fünfmal behelmte Wappen.
410. Der nemliche.
411. Der nemliche.
512. Fridericus Chriſtianus D. G. Epiſc. Mona-
ſter. Bruſtbild.
R) Burggrav. Stromb. S. R. I. Prin. D.
in Borckelo. Wappen mit Fürſtenhut, Staab,

Schwerdt und zwey Palmzweigen, oben 1695.

XII. Olmütz.

413. Carolo D. G. Epus Olomucenſis Dux S. R. I. Pcps. Bruſtbild.
R) Re. Ca. Bo. et de Liechtenſtain Co. 1695. Das Wappen mit biſchöflicher Mütze und Fürſtenhut, Staab und Schwerdt.
414. Der nemliche.
415. Dei Gratia Carolus Epiſcopus Olomucenſis. Bruſtbild.
R) Dux Lothar. et Bar. S. R. I. Pcps. Re. Ca. Bo. Co. 1704. Gekröntes Wappen, von zwey fliegenden gekrönten Adlern getragen, hinter demſelben das Johanniterkreuz, Staab und Schwerdt.
416. Mit der nemlichen Inſchrift und etwas verändertem Wappen. 1707.
417. Wolffg. D. G. P. R. E. Presb. Card. de Schrattembach Ep. Olom. Bruſtbild in der Perücke mit der Calotte.
R) Dux S. R. I. P. R. C. B. Com. Con. Germ. S. C. R. M. Con. in. et Actual. Drey Wappenſchilde, darüber der Cardinalshut, das Kreuz, die Inful und der Fürſtenhut, nebſt Staab und Schwerdt. 1716.
418. Iac. Ern. D. G. Epus. Olomucenſis Dux S. R. I. Bruſtbild.
R) Pcps. Reg. Cap. Bo. et de Liechtenſtein Comes 1741. Wappen mit den Inſignien, Inful und Fürſtenhut.
419. Ferd. Iul. D. G. S. R. E. Cardin. de Troyer. Bruſtbild.

R) Epifc. Olom. Dux S. R. I. Princ. Reg. Cap. Boh. Com. Wappen mit Jnful. Fürstenhut, Staab, Kreuz und Schwerdt, über demselben der Cardinalshut, neben 1752.

420. Ant. Theodor. D. G. Prim. A. Ep. Olomú. Dux. Saubitz, unter welchem W.
R) S. R. I. Pr. Re. Cap. Boh. & a Colloredo et Wald. Co. 1779. Wappen mit Jnful und Fürstenhut, Staab, Kreuz und Schwerdt, über demselben der Quastenhut, neben I. C. F. A.

XIII. Osnabrück.

421. Erneft. Auguft. B. z. O. H. z. B. u. L. Helm mit dem springenden Rosse.
R) Sola bona quae honefta 1676. XXIV. Mariengrof.

422. Ern. Aug. D. G. Ep. Osn. D. B. & Lu. Gekröntes Wappen mit Schwerdt und Staab, neben 1681.
R) Sola bona quae honefta. ⅔ fein Silb. Das springende Roß.

423. Erneft. Aug. D. G. Epifc. Osn. Dux Br. et Lu. Gekröntes Wappen mit Schwerdt und Staab, neben 1684.
R) Sola bona &c. Der wilde Mann. ⅔ fein Silb.

424. Erneftus Auguftus D. G. Ep. Osn. D. Br. et Lun. Das Wappen mit fünf Helmen, neben H. B.
R) Sola bona &c. M. DC. LXXXVII. Das springende Roß.

425. Erneſt. Auguſt. D. G. Ep. Osn. D. Br. et Luneb. Gekr. Wappen mit Schwerdt und Staab, neben H. B.

R) Sola bona quae honeſta. Das ſpringende Roß. Unten im Abſchnitte: ⅔ fein Silb. 1690.

426. Erneſt. Auguſt. D. G. Ep. Osn. D. Br. et Lu. Bruſtbild in Perücke und Harniſch.

R) Sola bona &c. MDCXCI. Wappen mit fünf Helmen.

427. Carolus D. G. Epiſ. Osnab. et Olm. Das Bruſtbild mit einer Abbé-Perücke.

R) Dux Lothar. et Bar. S. R. I. Prin. 1701. Das mit dem Fürſtenhute bedeckte W. auf dem Maltheſerkreuze, mit Staab und Schwerdt.

XIV. Paderborn.

428. Ferdinand. D. G. Epi. Pad. Coad. Mon. S. R. I. P. Mit kleiner Schrift: Suaviter et fortiter. Bruſtbild in der Calotte.

R) Com. Pyrmont et Lib. Baro d. Furſtenberg. Wappen mit vier Helmen, Staab und Schwerdt. Unten I. D. K. 1676.

429. Herman. Werner. D. G. Epiſcop. Paderb. S. R. I. Princ. Bruſtbild in der Calotte, mit Ueberſchlage und einem Kreuze auf der Bruſt.

R) Com. Pyrmont et Lib. Baro Wolf. Metternich. Das viermal behelmte Wappen mit Staab und Schwerdt, 1684. Unten: Provide et juſte.

430. Franc. Arnold. D. G. Epiſc. Paderb. et Monaſterien. Bruſtbild.

R) Burgg. Stromb. S. R. I. P. Com. Pyrm. Dom. in Borc. et Wehrt. 1715. W. mit Fürstenhut, Staab und Schwerdt. Unten: Pro lege et grege.

431. Clem. Aug. D. G. Ep. Pad. et Mon. C. Col. U. B. ac S. P. D. Brustbild im Mantel mit Kreuz.

R) Com. Pal. Rh. L. Leucht. B. Str. S. R. I. P. Com. Pyrm. D. in Borck. et W. Das mit Fürstenhut und Mantel bedeckte W. mit Staab und Schwerdt, dem Pfälzischen Herzschilde und Kette vom Michaelsorden. Neben 17—23.

432. Wilh. Ant. D. G. Eps. Paderb. S. R. I. Pr. Com. Pirm. Wappen mit Fürstenhut, Mantel, Staab und Schwerdt. 2/3.

R) XX. Stuck eine feine Marck Convent. M. 24 Mariengrofch. 1765. I. A. S.

433. Der nemliche.

XV. Passau.

434. Ioan. Philip. Cardinal. de Lamberg. Brustbild mit Calotte.

R) D. G. Ep. Patav. S. R. I. Princeps 1712. Wappen mit Staab, Kreuz und Schwerdt, über demselben der Quastenhut.

435. Raymund. Ferd. D. G. Episc. Passav. BB. in bischöflicher Tracht mit der Perücke.

R) Sac. Rom. Im. Princ. ex Comitibus de Rabatta. Das gekrönte Wappen mit den Insignien.

436. Ioseph. Dominic. D. G. Episc. Patav. BB.

R) Sac. Rom. Imp. Princeps Com. de Lamberg 1723. Der Reichsadler mit Kaisers

Krone, auf deſſen Bruſt das Wappen mit Fürſtenhut, Staab und Schwerdt.

437. D. G. Leop. Erneſt. S. R. E. Praesb. Card. de Firmian. Bruſtbild mit Calotte.

R) Exemtae Eccle. Paſſav. Epiſc. et S. R. I. Princ. 1779. Wappen mit Quaſtenhut, über demſelben der Fürſtenhut und Mantel.

XVI. Ratzeburg.

438. Friderich Hertz. zu B. v. L. Coadi. ds Stift Ratzb. Thump. d. E. B. Das geharn. Bruſtbild im Spitzenüberſchlage.

R) Fried ernehrt Unfried verzehrt. W. mit fünf Helmen, unten 1641.

XVII. Regensburg.

439. Regnans Capitulum Eccleſiae Cathedralis Ratisbon. ſede vacante MDCCLXXXVII. 10. Eine feine Mark.

R) Petrus auf dem Schiffe, das biſchöfliche, nebſt 14 andern Wappenſchilden, unten B. K.

XVIII. Straßburg.

440. Lud. Conſt. D. G. Epus et Pps. Argenti. Lan. Al. Bruſtbild mit Calotte.

R) Sit nomen Domini benedictum 1759. Wappen mit Fürſtenhut, Schwerdt und Staab, über demſelben der Mantel mit dem Quaſtenhute. Randſchrift: Deo gloria in excelſis.

XIX. Würzburg.

441. Ioan. Godefrid. D. G. Epifc. Herbip. Franc. Ord. Dux. Bruſtbild.

R) Super omnia Germana fides. Wappen mit drey Helmen. Ohne Jahrzahl.

442. Chriſtoph. Franc. D. G. Ep. Herb. S. R. I. Pr. Fr. Or. Dux. BB. in bloßem Haupte.

R) Miſericordias Domini in aeternum cantabo. Wappen mit 3 Helmen, Schwerdt und Staab, unten 1725.

443. Carol. Philipp. D. G. Ep. Herb. S. R. I. Pr. Fr. Or. Dux. Bruſtbild in Perücke.

R) Wappen mit Fürſtenhut, Schwerdt, Kreuz und Staab, neben 1754, unten B. W. G. N. 10. Eine feine Mar.

444. Ioan. Philip. D. G. Ep. Herb. S. R. I. Pr. Fr. Or. Dux. Bruſtbild.

R) Adjutorium noſtrum in nomine Domini. Wappen mit Fürſtenhut und Mantel, Schwerdt und Staab.

XX. Teutſchorden.

445. Ioh. Euſtach. v. G. G. Adm. des. Hochmaiſte. i. Preuſ. Mai. Teut. Dreymal behelmtes Wappen, auf dem mittelſten Helme das Großmeiſterkreuz.

R) Ord. i. Te. v. Wel. Land. He. zv. Freud. v. Eul. A. 1625. Das Marienbild in einer Glorie.

446. Lud. Ant. D. G. Adm. Pr. Mag. Ord. Teu. Co. Pa. Rh. D. B. l. C. & Mon. Geharn. Bruſtbild in langer Perücke mit Halsbinde und Ordenskreuz.

R) Com. Veld. Spon. M. R. & Morf. D. i. Rav. Fr. & - - - 1687. Das Pfälzische mit einem Kreuz bedeckte Wappen, oberhalb ein Engelskopf und Fürstenhut.

XXI. Corvey.

447. Florentius D. G. Abbas Corbeienfis S. R. I. Princ. Wappen mit drey Helmen, Staab und Schwerdt.

R) Sanctus Vitus Patronus Corbejenfis. Der Heilige, in der Rechten ein Buch, worauf ein Adler, in der Linken ein Palmzweig, zu den Füßen ein Löwe. Unten neben 1709.

XXII. Fulda.

448. Adolph. D. G. S. R. I. Pr. & Ab. Fuld. A. A. P. & G. P. Bruftbild.

R) Candore et amore. Fünfhelmiges Wappen. Unten 1729. Randschrift: Von feinem Silber.

XXIII. Quedlinburg.

449. Anna So. P. b. R. H. i. B. A. z. Q. G. z. V. v. S. Brustbild.

R) Moneta nova arg. Dioec. Quedlinb. Gekröntes Wappen, neben 16 — 76, unten ⅔.

e. Weltliche Fürsten und Herrn.

I. Alte fürstliche Häuser.

Anhalt, gemeinschaftlich.

450. Moneta Prin. T. C. in Anhalt et Afcania F. F. Wappen mit drey Helmen.
R) Fiat voluntas tua Domine. 1589. Der Reichsadler.

Anhalt-Cöthen.

451. D. G. Aug. Lud. Princeps Anhalt. Geh. Brustbild mit steifem Zopfe.
R) Dux. Sax. Angr. et Westph. Com. Afcan. Dom. B. et S. Ein Bär, der ein mit dem Fürstenhute bedecktes Schild hält, darin die Worte: Senior domus, stehen. Abschnitt: Fein Silb. 1.1/3. Reichsthaler. 1747.

Anhalt-Zerbst.

452. Car. Wilh. D. G. Fri. A. C. A. D. S. B. I. b. K. Geharn. Brustbild in lang gekrausten Haaren.
R) Moh. nova arg. Pr. A. L. S. D. I. E. K. Wappen mit Fürstenhut, neben 16—78. C — P. unten 2/3.

Baden,

Baden.

453. Guilhelmᵤ D. G. Mar. Bad. et Hach. Geharn. Bruſtbild mit Kragen.

R) Com. Span. et Eberſ. Dns in Lohr et Malb. Wappen mit 7 Helmen, oben 1624.

454. Mag. Wil. M. B. N. D. W. Adminiſtrat. Car. Aug. M. Bad. et H. Das Badenſche Wappenſchild mit dem Fürſtenhute.

R) Das Ordenskreuz de la fidelité unter dem Fürſtenhute. Oben: Ad legem Imperii cuſa. 1740. unten 60 Kr.

455. Carolus Frid. D. G. Marchio. Bad. & Hoch. Bruſtbild.

R) Ad normam conventionis. Zwey Wappenſchilde mit Fürſtenhut und Ordensband, neben 1763. unten X eine feine Marck. G. W.

Brandenburg.

a. Altfränkiſche Linie.

456. D. G. Georg und Albert Marchion. Brand. z. Sl. Zwey gegen einander geſtellte geharniſchte Bildniſſe Alberts des Jüngern ohne Bart mit zur Kolbe geſchnittenen Haaren und ſeines Vormundes Georgs im Barte und geſchornen Haaren. Oben 1541.

R) Si Deus pro nobis, quis contra nos. Ein Lilienkreuz, in deſſen Mitte der Adler, in den vier Ecken vier kleine Wappen.

b. Neufränkische Linie.

1. Bayreuth.

457. **Marggrafens Christian Ernst Hochzeitthaler.**
A) Memoria domiductionis Brandenburg Wirtenbergicae A. MDCLXXI. Ein Adler, über dessen Kopfe ein Fürstenhut schwebt, von welchem zwey Ketten herabhängen, auf den Flügeln das Brandenburgische und Würtembergische Wappen.

R) Nunc sequitur posthac semper comitatur euntem. Ein Stück vom Thierkreise, das Bild des Löwen und der Jungfrau. Darüber die Sonne und der Planet der Venus.

458. Christianus Mar. Brand. Dux. Magd. Pruss. Stet. Pomer. Geh. BB. in bloßem Haupte, mit hinter das Ohr gekämmten Haaren.

R) Nat9 Coloniae ad Svevum 30. Ianv. 1581. Denatus Baruthi 30. Maj. 1655. Ao. regim. 52. Aet. 74. et 4 mens. Umschrift: Caf. Vand. Stin. Sil. Gros. et Iager. Burg. Norimb. Pr. Halb. et Min.

459. Georgius Guilelmus D. G. Marg. Brand. B. M. St. P. M. &c. Dux. Geharn. Brustbild in der Perücke.

R) In mem. regimi. d. X Maii MDCCXII. suscepti quod felix faustumq. sit. Das mit 9 Helmen bedeckte Wappen.

2. Anspach.

460. Ioachimvs Ernestvs D. G. Marchio Brand. Prussie. Dessen vorwärts sehendes BB. 1620. Unten ein kleines Wappenschild.

R) Ste. Pom. Caſ. Van. Cr. Iag. Dux. Burg. in Nurn. Pr. Rugiae. Das zwölffeldige Wappen in einem verzierten Schilde.

461. D. G. Fridericus. Albertus et Chriſtianus Frat. March. Brand. Die Bruſtbilder dieſer drey Brüder mit vorwärts gekehrten Geſichtern. Unten das kleine Wappen mit der Jahrzahl 1627.

R) Pruſ. St. Po. Ca. Va. Cr. Ia. Duc. Bur. Nv. Pr. Bv. Das dreymal behelmte Wappen.

462. Der nemliche von 1629.

463. Ioh. Frid. D. G. M. Br. & M. Pr. D. B. Nor. Geh.-Bruſtbild in langen Haaren.

R) Pietate et juſtitia 1677. ¥. Das mit dem Fürſtenhute bedeckte Wappen.

464. Ioh. Frid. D. G. Mar. Brand. M. Pr. D. B. Nor. Geh. Bruſtbild in langen Haaren.

R) Pietate et juſtitia. Ein Altar oder Tiſch mit Rauchfaß, Schwerdt und Waage, unten im Abſchnitte ¥. 1679.

465. Wilhelmus Frid. D. G. Mar. Brand. Geh. Bruſtbild mit dem Ordensbande.

R) Das neunmal behelmte Wappen. 1715. Umſchrift: Recte faciendo neminem timeas.

466. Chriſt. Car. tutrix Reg. Bran. On. Deren Bruſtbild im Haarſchmucke, 1726.

R) Die doppelte mit dem Fürſtenhute gekrönte Namenschiffre C. viermal als ein Kreuz zuſammengeſetzt. 1/2 Thaler.

467. Chriſt. Car. tutrix Reg. Brand. Onol. Der Marggräfin Bruſtbild. Am Arme V. (Veßner), unten 1727.

R) Zwey ovale Wappenschilde unter einem Fürstenhute, mit einem fliegenden Bande zusammengebunden.

468. Jubelthaler.

A) Georgius March. Brand. Onoldinus. Geharn. Brustbild. Unten: August. Conf. exhibet MDXXX.

R) Carolus Wilh. Fr. M. Br. D. Bor. B. Nor. Geh. Brustbild. Darunter: August. Conf. sustinet. MDCCXXX.

469. Carolus Wilh. Frid. D. G. M. B. D. P. & S. B. N. C. S. Geharn. Brustbild im Hermelinmantel.

R) Ein Reichsthaler. Vor einem ausgebreiteten Fürstenmantel der Adler mit dem Hohenzollerischen Wappen auf der Brust in einem Schilde, welches das blaue Hosenband mit der Inschrift: Honi soit qui mal y pense, umgiebt. Oben der Fürstenhut und die angehangenen Ordensketten vom Hosenbande und schwarzen Adler. 1752.

470. Alexander D. G. March. Brand. Brustbild im Harnisch.

R) Der Adler mit dem Hohenzollerischen Wappen auf der Brust, neben 1779, sodann 32 einzelne Wappenschilde in zwey Reihen um dasselbe.

Braunschweig.

1. Mittlere Wolfenbüttelische Linie.

471. Henric. D. Gr. Dux Bruns. et Lunebur. Brustbild in kurzen Haaren, Pelze, Hütchen und umhangendem Vließe, darneben 59.

R) In Got. Gew. H. I. Gſtd. H. Geſ. D. M. G. Vierfeldiges Wappen mit einem Helme, Vlteßkette und wilden Manne.

472. Iulius D. G. D. Brun. et Lun. N. R. M. A. D. I. Wappen mit drey Helmen.

R) Aliis inſerviendo conſumor Goslariae. Wilder Mann, in der Rechten einen ausgewurzelten Baum, in der linken einen Todtenkopf, unter welchem eine Sanduhr, unter dieſer aber eine Brille. Vor dem wilden Manne lauft ein zügelloſes Pferd, um welches die Buchſtaben W. H. D. A. L. V. B. D. S. S. N. H. V. K. W. unterm Bauch die Jahrzahl 1558, über deſſen Haupt die Buchſtaben I. M. C. M. 1/2 Thaler.

473. Frideric. Vlric. D. G. Dux Brunsvic. et L. Das fünfmal behelmte Wappen.

R) Deo et patriae. Anno 1616. Der wilde Mann mit dem ausgewurzelten Baume.

2. Neue Wolfenbüttelſche Linie.

474. Der zweyte Glockenthaler.

A) Auguſtus Hertzog zu Bravnſ. vnd Lv. Das geharniſchte Bruſtbild bis an den Schoos von der linken Seite, in bloßem Haupte, mit ſpitzem Ueberſchlage, in der Rechten den Regimentsſtaab, in der Linken den beſiederten Helm haltend; den Degen an der Seite.

R) Eine aufgehangene Glocke ohne Klöppel, mit einem Schwengel, von welchem ein Strang herabgeht. Auf der Glocke: T. S. G. E. B. Unter der Glocke: Uti. ſic. niſi. Die Umſchrift: Alles mit Bedacht. Anno 1643.

475. Der siebente Glockenthaler.

A) Augustus Hertzog zu Braunſ. v. Lun. Das fünfmal behelmte herzogliche Wappen.

R) Eine in ihrem Stuhle hängende Glocke mit drey Strängen, welche eben so viele Hände ziehen. Darauf die Buchstaben: Nu. Pac. ex so. ej9. Im Prospekte die Stadt und Festung Wolfenbüttel, über welcher die Sonne scheint. Umschrift: Tandem patientia victrix Ano 1643.

476. Der Schiffthaler.

A) Augustus Hertzog zu Braunſ. vnd Lun. Dessen vorwärts sehendes Brustbild mit der Calotte und einer Feldbinde.

R) Ein großes zur Abfahrt bereites Schiff. Am Ufer steht ein Mann, der zu überlegen scheint, ob er zu Schiffe gehen soll oder nicht. Ein anders Schiff segelt in der offnen See. Auf dem Ufer liegen zwey kreuzweis gelegte Schlüssel. Ueberschrift: Alles mit Bedacht. Unten: Iacta est alea.

477. Augustus v. G. G. Herzog zu Brunswyk und Luneb. Der Herzog zu Pferde im Harnische, einen hohen befiederten Hut auf dem Kopfe und den Commandostaab in der rechten Hand.

R) Alles mit Bedacht. Anno 1655. H. S. Das fünfmal behelmte Wappen.

478. Augustus Hertzog zu Braun. u. Lu. Wappen mit fünf Helmen.

R) Alles mit Bedacht. Anno 1653. H. S. Der wilde Mann.

479. Augustus Hertzog zu Braunſ. u. Luneb. Brustbild.

R) Alles mit Bedacht. 1653. Wappen mit fünf Helmen.

480. Wie Nro. 478. von 1660. Der wilde Mann, den Baum in die Quere haltend.
481. Der nemliche von 1661.
482. Wie Nro. 477. von 1662. (2)
483. Wie Nro. 477. von 1662. (1½)
484. Wie Nro. 477. von 1664. (1¼)
485. D. G. Rudolph. Avgvstvs Dux Bruns. et Lu. Brustbild.

R) Eine Trommel, auf welcher ein Buch mit der Inschrift: I. Maccabaeorum cap. 15. v. 33. 34. Zu beyden Seiten allerhand Kriegsgeräthe. Ueberschrift: Iure et armis. Abschnitt: 12 Iuny 1671.

486. Rud. Aug. D. B. e. Luneb. Geharn. BB. in Spanischer Perücke.

R) XXIIII. Mariengrosch. 1675. Löw in einem Palmenkranze.

487. D. G. Rudolp. Augustus Dux B. e. L. Der Herzog zu Pferde, einen Hut mit Federn auf dem Kopfe, den Commandostaab in der rechten Hand haltend, unter dem Pferde ist der Werth (2.) eingeschlagen.

R) Remigio altissimi. Das fünfmal behelmte Wappen. Unten 1679.

488. D. G. Rud. Aug. & Anth. Ulr. DD. Br. & Lu. Der wilde Mann, der den zur Linken stehenden Baum nur bey einem Zweige hält, neben 24.

R) Remigio altissimi uni 1694. 24. Mariengrosch. v. fein Silb.

489. D. G. Rud. Aug. & Anth. Ulr. DD. Br. & L. Das springende Roß, unten 2/3.

R) Furſt. Brunſ. Luneb. Muntz 1694.
XIIII Mariengroſchen. H. C. H.
490. Der nemliche.
491. D. G. Rud. Aug. & Anth. Ulr. DD. Br. &
Luneb. Das ſpringende Roß, unten 2/3.
R) Furſtl. Brunſ. Luneb. Muntz 1699.
XIIII. Mariengroſch. H. C. H.
492. Begräbnißthaler von 1704.
A) Rudolphus Auguſtus D. G. Dux Br.
& L. BB. im Harniſche und der Perücke.
R) Lateiniſche Inſchrift von 17 Zeilen.
493. Diva Eliſab. Iulia D. G. D. Brun. et Lun.
Bruſtbild. Darunter: Nata 1634. Denata
1704.
R) Die Herzogin in Wolken ſchwebend.
Unter ihr der Proſpekt von Salzthalen. Im
Vorgrunde eine Krone, die auf einem Kiſſen
liegt. Ueberſchrift auf einem gekrümmten
Bande: Deſeruiſſe juvat.
494. Der nemliche.
495. Antonius Ulricus. D. G. Dux Br. et Lun.
Geharn. Bruſtbild in der Perücke.
R) Das Wappen. Umſchrift: Conſtanter.
Unten 1706. H. C. H.
496. D. G. Anthon Ulrich Dux Br. & Lun.
1708. 24. Mariengroſch. v. fein Silb.
R) Conſtanter. Der wilde Mann hält den
zur Linken ſtehenden Baum beym Zweige,
neben 24.
497. Der nemliche von 1711.
498. Lud. Rud. D. G. Dux Bruns. et Lun.
Bruſtbild im Harniſch und Gewand.
R) Das laufende Pferd. Veſtigia premo
majorum. MDCCXVI. H. C. H.

499. Reformations=Jubelthaler von 1717.
A) Auguſtus Wilh. D. G. Dux Br. et Lun. Geh. Bruſtbild im Gewande.
R) Eine Lateiniſche Inſchrift von 15 Zeilen.
500. D. G. Auguſtus Wilhelmus Dux Br. et Lun. 1721. 24. Mariengroſch. fein Silber. C.
R) Parta tueri. Der wilde Mann hält mit der Linken den Baum, neben 24.
501. D. G. Auguſtus Wilhelmus Dux Br. & Lun. 1725. Wappen mit fünf Helmen.
R) Parta tueri. Der wilde Mann, in der linken Hand den Baum haltend, unten E. P. H.
502. Der nemliche.
503. Der nemliche von 1727.
504. Die Chiffre A. W. unter einem Fürſtenhute. Umſchr. D. G. Dux Brunsvic. et Luneburg.
R) Parta tueri. Das ſpringende Roß. 1729. E. P. H.
505. Die Chiffre A. W. unter einem Fürſtenhute. Umſchrift: D. G. Dux Brunsvic. et Luneb. E. P. H.
R) Parta tueri. Springendes Roß, unten fein Silb. ₮. 1736.
506. D. G. Carolus Dux Brunsvic. & Luneb. 1740. 24. Mariengroſch. fein Silber. J. B. H.
R) Nunquam retrorſum. Der wilde Mann, in der Linken den Baum haltend, neben 24.

3. Neue Lüneburgiſche Linie.

507. Chriſtian. Ludovicus D. G. Dux Br. et Luneb. Das Wappen mit fünf Helmen, neben L. W.

R) Sincere et conſtanter. Anno 1661, Das ſpringende Roß mit dem Lorbeerkranze umgeben.

505. Johan. Friedrich D. G. Dux Bruns. et Luneb. Wappen mit fünf Helmen.

R) Anno 1665. Das ſpringende Pferd, mit dem Lorbeerkranze umgeben.

509. Johan. Friedrich D. G. Dux B. e. L. Der wilde Mann, in der rechten Hand den Baum haltend, neben 12.

R) Ex duris gloria, 1674. XII Mariengroſ.

510. Fürſtl. Br. Lun. L. M. v. fein Silber. XXIII. Mariengroſch, 1675.

R) St. Andreas reviviſcens. Der heilige Andreas mit Kreuz.

511. Joan. Frider. D. G. Dux. Br. e. L. BB.

R) Ex duris gloria. Ein Palmbaum auf einem Felſen im Meere, unten ⅔ v. fein Silb. 1677.

512. Johan. Frider. D. G. Dux Br. et Lv. Deſſen römiſch gekleidetes Bruſtbild in Spaniſcher Perücke.

R) Ein Palmbaum auf einem Felſen. Ueberſchrift: Ex duris gloria. Unten: R. 1679.

513. Georg. Wilhelm. D. G. Dux Bruns. & Luneb. 2/3.

R) Quo fas et gloria ducunt 1690. Das ſpringende Pferd, unter demſelben I. I. I.

514. Georg. Wilhelm. D. G. Dux Bruns. & Lun. XXIIII. Mariengroſ.

R) Quo fas et gloria ducunt 1691. Das ſpringende Pferd. Unten I. I. I.

Hessen.

Vor der Theilung.

515. Philip. D. G. Landg. Hassie C. K. D. Z. N. A. 1552. Fier. fe. Geharn. Brustbild von der linken Seite, mit vorwärts gekehrtem, fast völligem Gesichte, in bloßem Haupte mit kurz verschnittenen Haaren und Barte. Auf der Brust ein langer Stachel, in der Rechten der Commandostaab, die Linke an den Degen gelegt.

R) Fünf ins Kreuz gestellte Wappenschilde, zwischen denen die Buchstaben: P. S. E. D. S. Umschrift: Bess. Land. v. Lud. v. Iorn. Als en falsch. Aid geschworn.

516. Der nemliche (Abguß).

Nach der Theilung.

Cassel.

517. Wilhelm9. D. G. Landgravi9 Hassiae Com. C. D. Z. et N. Der gekrönte Hessische Löwe, um denselben die Jahrzahl 1637.

R) Uno volente humilis levabor. Der Prospekt einer Stadt. Vor derselben ein Baum, in den das Wetter einschlägt. Oben der Name: Iehovah.

518. Carolus D. G. Hass. Landg. Geharn. BB. in Spanischer Perücke.

R) Pr. Hersf. C. C. D. Z. N. et S. Das gekrönte Wappen mit fünf Helmen. Unten: 1693.

519. Fridericus II. D. G. Haff. Landg. Han. Com. Geharn. Brustbild mit gebundenem Haare, Ordensband und Stern.

R) Das gekrönte von zwey gekrönten Löwen gehaltene Wappen mit: Honi soit qui mal y penfe. Unten ⚜ Marck f. Silber.

520. Wilhelm. D. G. Landg. et Pr. Her. Haff. Com. Han. Geharn. Brustbild mit Elephantenorden.

R) X. Eine feine Marck. Gekröntes W. von zwey gekrönten Löwen getragen.

521. Wilhelmus IX. D. G. Haff. Landg. Com. Han. Brustbild.

R) X. Eine feine Marck. Das gekrönte Wappen, von gekrönten Löwen gehalten, mit der Ordenskette vom Elephantenorden, unten in einer Einfassung: Biberer Silber 1785. I. F. H.

Darmstadt.

522. Ludovicus D. G. Landg. Haffiae Com. I. Ca. Geh. Brustbild mit stehendem Kragen. Am Arme: H. I. S.

R) In te Domine confido. Ann? 1623. Wappen mit drey Helmen.

523. Ernest. Lud. J. D. G. Haff. Landgr. Princ. Hersf. Geharn. Brustbild in langer Perücke.

R) Moneta nova argentea Darmstadina. Das fünfmal behelmte W. In der Randschrift: In te Domine speravi non confund. in aeter. 1696.

524. Ludovicus VIII. D. G. Landgravius Haffiae. Geh. Brustbild mit Fürstenmantel und Ordensband.

R) Sincere et conſtanter. Wappen mit fünf Helmen, neben 1751. A. K.

Holſtein.

525. Fridericus D. G. Dux Sles. et Holſat. SI. geſchlungen. Geh. BB. mit Spitzenkragen.

R) Virtutis gloria *Meces.* Dreymal behelmtes Wappen, oben: 1628.

Jülich.

526. In Deo ſpes mea. Guilhelmus D. G. Das geharniſchte Bruſtbild mit einem niedrigen Hütchen.

R) Dux Iul. Cliv. et Berg. Com. Mar. Ra. Wappenſchild ohne Helm. Ohne Jahrzahl.

527. Guili. D. G. Iulia. Clivor. z. Mont. Dux. &c. Geharn. Bruſtbild bis an den Schoos, mit Streithammer in der linken Hand.

R) In Deo ſpes mea. A⁰ Dn. 1588. Wappen mit drey Helmen.

Lothringen.

528. Anthonius D. G. Lotho2| et B4 Dux. Das mit rundem Hute bedeckte Bruſtbild von der rechten Seite.

R) Renata de Borboia Lotho2| et Ba2| Duciſſa. Bruſtbild von der linken Seite.

529. Leop. I. D. G. Lot. Bar. Rex Ier. BB.

R) In te Domine ſperavi 1724. Wappen mit Krone. (Kleiner Thaler).

Mecklenburg.

530. Iohan. Alber. Dux Megap. Das behelmte Wappen. Unten: 1549.

R) Domine ne da inimicis verbi tui te. Des Herzogs bärtiges Brustbild in einem Wamse mit hohem schuppigem Hute und herabhangender Binde, eine Kette um den Hals und über die Brust.

531. Albert. D. G. Dux Mega. Frid. et Sag. Pr. Van. Geharn. Brustbild im Gewande mit vollem Gesichte, bloßem Haupte und aufstehendem Kragen.

R) Com. Sue. Do. Rof. et Stargar. 1631. Das mit einem Fürstenhute bedeckte und goldener Vließkette umgebene Wappen.

532. Christian. Ludov. D. G. Dux. Brustbild in Spanischer Perücke.

R.) Mecklenburgensis 1675. Wappen, über welches zwey Engel eine Krone halten, neben: W. E. Unten die zwey Französischen Ordensketten. 1/2 Thaler.

Oesterreich.

533. Sigismundus Archidvx Austrie mit Mönchsschrift. Dessen geharn. mit dem Erzherzoglichen Hute gekrönte Bildniß, einen Zepter in der Rechten, mit der linken Hand das Gefäß des Degens haltend.

R) Ein Turnierritter zu Pferde im Galopp. Unter dem Pferde die Jahrzahl 1484. Rundherum 13 kleine Wappenschilde, unten das größere Oesterreichische mit den fünf Lerchen. 1/2 Thaler.

534. Ferdinand. D. G. Archidux Auſtriae. Geharn. Bruſtbild bis an den Schoos, den Erzherzoglichen Hut auf dem Kopfe, Zepter in der Rechten, mit der Linken den Degen anfaſſend.

R) Dux Burgundie Comes Tirolis. Das gekrönte Wappen mit Vließkette und Tyroliſchem Mittelſchilde. Ohne Jahrzahl.

535. Der nemliche: *Auſtri, Burgundiae.*
536. Der nemliche: *Auſtriae, Burgundiae.*
537. Der nemliche: *Ferdinandus.*
538. Der nemliche.
539. Der nemliche Avers.

R) Dux Bu. Land. Alſa. Com. Phirt. In der Umſchrift zwey kleine Wappenſchildchen, in der Mitte das gekrönte Wappen mit der Ordenskette und Elſaßiſchen Mittelſchildchen. Ohne Jahrzahl.

540. Derſelbe: *Burg.*
541. Max. D. G. Arch. Auſt. Dux Bur. Mag. Pruſſ. Admi. Der Erzherzog geharniſcht, mit Herzogshut, Mantel und Kreuz, in der Rechten das abwärts gekehrte Schwerdt, auf der einen Seite den Oeſterreichiſchen Wappenſchild, von einem Löwen getragen, auf der Linken den gekrönten Oeſterreichiſ. Helm mit Pfauenfedern.

R) Ein geharn. Reiter mit der Fahne, unten 1603 und der große Ordensſchild, ſodann 14 kleinere Schilde im Umkreiſe.

542. Der nemliche.
543. Ein halber Thaler mit nemlichem Avers und Rev. von 1612.

R) Max. D. G. Ar. Au. Dux. Bur. Magiſ. Pruſſ. Admi.

544. Maximilianus D. G. Arc. Au. Dux Bur. Stir. Carn. Geh. Brustbild mit dem Kreuze auf der Brust. Auf den Seiten 16. 15.

R) Et Carn. Mag. Pruſſ. Admi. Comes Ha. et Tiro. Das gekrönte durch das aufgelegte Ordenskreuz quadrirte Wappen.

545. Der nemliche.
546. Maximil. D. G. Ar. Au. Dux Bur. Stir. 1617.

R) Et Carn. Mag. Pruſſ. Ad. Com. H. et Tirol. Das nemliche Wappen.

547. Maximil. D. G. Arc. Au. Dux. Burg. Stir. Carn. Ohne Jahrzahl.

R) Wie der vorige.

548. Albertus et Eliſabet Dei Gratia. Das Burgundiſche Kreuz mit angehangenem goldenem Vließe. Oben der Erzherzogliche Hut. An jeder Seite des Kreuzes die gekrönte Chiffre A. E.

R) Archi. D. Auſt. Duces Burg. et Brab. ꝛc. Das mit der Krone und Vließordenskette geschmückte Wappen. Ein Kreuzthaler ohne Jahrzahl.

549. Der nemliche.
550. Der nemliche Avers und Rev. Archid. Auſt. Duces Burg. Dom. Torn.
551. Der nemliche.
552. Der nemliche Avers.

R) Archid. Auſt. Duces Burg. Co. Fla. 16 . .

553. Der nemliche Avers.

R) Archid. Auſt. Duces Burg. Brab. ꝛ. 1619.

554. Der nemliche von 1621.

555. Leopold. et Archiduces Auſt. Duc. Burg. Bruſtbild in bloßem Haupte und geiſtlichem Habit. Unter der Schulter 1620.

R) Stiriae Carint. Carn. Land. Alſ. Das mit einem kronenförmigen Hute bedeckte Wappen. Auf den Seiten zwey mit Inſuln bedeckte Wappen von Straßburg und Paſſau, unten zwey Wappenſchildchen mit Abtsmützen bedeckt, wegen Luders und Murbach.

556. Leopoldus nec non caeteri D. G. Archid. Auſtri. Deſſen Bruſtbild in bloßem Haupte, im geiſtlichen Habit. Neben dem Kopfe die getheilte Jahrzahl 16. 20.

R) Duc. Burg. Styr. Car. et Carn. Com. Tyrol. Wappen ohne Biſchofsſtaab, Tyroliſches Mittelſchild, unten die kleinern Wappen von Straßburg und Paſſau.

557. Carolus D. G. Arc. Au. Dux Bur. Stir. Carn. Geharniſchtes volles Bruſtbild in kurzen Haaren und Bart, mit ſteifem Halskragen, ein Kreuzchen auf der Bruſt, neben die getheilte Jahrzahl 1623.

R) Et Carn. Mag. Pruſſ. Ad. Com. Ha. et Tirol. Das gekr. durch ein Lilienſtaabkreuz quadrirte Wappen.

558. Leopoldus D. G. Archid. Auſtriae Dux Burg. S. Caeſ. M^{tis} et reliq. Bruſtbild in geiſtlicher Kleidung, neben die getheilte Jahrzahl 16 24.

R) Archid. Gubernator plenarius Come. Tir. Das mit Erzherzoglichem Hute bedeckte Wappen mit Tyroliſchem Mittelſchilde.

559. Leopoldus D. G. Archidux Auſtriae. Geharniſchtes Bruſtbild mit dem Erzherzoglichen Hute auf dem Haupte, den Zepter in

der Rechten, die Linke an den Degen gelegt. 1632.

R) Dux Burgundi. Comes Tirolis. Das gekrönte Wappen mit der Vlteßordenskette.

560. Ferdinand. Carol. D. G. Archidux Auſt. Geharn. Bruſtbild in ſtarken Haaren.

R) Dux Burgund. Comes Tyrolis. Das mit dem Erzherzoglichen Hute und der Ordenskette geſchmückte Wappen, mit dem Tyroliſchen Mittelſchilde. Inwendig 1646.

561. Sigismundus Franc. D. G. Archidux Auſt. Geh. Bruſtbild in bloßem Haupte, Spitzenüberſchlag und Ordenskette.

R) Dux Burgund. Com. Tyrolis. 1665. Das mit Ordenskette umgebene gekrönte W. mit Tyroliſchem Mittelſchilde.

562. Mar. Thereſia D. G. Reg. Hung. Boh. Bruſtbild.

R) Archid. Auſt. Dux Burg. Com. Tyr. 1745. Das von zwey Greifen gehaltene Wappen mit Krone und Oeſterreichiſchem Mittelſchilde.

Rhein-Pfalz.

1. Simmeriſche Linie.

563. Iohanes D. G. Co. Pal. Re. D. Ba. I. Spa. Vorwärts gekehrtes Bruſtbild mit Haube und Barette, nebſt Ordenskette.

R) Monet. nova Simernſ. An. 56. Drey Wappenſchilde mit einem Helme.

564. Iohanes D. G. Co. Pal. Re. D. Bav. I. Spainh. Bruſtbild mit kleinem Hute im Gewande. Neben: Aet — 47.

R) Monet. nov. Simerenſ. anno 5 . . .
Drey Wappenſchilde mit einem Helme. 1/2
Thaler.

2. Neuburgiſche Linie.

565. Wolfg. Wil. D. G. C. Pa. Rhe. D. Ba. Iul. Cli. et Mo. Bruſtbild in kurzen Haaren, Spaniſchem Kragen, Harniſch, Feldbinde und Vließorden. Inwendig: In Deo mea conſolatio.
R) Co. Vel. Sp. Mar. Rav. et Mor. Dom. i. Rav. Das mit dem Fürſtenhute bedeckte und der Vließkette umgebene Wappen, neben 1623 getheilt.

566. Wolf. Guil. Co. Pal. Rh. D. Bav. Iul. Cliv. et Mont. Bruſtbild in kurzen Haaren, mit Spaniſchem Kragen, Harniſch, Feldbinde und Vließorden.
R) Co. Vel. Spon. Mar. Rav. et Mor. Do. in Rave. Das mit dem Vließorden umgebene und mit dem Fürſtenhute bedeckte Pfälziſche Wappen, oben getheilt 16—23. 1/2 Thaler.

567. Wolfg. Wilh. D. G. Co. Pal. Rhe. Dux Bav. Iul. Cl. i. Mone. Geharn. Bruſtbild in bloßem Haupte mit Vließorden.
R) Co. Veld. Spon. Mar. Ra. et Morſ. D. in. Ra. 1632. Das von zwey hervorragenden Engeln gehaltene, mit der Vließkette umgebene und dem Fürſtenhute bedeckte Wappen.

568. Phil. Wil. D. G. Com. P. Rhe. D. Bav. Iul. Cle. et Mont. Bruſtbild in Perücke.

R) Moneta nova argentea Pal. Neobur. 1674. Das mit der Bließkette umgebene und dem Fürstenhute bedeckte Wappen.

569. Iohan. D. G. Co. Pa. Rhe. Dux Ba. Iul. Cli. et Mon. Geh. Brustbild in kurzen Haaren mit Umschlag.

R) Co. Ve. Sp. Ma. et Ra. Do. in. Rave. 1624. Das vollständige Wappen mit fünf Helmen.

570. Iohan. D. G. Com. Pala. Rhe. Dux Ba. Iul. Cli. et Mont. Vorwärts gekehrtes Brustbild mit Spitzenkragen, Harnisch und Feldbinde.

R) Co. Ve. Spo. Mar. et Rav. Do. in Ravens. 1626. Das Pfälzische Wappen mit fünf Helmen.

3. Veldenzische Linie.

571. Leopold. Ludovicq. D. G. C. P. R. D. B. et Com. Veldentiae. Geharn. Brustbild mit Feldbinde.

R) Verbum Domini manet in aeternum. Das Pfälzisch=Veldenzische Wappen mit zwey Helmen, zwischen denselben 1 — 67 — 2. 1/2 Thaler.

572. Der nemliche.
573. Der nemliche.
 A) *Ludovic.*
 R) Jahrzahl 16 — 73.
574. Der nemliche.
575. Der nemliche.
576. Derselbe.
577. Der nemliche.
578. Der nemliche.
579. Der nemliche.

580. Derselbe.
581. Derselbe.
582. Derselbe.

4. Birkenfeldische Linie.

583. Christian. IV. D. G. C. P. R. Bav. D. Ge=
harn. Brustbild mit Orden.

R) Ex fodinis Bipontino. Seelbergensibus 1754. Wappen mit Fürstenhut und Or=
denskette.

584. Christian. IV. D. G. C. P. R. Bav. Dux.
Brustbild.

R) 10 Auf eine Marc Fein. Wappen mit
Ordenskette, Palm= und Lorbeerzweig. Oben
17 — 60.

Pommern.

585. Philipp Julius Sterbethaler von 1625.

A) Philippus. Iulius D. G. Dux Stet.
Pom. Cassu. et Van. Geharn. Brustbild mit
Mantel, großen gefalteten Spitzenkragen.

R) Inschrift von 10 Zeilen.

586. Carolus XI. D. G. Rex Sue. G. & V. Ge=
harn. Brustbild im Mantel.

R) Mon. nov. Pomer. citerioris. ♃. 1690.
Das von zwey behelmten wilden Männern
gehaltene Wappen.

Sachsen.

1. Lauenburg.

587. Iul. Franc. Sax. Ang. Westph. Dux. Geh. Brustbild.

R) Thu Recht Scheu Nimandt. Gekröntes Wappen. ♃. 1678.

588. Iul. Franc. Sax. Ang. Westph. Dux. Dessen geharnischtes Brustbild in bloßem Halse.

R) Das behelmte Wappen mit den Sächsischen Churschwerdtern im vierten Felde. Oben: 1683. Unten herum: Nach altem Schrot und Korn.

2. Alt-Gotha.

589. D. G. Ioa. Fri. II. Du. Sax. Lan. Th. et Mar. Misni. Das geharn. Brustbild in bloßem Haupte und vollem Gesichte, in der Rechten den Zepter, mit der Linken den Degen haltend. Neben die getheilte Jahrzahl 1566. Sechs kleinere Schilde in der Umschrift.

R) D. G. Ioh. Wilh. Du. Sax. Lan. Th. et Mar. Misni. Volles Brustbild, geharn. mit dem Commandostaabe, links sehend.

590. D. G. Ioh. Casi. et Ioh. Ernes. Fra. Duces Sax. Zwey geharn. Brustbilder mit Kragen und bloßen Häuptern gegen einander sehend, im Abschnitte 1585.

R) Lant. Thur. e. Mar. Mis. mone. Imperi. Das Wappen mit drey Helmen.

591. D. G. Ioh. Casi. et Ioh. Ernf. Fra. Duces Saxo. Zwey geharn. Brustbilder gegen ein-

ander sehend, mit größern Kragen und bloßen Häuptern, im Abschnitte 1592.

R) Lantg. Thur. et Marchio Misn. mone. Imperi. Das mit 12 Wappenschilden umgebene Sächsische Wappen.

592. 2/3 Thaler, wie Nro. 591.
A) *Sax.* im Abschnitte 1595.
R) *Mis.*

593. Der nemliche.
A) *Saxoni*, im Abschnitte 1596.
R) *Thuri. Misni.*

594. Der nemliche.

595. D. G. Ioh. Casi. et Ioh. Ern. Fra. Du. Sax. Iuliae Cli. et Mon. Inwendig: Frid ernehrt Unfrid verzehrt. Zwey Brustbilder gegen einander sehend, geharnischt, mit bloßen Häuptern und Spitzenkragen.

R) Landg. Thu. Mar. Mis. Com. Mar. et Ravens. Dn. in Rav. In der Mitte ein Turnierritter zu Pferde mit der Jahrzahl 1613, nebenzu zwey kleine Wappenschilde und ringsherum 16 größere.

3. Altenburg.

596. D. G. Fride. Wil. et Iohane. Fra. Duces Saxo. Beyder gegen einander sehende BB. im Gewande und bloßem Haupte, im Abschnitte 1578.

R) Lant. Thu. et Mar. Mis. mone. Imperi. Wappen mit drey Helmen.

595. D. G. Fri. Wil. Du. Sax. Lan. Thur. Mar. Mi. Mo. Imp. Brustbild in vollem Gesichte, Mantel, Kragen und Koller, neben die ge-

theilte Jahrzahl 1584. Die Umschrift von 6 Wappenschilden unterbrochen.
598. Der nemliche.
599. Der nemliche von 1585.
600. Dei Gra. Iohan. Philip. et Friderl. Zwey gegen einander sehende Brustbilder in bloßem Haupte und Mantel. Drey Wappenschilde in der Umschrift.

R) Ioh. Wil. et Frid. Wil. Fra. et Du. Sa. Zwey gegen einander sehende Brustbilder mit bloßem Haupte und Mantel, über denselben die Jahrzahl 1608.

4. Weimar.

601. D. G. Io. Ernes. Fridericus Wilhelmus Albertus. Vier Brustbilder in vollem Gesichte mit Mänteln und dreyfacher Kette. Im Abschnitte: Mon. nov. arg. VIII. Frat. Dux Sax. Zwischen der Umschrift drey Wappenschilde.

R) Io. Fridericq. Erneftus. Frid. Wilhelm. Bernhardq. Vier andere Brustbilder im nemlichen Costume, vier Wappenschilde zwischen der Schrift. Im Abschnitte: **Lineae Vinariensis** 1609.

602. D. G. Ioh. Ern. Iun. Dux Sax. Iu. Cl. et M. suo et tut. nom. Die Brustbilder der 8 Prinzen, worunter eins bis an die Knie geharnischt, im Kragen und Feldbinde.

R) Frid. Wilh. Albert. Io. Frid. Ern. Frid. Wilh. et Bern. F. F. Das sechshelmige Wappen, neben den Helmen die Jahrzahl 1616.

603. D. G. Ioh. Phil. Frid. Ioh. Wilh. et Fr. Wil. Frat. Geharn. Brustbild mit Commandostaab und Helm neben sich, oben 1624. Vier Schilde in der Umschrift.

R) Duc. Saxon. Iul. Clivi. et Mont. Lin. Alden. Drey Brustbilder im Panzer und Feldbinde, fünf Schilde in der Umschrift.

604. Der nemliche von 1625.

605. D. G. Wilhelmus Dux. Sax. Iul. Cliv. et Montium. 1658. Geharn. Brustbild in vollem Gesichte.

R) Wilhelmsburg, im Abschnitte das Chronodistichon: sIC bene VVILheLMVs feCIt faCIetqVe bene VLtra Vt rata VerIfLVo est eLLogIo genItrIX.

606. Wiih. Ernest. I. D. G. Dux Sax. I. C. M. A. et W. Das geharnischte Brustbild in der Perücke.

R) Das fürstliche Schloß zu Weimar, von der untergehenden Sonne bestrahlet, oben: Non omnis moriar — unterhalb in der Rundung: Verblasset gleich ihr Licht stirbt doch die Wirkung nicht. Im Abschnitte: In memor. natalis Principis novaeque piae fundation XXX. Oct. MDCCXVII.

607. Ern. Aug. Constantin. D. G. Dux Sax. I. C. M. A. & W. Brustbild im Harnische, Mantel und Ordensband.

R) Iustitia et clementia. Der Sächsische gekr. Schild mit 19 kleinern Schilden umgeben. Randschrift: Memor. regim. auspicat suscepti MDCCLVI. 1756.

5. Neu-Gotha.

608. Fridericus Dux Sax. I. C. et Mont. Das mit dem Fürstenhute bedeckte Wappen, neben die getheilte Jahrzahl 1675.

R) Per aspera ad astra. Der Buchstabe F unterm Fürstenhute zwischen zwey Palmzweigen, zwischen der Umschrift vier Wappenschilde.

609. Auf die Einweihung der Schloßkirche zu Friedrichswerth.

A) Frideric. D. G. Dux Sax. I. C. & Mont. Geh. Brustbild in Spanischer Perücke.

R) Arcem et templum Friderichswerthe. Im Abschn. Inaugurari fecit. Das Schloß und die Kirche. D. 19 Iul. 1689.

610. Fridericq. D. G. D. S. I. C. M. A. et W. Geharn. Brustbild in Spanischer Perücke, Ordensband und Mantel.

R) Landg. Th. M. M. Pr. D. C. Hen. C. M. E. R. D. R. E. Ton. Das sechsmal behelmte Wappen, unten 1712.

611. Fridericus III. Dux Sax. I. C. M. et Adm. Duc. Isenac. Geharn. Brustbild mit Ordenskette (Ritter St. Georg).

R) Inschrift von 12 Zeilen. Oben der grössere Sächsische gekrönte Schild und 19 kleinere um die Umschrift. Randschrift: Pietate et Iustitia.

612. V. G. G. Iof. Fried. H. zu Sachsen &c. &c. Obervormund und Landesregent. Brustbild in bloßem Halse.

R) Ein geharnischter Mann stützt sich mit der Rechten auf das Schwerdt und hält in der Linken den gekr. Sächsischen Schild.

6. Saalfeld.

613. Iubilaeum Saalfeldia agit in laetitia. Des Herzogs Johann Ernsts VIII Brustbild im Harnisch mit Commandostaab in der Rechten, mit der Linken den Helm haltend.

R) Dogmata Lutheri stabunt in secula. Luthers Brustbild mit vollem Gesichte, neben 15—17.

614. Iohann. Erneſt. VIII. D. Sax. I. C. M. A. & W. Geharn. Brustbild mit Spanischer Perücke. Nat. 22. Aug. 1658. D. 17. Dec. 1729. Aet. 71. An. Menſ. 3. 15 Dies.

R) Coelo redux intaminatis fulget honoribus. Ein Monument mit oben stehender Urne und dem Chiffre I. E. Parenti optimo Principi pio juſto clem. filialis pietas concord. fratrum monumentum P. P.

615. Franciſcus Ioſias D. G. D. S. Coburg Saalfeld. Brustbild mit Harnisch, Mantel und Ordensband.

R) X. eine feine Marck 1764. Das W. mit Krone.

7. Gemeinschaftlich Ilmenau.

616. D. G. Ducum Saxon. mon. communis Hennebergenſis. Sächsischer Schild mit Fürstenhut, oben getheilte Jahrzahl 1692.

R) Felix fodinarum Ilmenauienſium reparatio. Die gekrönte Henne auf einem Fuße stehend. 2/3.

617. Der nemliche: *Ilmenauienſ.*

Schlesien.

618. Frideri. D. G. Dux. Slesi. Legenic. z. Brigen. Dessen Brustbild von der rechten Seite in einem mit Pelz aufgeschlagenen, mit einer sonderbaren über die Ohren herabgezogenen Calotte.

R) Verbum Domini manet in aeternum. 1542. Das behelmte Wappen.

Friedland und Sagan.

Siehe Mecklenburg.

Siebenbürgen.

619. Sigismundus Bathori. Brustbild geharnischt mit Streitkolben.

R) Princeps Transsylvaniae 1590. Das von zwey Weibern gehaltene, mit Fürstenhut bedeckte Wappen.

620. Georgius Rako. D. G. P. T. Ocharn. BB. mit der Mütze, Zepter und Schwerdt.

R) Par. Reg. Hun. Dom. et Sic. Com. 1658. Gekr. Wappen, neben N. 13.

Würtemberg.

621. Iohann. - - - - - D. G. D. - - - Berg. Gekröntes Wappen.

R) Landmüntz 60. Ein liegender Hirsch, im Abschnitte: 1623. 1 fl. Stück.

622. Eberhard. D. G. Dux Wirtember. Brustbild mit vollem Gesichte, geharnischt, mit Spitzenkragen und Feldbinde.

R) Et Tec. Com. Mont. Dom. Min. Heid. 1640. Gekröntes Wappen.
623. Wilh. Lúd. D. G. Dux Wirtemb. et Tec. Geharn. Brustbild mit Feldbinde.

R) Inschrift von 11 Zeilen in einem Kranze von Lorbeern und Cypressen, unten ein Todtenkopf. Sterbethaler von 1677.
624. Frid. Carol. D. G. D. Wirtemb. Administ. Geharn. Brustbild mit Feldbinde.

R) D. I. F. Die Jahrzahl 1680 getheilt ober dem bekrönten, mit einem Lorbeerkranze umgebenen Wappen.
625. Eberh. Lud. D. G. Dux Wurtem. Römisch bekleidetes Brustbild in großer Perücke.

R) Cum Deo et Die. Wappen mit Fürstenhut, unten 1694.
626. Car. Rudol. D. G. D. Wurt. & T. G. M. Adminis. & Tutor. Dessen geharn. Brustbild, 1737.

R) Das mit Fürstenhut und Mantel bedeckte Wappen. Ueberschrift: Saluti publicae. Unten: Ad legem Imperii.

Würtenberg-Schlesische Linie.

627. D. G. Christ. Ulr. Dux Wurt. T. I. S. O. B. Geharn. Brustbild.

R) Com. Montb. Dom. i. Heid. Sternb. et Med. Wappen mit vier Helmen, über welchen die getheilte Jahrzahl 1702.
628. Carol. Frid. Dux. Wurt. Tec. et Öls Admi. et Tutor. Geharn. Brustbild in Perücke, mit Ordensband und Stern.

R) Thaler aus dem Bergwerck. Der heil. Christoph, neben demselben das gekrönte

Würtembergische Wappen, unter welchem: 1740. Eine Berggegend im Hintergrunde. Zu Christophsthal im Abschnitte.

II. Neue fürstliche Häuser.

Dietrichstein.

629. Ferd. S. R. I. Princeps a Dietrichstein. Brustbild im Gewande in einer großen Perücke.

R) In Nicoisburg et Dominus in Trasp. Das mit dem Fürstenhute bedeckte Wappen, mit der Ordenskette. Oben 1695.

Eggenberg.

630. Io. Vdal. D. G. Dux Cru. Ecken. Prin. Geharn. Brustbild in breitem Kragen, geschornem Haupte und goldenem Vlleße.

R) Com. Poston. Dns. in Ernhausen. 1633. Das Wappen mit Fürstenhut und Ordenskette.

631. Ioan. Ant. D. G. Dux Crumlov. Sa. Rom. Brustbild in eigenen Haaren und Spitzen-Ueberschlag.

R) Imp. Princ. ab. Ecchenberg. 1643. Das Wappen mit dem Fürstenhute.

632. Ioan. Chrift. et Ioan. Seyf. S. R. Imp. Pr. C. Gradif. Zwey gegen einander sehende geharnischte kleine Brustbilder, unter welchen 1658.

R) Duc. Crum. et Princ. ab Eggenberg Fratres. Das mit dem Fürstenhute bedeckte Wappen.

Fürstenberg.

633. Iof. Wil. Ern. S. R. I. Prin. in Furstenberg. Landgrav. in Baar et Stuhlingen &c. Geharn. Brustbild.

R) Die Bergwerksgegend im Kinzinger Thal, in dem vier Bergleute arbeiten, und einige Schmelzhütten zu sehen sind, bey aufgehender Sonne. Ueberschrift: Ausbeutethaler von S. Iofephs Cobold vnd Silber-Zeche 1729.

634. Ioseph. Wilh. Erneft. S. R. I. de Furstenberg. Geharn. Brustbild.

R) Ad legem conventionis. Das mit dem Fürstenhute bedeckte Wappen in einem verzierten Schilde. Im Abschnitte: Ausbeut-Thaler v. S. Sophia Kobold und Silberzeche bey Wittichen. 1762.

Hohenlohe.

635. Car. Alb. D. G. Pr. regn. ab. Hohenl. et Waldenb. D. in. Langenburg. Geh. Brustbild in einer im Nacken zusammen gebundenen Perücke. Deo Patriae non nobis. I. L. Oexlein f.

R) Ex flammis orior. Der aus dem Scheiterhaufen emporkommende Phönix, im Abschn. 10. Eine feine Marck MDCCLVII.

636. Lud. Frid. Carol. D. G. Princ. ab Hohenl. Com. de Gleich. D. in Langenb. & Cra-

nichfeld. Geharn. Bruſtbild mit Perücke im Nacken gebunden.

R) X. Eine feine Marck. Wappen mit Krone und Fürſtenmantel. Unten die getheilte Jahrzahl 1770. S. N. R.

Lichtenſtein.

637. Ioſ. Io. Ad. D. G. S. R. I. P. & Gub. Dom. de Liechtenſtein. Geharn. Bruſtbild in Perücke.

R) Opp. et Carn. Dux. C. Ricb. Gran. Hiſp. P. Claſſ. S. C. M. int. Conſ. 1728. Das mit der Ordenskette umgebene, mit Fürſtenhut und Mantel bedeckte Wappen.

638. Ioſ. Wenc. D. G. S. R. I. Pr. et Gub. Dom. de Liechtenſtein. Geh. Bruſtbild mit fliegenden Haaren und Bließkette.

R) Opp. et Carn. Dux Com. Rittb. S. C. M. Conſ. int. et Campi Mareſchal. Das mit der Bließkette umgebene gekrönte und von zwey ſchwebenden Engeln getragene Wappen, unten 1758.

639. Der nemliche.

640. Franc. Ioſ. D. G. S. R. I. Pr. et Gub. Dom. de Liechtenſtein. Bruſtbild mit der Bließkette.

R) Opp. et Carn. Dux. Com. Rittb. S. C. M. Conſ. int. aur. velleris Eques 1778. Das gekrönte, mit der Bließkette umgebene Wappen.

Löwen

Löwenstein.

641. Carol. D. G. S. R. Imp. Princ. in Löwenſt. et Werth. Geharniſchtes Bruſtbild mit gebundener Perücke und Fürſtenmantel.

R) Conſtantia et prudentia. Das gekrönte, von zwey Löwen gehaltene Wappen, unten 1754.

642. Carol. D. G. S. R. Imp. Princ. in Löwenſt. et Werth. Geharn. Bruſtbild mit gebundener Perücke und Fürſtenhut.

R) X. Eine feine Marck 1766. Das gekrönte, von Löwen getragene Wappen mit Ordenskette. N. S. R.

Mansfeld.

643. Henri. S. R. I. P. C. Mansfeldae N. D. in. Held. Seeb. et Schrapplau. Das mit dem Fürſtenhute und Mantel bedeckte W.

R) Bey Gott iſt Rath und That. Der Ritter St. Georg, der den Drachen erlegt, im Abſchnitte 1774. 1/2 Thaler.

Naſſau-Weilburg.

644. Car. Aug. D. G. Pr. Naſſ. Weilb. Geharn. Bruſtbild.

R) Ex viſceribus fodinae Mehlbac. Das Wappen mit Fürſtenhut und zwey Löwen, unten fein Silber.

645. Iohan. Franc. Henric. Guil. Maur. Henr. Caſim. Franc. Alexand. Fünf geharniſchte Bruſtbilder bis an die Kniee, im Abſchnitte: 1681.

R) D. G. Nassoviae Princip. Com. Catti-
melib. Viand. et Dec. Dom. in Beilst. Das
mit Fürstenhut bedeckte, von zwey Löwen gehaltene Wappen.

Oettingen.

646. Albertg. Ernestg. D. G. Princeps Ottingen.
Brustbild in Perücke.
R) Fürstlich Otting. Reichsthaler 1677.
Wappen mit Fürstenhut.
647. Ioan. Aloys. I. Princ. de et in Ottingen.
Geharn. Brustbild, am Arme M.
R) Das von zwey Hunden gehaltene W.
unter dem Fürstenhute und Mantel auf einem
Gestelle. Unten: X eine feine Mark. 1759.

Salm-Kyrburg.

648. Frid. D. G. Pr. a Salm Kyrb. Com. Rh.
et Syl. Brustbild.
R) Ad normam conventionis. 1780.
Das mit Fürstenhut und Mantel bedeckte
Wappen.
649. Frid. III D. G. Pr. à Salm Kyrb. Com.
Rh. et Sylv. Brustbild.
R) Ad normam conventionis. Das mit
einer Ordenskette eingefaßte und mit Fürstenhut bedeckte Wappen zwischen zwey Lorbeerzweigen. Unten R. F. 1782.

Schwarzburg.

650. Ioannes Fridericus D. G. P. S. Rud. D. S.
Senior. Geharn. Brustbild mit Mantel.

R) X eine feine Marck. Das mit einem Ordensbande umgebene und gekrönte Wappen, von zwey wilden Männern getragen. Unten: I. C. E. 1765.

651. D. G. Ludovicus Guntherus P. Schwarzb. Rud. Brustbild geharnischt mit Mantel.

R) X. eine feine Marck. Das mit einem Ordensbande umgebene gekrönte Wappen, unten die getheilte Jahrzahl 1768.

652. D. G. Christian. Gunth. Pr. Schwarzb. Sondersh. Das geharn. Brustbild mit dem Hubertusorden.

R) X Eine feine Marck nach dem Conventionsfus 1764. Das gekrönte Wappen. Unten: H. C. A. S.

Schwarzenberg.

653. Ferdinand. et Maria Anna. Beyder Brustbilder, das erste geharnischt in langer Perücke.

R) Princeps à Schwarzenberg Haeres Landgravia in Sulz. Die zwey Wappensch. von Schwarzenberg und Sulz, jedes mit einem Fürstenhute und dem Fürstenmantel beyde bedeckt. Oben die getheilte Jahrzahl 1696.

654. Adamvs Francisc. D. G. S. R. I. Princeps. Dessen römisch bekleidetes Brustbild.

R) In Schwarzenberg Landgr. in Cleggov. Das mit dem Fürstenhute bedeckte W. 1725.

655. Ioseph. D. G. S. R. I. Prin. in Schwarzenberg. Dessen römisch bekleidetes Brustbild.

R) Landgr. in Cleggov. Com. in Sulz Dux Crum. Das mit der Vließkette, Fürstenhut und Mantel gezierte Wappen, oben die getheilte Jahrzahl 1741.

656. Ioh. D. G. S. R. I. Princeps in Schwarzenberg. Brustbild.
R) Landg. in Cleg. Com. in Sulz Dux Crum. 1783. Das mit einem Fürstenhute bedeckte und Vließkette gezierte Wappen.

Trautson.

657. Franc. Euseb. Trauthson Com. in Falkhenstain. Brustbild in langer Perücke.
R) L. B. in Sprechen et Schrovenstein. Wappen mit fünf Helmen, unten die getheilte Jahrzahl 1708.

658. Io. Leop. S. R. I. Princeps Trautson Com. in Falkenstein. Das Brustbild im sammetnen Gewande.
R) Aur. vell. Eqv. S. C. & Cat. Maj. intim. & conferent. Consiliar. 1719. Das mit dem Fürstenmantel und der Vließordenskette umhangene Wappen, mit einem Fürstenhute bedeckt, auf dem fünf Helme aufgestellt sind.

Waldeck.

659. Carolus D. G. Pr. Waldecc. Römisch bekleidetes Brustbild.
R) Com. Pyrmont & Rapp. Dom. i. H. & G. Wappen mit Fürstenhut, neben die getheilte Jahrzahl 1733, unten ℥. in einem Ringe.

660. Carol. Aug. Frid. D. G. Pr. Wald. C. P. e, R. Römisch bekleidetes Brustbild.

R) Ardua ad gloriam via. Wappen mit Fürstenhut. Unten 1741.

III. Grafen.

Bentheim.

661. Mor. C. in Tec. Ben. St. et Lim. D. in Rhe. Geharn. Brustbild mit Umschlag.

R) In te spero Domine. Dreymal behelmtes Wappen, zwischen den Helmen die getheilte Jahrzahl 1657.

Berg.

662. Guil. Co. Do. Mon. z. Dns. d. Bil. He. Box. Ho. z. Wis. Ein aufgerichteter Löwe trägt einen Wappenschild.

R) Sanct. Oswald. Rex. Numus argen. 30 St. Der heil. Oswald mit Krone und Zepter. Neben: 30. St.

Dietrichstein.

663. Sigismundus Ludovicus Comes a Dietrichstain. Brustbild mit Spitzenumschlag und Vließkette, am Arme 1651.

R) Liber Baro in Hollenburg. Der gekrönte kaiserl. Adler, unten das gekr. W. mit der Vließkette, mit der Beyschrift auf einem Bande: Sub alis protegentibus tuis.

664. Sigismundus Helfridus Comes a Dietrichstein. Brustbild.
R) Liber Baro in Hollenburg. Das ge=
krönte Dietrichsteinische Wappen zwischen zwey.
Palmzweigen, unten die getheilte Jahrzahl
1664.
665. Car. Lud. S. R. I. Com. a. Dietrichstain.
Geharn. Brustbild.
R) Liber Baro in Hollenburg 1726. Das
gekrönte Wappen.

Erbach.

666. Moneta nova argentea Comitum de Er-
pach D. in B. Das Wappen mit einem
Helm, oberhalb demselben die getheilte Jahr=
zahl 1623.
R) Ferdinandus II. D. G. Rom. Imp.
semp. August. Der gekrönte kaiserl. Adler
mit dem Reichsabler auf der Brust.

Friedberg.

667. Moneta nova Castri Imp. Fridberg in Wetter. Der Ritter St. Georg, den Lindwurm
tödtend, zwey Wappenschilde in der Um=
schrift. Im Abschnitte: X. Eine feine Mark.
S. (N) R.
R) Iosephus II. D. G. Rom. Imp. S. A.
1766. ad norm. convent. Der gekrönte kai=
serliche Adler mit dem Reichsapfel auf der
Brust, unten zwey kleine Wappen.

Hanau.

668. Io. Reinh. Com. in Hanaw et Zwei. Dns. Dessen geh. Brustbild mit Umschlag, Feldbinde und kurz geschornen Haaren.

R) In Liecht. et Ochsenst. Mar. et advo. Arg. Das vierfeldige Wappen mit Herzschild, neben die getheilte Jahrzahl 1609.

669. Der nemliche von 1624. Die Jahrz. oben.

670. Phil. Reinh. Com. Hanov. Rhin. & Bip. Geharn. Brustbild in Perücke.

R) Dom. Muntz. Lich. et Ochs. M. & ad. Ar. Gekröntes Wappen, oben die getheilte Jahrzahl 1694. fl. Stück.

671. Phil. Rein. C. Han. Rh. & Bip. Dn. Muntz. Geharn. Brustbild in Perücke.

R) Lich. et Ochs. Mar. Her. et adv. Argent. Das gekrönte Wappen, unten die getheilte Jahrzahl 1694.

Hohenlohe-Schillingsfürst.

672. W. I. G. v. H. v. G. H. z. L. v. G. G. F. M. O. v. R. Des Grafen Wolfgang Julius geharn. Brustbild mit einer langen Perücke, in der rechten Hand das Wappen haltend. Unter demselben 1697.

R) So faehrt ein recht edler Sinn vber alles Wiedrigs hinn. Ein geharn. Ritter zu Pferd im Galoppe, ein bloßes Schwerdt in der rechten Hand. Auf der Erde die personificirten Laster: Neid, Geiz und Wollust.

673. Carol. Avg. Com. Hohenloh. & Gleich. Dyn. L. B. & Cr. Geh. Brustbild in eigenem im Nacken zusammengebundenen Haare.

Sachsen.

1. Lauenburg.

587. Iul. Franc. Sax. Ang. Weſtph. Dux. Ṡch. Bruſtbild.

R) Thu Recht Scheu Nimandt. Gekröntes Wappen. ⚥. 1678.

588. Iul. Franc. Sax. Ang. Weſtph. Dux. Deſſen geharniſchtes Bruſtbild in bloßem Halſe.

R) Das behelmte Wappen mit den Sächſiſchen Churſchwerdtern im vierten Felde. Oben: 1683. Unten herum: Nach altem Schrot und Korn.

2. Alt-Gotha.

589. D. G. Ioa. Fri. II. Du. Sax. Lan. Th. et Mar. Misni. Das geharn. Bruſtbild in bloſſem Haupte und vollem Geſichte, in der Rechten den Zepter, mit der Linken den Degen haltend. Neben die getheilte Jahrzahl 1566. Sechs kleinere Schilde in der Umſchrift.

R) D. G. Ioh. Wilh. Du. Sax. Lan. Th. et Mar. Misni. Volles Bruſtbild, geharn. mit dem Commandoſtaabe, links ſehend.

590. D. G. Ioh. Caſi. et Ioh. Erneſ. Fra. Duces Sax. Zwey geharn. Bruſtbilder mit Kragen und bloßen Häuptern gegen einander ſehend, im Abſchnitte 1585.

R) Lant. Thur. e. Mar. Mis. mone. Imperi. Das Wappen mit drey Helmen.

591. D. G. Ioh. Caſi. et Ioh. Ernſ. Fra. Duces Saxo. Zwey geharn. Bruſtbilder gegen ein-

anber ſehend, mit größern Kragen und bloßen Häuptern, im Abſchnitte 1592.

R) Lantg. Thur. et Marchio Misn. mone. Imperi. Das mit 12 Wappenſchilden umgebene Sächſiſche Wappen.

592. 2/3 Thaler, wie Nro. 591.
A) *Sax.* im Abſchnitte 1595.
R) *Mis.*

593. Der nemliche.
A) *Saxoni,* im Abſchnitte 1596.
R) *Thuri. Misni.*

594. Der nemliche.

595. D. G. Ioh. Caſi. et Ioh. Ern. Fra. Du. Sax. Iuliae Cli. et Mon. Inwendig: Frid ernehrt Unfrid verzehrt. Zwey Bruſtbilder gegen einander ſehend, geharniſcht, mit bloßen Häuptern und Spitzenkragen.

R) Landg. Thu. Mar. Mis. Com. Mar. et Ravenſ. Dn. in Rav. In der Mitte ein Turnierritter zu Pferde mit der Jahrzahl 1613, nebenzu zwey kleine Wappenſchilde und ringsherum 16 größere.

3. Altenburg.

596. D. G. Fride. Wil. et Iohane. Fra. Duces Saxo. Beyder gegen einander ſehende BB. im Gewande und bloßem Haupte, im Abſchnitte 1578.

R) Lant. Thu. et Mar. Mis. mone. Imperi. Wappen mit drey Helmen.

595. D. G. Fri. Wil. Du. Sax. Lan. Thur. Mar. Mi. Mo. Imp. Bruſtbild in vollem Geſichte, Mantel, Kragen und Koller, neben die ge=

theilte Jahrzahl 1584. Die Umschrift von 6 Wappenschilden unterbrochen.

598. Der nemliche.
599. Der nemliche von 1585.
600. Dei Gra. Iohan. Philip. et Frideri. Zwey gegen einander sehende Brustbilder in bloßem Haupte und Mantel. Drey Wappenschilde in der Umschrift.

R) Ioh. Wil. et Frid. Wil. Fra. et Du. Sa. Zwey gegen einander sehende Brustbilder mit bloßem Haupte und Mantel, über demselben die Jahrzahl 1608.

4. Weimar.

601. D. G. Io. Ernes. Fridericus Wilhelmus Albertus. Vier Brustbilder in vollem Gesichte mit Mänteln und dreyfacher Kette. Im Abschnitte: Mon. nov. arg. VIII. Frat. Dux Sax. Zwischen der Umschrift drey Wappenschilde.

R) Io. Fridericɋ. Erneſtus. Frid. Wilhelm. Bernhardɋ. Vier andere Brustbilder im nemlichen Costume, vier Wappenschilde zwischen der Schrift. Im Abschnitte: Lineae Vinarienſis 1609.

602. D. G. Ioh. Ern. Iun. Dux Sax. Iu. Cl. et M. ſuo et tut. nom. Die Brustbilder der 8 Prinzen, worunter eins bis an die Knie geharniſcht, im Kragen und Feldbinde.

R) Frid. Wilh. Albert. Io. Frid. Ern. Frid. Wilh. et Bern. F. F. Das sechshelmige Wappen, neben den Helmen die Jahrzahl 1616.

603. D. G. Ioh. Phil. Frid. Ioh. Wilh. et Fr. Wil. Frat. Geharn. Bruſtbild mit Commandoſtaab und Helm neben ſich, oben 1624. Vier Schilde in der Umſchrift.

R) Duc. Saxon. Iul. Clivi. et Mont. Lin. Alden. Drey Bruſtbilder im Panzer und Feldbinde, fünf Schilde in der Umſchrift.

604. Der nemliche von 1625.

605. D. G. Wilhelmus Dux. Sax. Iul. Cliv. et Montium. 1658. Geharn. Bruſtbild in vollem Geſichte.

R) Wilhelmsburg, im Abſchnitte das Chronodiſtichon: sIC bene VVILheLMVs feCIt faCIetqVe bene VLtra Vt rata VerIfLVo eſt eLLogIo genItrIX.

606. Wilh. Erneſt. I. D. G. Dux Sax. I. C. M. A. et W. Das geharniſchte Bruſtbild in der Perücke.

R) Das fürſtliche Schloß zu Weimar, von der untergehenden Sonne beſtrahlet, oben: Non omnis moriar — unterhalb in der Rundung: Verblaſſet gleich ihr Licht ſtirbt doch die Wirkung nicht. Im Abſchnitte: In memor. natalis Principis novaeque piae fundation XXX. Oct. MDCCXVII.

607. Ern. Aug. Conſtantin. D. G. Dux Sax. I. C. M. A. & W. Bruſtbild im Harniſche, Mantel und Ordensband.

R) Iuſtitia et clementia. Der Sächſiſche gekr. Schild mit 19 kleinern Schilden umgeben. Randſchrift: Memor. regim. auſpicat ſuſcepti MDCCLVI. 1756.

5. Neu-Gotha.

608. Fridericus Dux Sax. I. C. et Mont. Das mit dem Fürstenhute bedeckte Wappen, neben die getheilte Jahrzahl 1675.

R) Per aspera ad astra. Der Buchstabe F unterm Fürstenhute zwischen zwey Palmzweigen, zwischen der Umschrift vier Wappenschilde.

609. Auf die Einweihung der Schloßkirche zu Friedrichswerth.

A) Frideric. D. G. Dux Sax. I. C. & Mont. Geh. Brustbild in Spanischer Perücke.

R) Arcem et templum Friderichswerthe. Im Abschn. Inaugurari fecit. Das Schloß und die Kirche. D. 19 Iul. 1689.

610. Friderice. D. G. D. S. I. C. M. A. et W. Geharn. Brustbild in Spanischer Perücke, Ordensband und Mantel.

R) Landg. Th. M. M. Pr. D. C. Hen. C. M. E. R. D. R. E. Ton. Das sechsmal behelmte Wappen, unten 1712.

611. Fridericus III. Dux Sax. I. C. M. et Adm. Duc. Isenac. Geharn. Brustbild mit Ordenskette (Ritter St. Georg).

R) Inschrift von 12 Zeilen. Oben der größere Sächsische gekrönte Schild und 19 kleinere um die Umschrift. Randschrift: Pietate et Iustitia.

612. V. G. G. Iof. Fried. H. zu Sachsen &c. &c. Obervormund und Landesregent. Brustbild in bloßem Halse.

R) Ein geharnischter Mann stützt sich mit der Rechten auf das Schwerdt und hält in der Linken den gekr. Sächsischen Schild.

6. Saalfeld.

613. Iubilaeum Saalfeldia agit in laetitia. Des Herzogs Johann Ernsts VIII Brustbild im Harnisch mit Commandostaab in der Rechten, mit der Linken den Helm haltend.

R) Dogmata Lutheri stabunt in secula. Luthers Brustbild mit vollem Gesichte, neben 15 — 17.

614. Iohann. Erneſt. VIII. D. Sax. I. C. M. A. & W. Geharn. Brustbild mit Spanischer Perücke. Nat. 22. Aug. 1658. D. 17. Dec. 1729. Aet. 71. An. Menſ. 3. 15 Dies.

R) Coelo redux intaminatis fulget honoribus. Ein Monument mit oben stehender Urne und dem Chiffre I. E. Parenti optimo Principi pio juſto clem. filialis pietas concord. fratrum monumentum P. P.

615. Franciſcus Ioſias D. G. D. S. Coburg Saalfeld. Brustbild mit Harnisch, Mantel und Ordensband.

R) X. eine feine Marck 1764. Das W. mit Krone.

7. Gemeinschaftlich Ilmenau.

616. D. G. Ducum Saxon. mon. communis Hennebergenſis. Sächsischer Schild mit Fürstenhut, oben getheilte Jahrzahl 1692.

R) Felix fodinarum Ilmenauienſium reparatio. Die gekrönte Henne auf einem Fuße stehend. 2/3.

617. Der nemliche: *Ilmenauienſ.*

Schlesien.

618. Frideri. D. G. Dux. Slesi. Legenic. z. Brigen. Dessen Brustbild von der rechten Seite in einem mit Pelz aufgeschlagenen, mit einer sonderbaren über die Ohren herabgezogenen Calotte.

R) Verbum Domini manet in aeternum. 1542. Das behelmte Wappen.

Friedland und Sagan.

Siehe Mecklenburg.

Siebenbürgen.

619. Sigismundus Bathori. Brustbild geharnischt mit Streitkolben.

R) Princeps Transfylvaniae 1590. Das von zwey Weibern gehaltene, mit Fürstenhut bedeckte Wappen.

620. Georgius Rako. D. G. P. T. Geharn. BB. mit der Mütze, Zepter und Schwerdt.

R) Par. Reg. Hun. Dom. et Sic. Com. 1658. Gekr. Wappen, neben N. 13.

Würtemberg.

621. Iohann. - - - - - D. G. D. - - - Berg. Gekröntes Wappen.

R) Landmüntz 60. Ein liegender Hirsch. im Abschnitte: 1623. 1 fl. Stück.

622. Eberhard. D. G. Dux Wirtember. Brustbild mit vollem Gesichte, geharnischt, mit Spitzenkragen und Feldbinde.

R) Et Tec. Com. Mont. Dom. Min. Heid. 1640. Gekröntes Wappen.
623. Wilh. Lud. D. G. Dux Wirtemb. et Tec. Geharn. Brustbild mit Feldbinde.
R) Inschrift von 11 Zeilen in einem Kranze von Lorbeern und Cypressen, unten ein Todtenkopf. Sterbethaler von 1677.
624. Frid. Carol. D. G. D. Wirtemb. Administ. Geharn. Brustbild mit Feldbinde.
R) D. I. F. Die Jahrzahl 1680 getheilt ober dem bekrönten, mit einem Lorbeerkranze umgebenen Wappen.
625. Eberh. Lud. D. G. Dux Wurtem. Römisch bekleidetes Brustbild in großer Perücke.
R) Cum Deo et Die. Wappen mit Fürstenhut, unten 1694.
626. Car. Rudol. D. G. D. Wurt. & T. G. M. Adminis. & Tutor. Dessen geharn. Brustbild, 1737.
R) Das mit Fürstenhut und Mantel bedeckte Wappen. Ueberschrift: Saluti publicae. Unten: Ad legem Imperii.

Würtenberg-Schlesische Linie.

627. D. G. Christ. Ulr. Dux Wurt. T. I. S. O. B. Geharn. Brustbild.
R) Com. Montb. Dom. i. Heid. Sternb. et Med. Wappen mit vier Helmen, über welchen die getheilte Jahrzahl 1702.
628. Carol. Frid. Dux. Wurt. Tec. et Öls Admi. et Tutor. Geharn. Brustbild in Perücke, mit Ordensband und Stern.
R) Thaler aus dem Bergwerck. Der heil. Christoph, neben demselben das gekrönte

Würtembergische Wappen, unter welchem:
1740. Eine Berggegend im Hintergrunde.
Zu Christophsthal im Abschnitte.

II. Neue fürstliche Häuser.

Dietrichstein.

629. Ferd. S. R. I. Princeps a Dietrichstein.
Brustbild im Gewande in einer großen Pe=
rücke.
R) In Nicoisburg et Dominus in Trasp.
Das mit dem Fürstenhute bedeckte Wappen,
mit der Ordenskette. Oben 1695.

Eggenberg.

630. Io. Vdal. D. G. Dux Cru. Ecken. Prin.
Geharn. Brustbild in breitem Kragen, ge=
schornem Haupte und goldenem Vließe.
R) Com. Poston. Dns. in Ernhaufen.
1633. Das Wappen mit Fürstenhut und Or=
denskette.
631. Ioan. Ant. D. G. Dux Crumlov. Sa. Rom.
Brustbild in eigenen Haaren und Spitzen=
Ueberschlag.
R) Imp. Princ. ab. Ecchenberg. 1643.
Das Wappen mit dem Fürstenhute.
632. Ioan. Christ. et Ioan. Seyf. S. R. Imp. Pr.
C. Gradif. Zwey gegen einander sehende ge=
harnischte kleine Brustbilder, unter welchen
1658.

R) Duc. Crum. et Princ. ab Eggenberg
Fratres. Das mit dem Fürstenhute bedeckte
Wappen.

Fürstenberg.

633. Iof. Wil. Ern. S. R. I. Prin. in Furstenberg. Landgrav. in Baar et Stuhlingen &c. Geharn. Brustbild.

R) Die Bergwerksgegend im Kinzinger Thal, in dem vier Bergleute arbeiten, und einige Schmelzhütten zu sehen sind, bey aufgehender Sonne. Ueberschrift: Ausbeutethaler von S. Iosephs Cobold vnd Silber-Zeche 1729.

634. Ioseph. Wilh. Ernest. S. R. I. de Furstenberg. Geharn. Brustbild.

R) Ad legem conventionis. Das mit dem Fürstenhute bedeckte Wappen in einem verzierten Schilde. Im Abschnitte: Ausbeut-Thaler v. S. Sophia Kobold und Silberzeche bey Wittichen. 1762.

Hohenlohe.

635. Car. Alb. D. G. Pr. regn. ab. Hohenl. et Waldenb. D. in. Langenburg. Geh. Brustbild in einer im Nacken zusammen gebundenen Perücke. Deo Patriae non nobis. I. L. Oexlein f.

R) Ex flammis orior. Der aus dem Scheiterhaufen emporkommende Phönix, im Abschn. 10. Eine feine Märck MDCCLVII.

636. Lud. Frid. Carol. D. G. Princ. ab Hohenl. Com. de Gleich. D. in Langenb. & Cra-

nichfeld. Geharn. Bruſtbild mit Perücke im Nacken gebunden.

R) X. Eine feine Marok. Wappen mit Krone und Fürſtenmantel. Unten die getheilte Jahrzahl 1770. S. N. R.

Lichtenſtein.

637. Iof. Io. Ad. D. G. S. R. I. P. & Gub. Dom. de Liechtenſtein. Geharn. Bruſtbild in Perücke.

R) Opp. et Carn. Dux. C. Ricb. Gran. Hiſp. P. Claſſ. S. C. M. int. Conſ. 1728. Das mit der Ordenskette umgebene, mit Fürſtenhut und Mantel bedeckte Wappen.

638. Iof. Wenc. D. G. S. R. I. Pr. et Gub. Dom. de Liechtenſtein. Geh. Bruſtbild mit fliegenden Haaren und Vließkette.

R) Opp. et Carn. Dux Com. Rittb. S. C. M. Conſ. int. et Campi Mareſchal. Das mit der Vließkette umgebene gekrönte und von zwey ſchwebenden Engeln getragene Wappen, unten 1758.

639. Der nemliche.

640. Franc. Iof. D. G. S. R. I. Pr. et Gub. Dom. de Liechtenſtein. Bruſtbild mit der Vließkette.

R) Opp. et Carn. Dux. Com. Rittb. S. C. M. Conſ. int. aur. velleris Eques 1778. Das gekrönte, mit der Vließkette umgebene Wappen.

Löwen

Löwenstein.

641. Carol. D. G. S. R. Imp. Princ. in Löwenst. et Werth. Geharnischtes Brustbild mit gebundener Perücke und Fürstenmantel.

R) Conſtantia et prudentia. Das gekrönte, von zwey Löwen gehaltene Wappen, unten 1754.

642. Carol. D. G. S. R. Imp. Princ. in Löwenst. et Werth. Geharn. Brustbild mit gebundener Perücke und Fürstenhut.

R) X. Eine feine Marck 1766. Das gekrönte, von Löwen getragene Wappen mit Ordenskette. N. S. R.

Mansfeld.

643. Henri. S. R. I. P. C. Mansfeldae N. D. in. Held. Seeb. et Schrapplau. Das mit dem Fürstenhute und Mantel bedeckte W.

R) Bey Gott ist Rath und That. Der Ritter St. Georg, der den Drachen erlegt, im Abschnitte 1774. 1/2 Thaler.

Nassau-Weilburg.

644. Car. Aug. D. G. Pr. Naſſ. Weilb. Geharn. Brustbild.

R) Ex viſceribus fodinae Mehlbac. Das Wappen mit Fürstenhut und zwey Löwen, unten fein Silber.

645. Iohan. Franc. Henric. Guil. Maur. Henr. Caſim. Franc. Alexand. Fünf geharnischte Brustbilder bis an die Kniee, im Abschnitte: 1681.

R) D. G. Naſſoviae Princip. Com. Catti-
melib. Viand.-et Dec. Dom. in Beilſt. Das
mit Fürſtenhut bedeckte, von zwey Löwen gehaltene Wappen.

Oettingen.

646. Albertg. Erneſtg. D. G. Princeps Ottingen.
Bruſtbild in Perücke.
R) Furſtlich Otting. Reichsthaler 1677.
Wappen mit Fürſtenhut.
647. Ioan. Aloyſ. I. Princ. de et in Ottingen.
Geharn. Bruſtbild, am Arme M.
R) Das von zwey Hunden gehaltene W.
unter dem Fürſtenhute und Mantel auf einem
Geſtelle. Unten: X eine feine Mark. 1759.

Salm-Kyrburg.

648. Frid. D. G. Pr. a Salm Kyrb. Com. Rh.
et Syl. Bruſtbild.
R) Ad normam conventionis. 1780.
Das mit Fürſtenhut und Mantel bedeckte
Wappen.
649. Frid. III D. G. Pr. à Salm Kyrb. Com.
Rh. et Sylv. Bruſtbild.
R) Ad normam conventionis. Das mit
einer Ordensfette eingefaßte und mit Fürſtenhut bedeckte Wappen zwiſchen zwey Lorbeerzweigen. Unten R. F. 1782.

Schwarzburg.

650. Ioannes Fridericus D. G. P. S. Rud. D. S.
Senior. Geharn. Bruſtbild mit Mantel.

R) X eine feine Marck. Das mit einem Ordensbande umgebene und gekrönte Wappen, von zwey wilden Männern getragen. Unten: I. C. E. 1765.

651. D. G. Ludovicus Guntherus P. Schwarzb. Rud. Brustbild geharnischt mit Mantel.

R) X. eine feine Marck. Das mit einem Ordensbande umgebene gekrönte Wappen, unten die getheilte Jahrzahl 1768.

652. D. G. Christian. Gunth. Pr. Schwarzb. Sondersh. Das geharn. Brustbild mit dem Hubertusorden.

R) X Eine feine Marck nach dem Conventionsfus 1764. Das gekrönte Wappen. Unten: H. C. A. S.

Schwarzenberg.

653. Ferdinand. et Maria Anna. Beyder Brustbilder, das erste geharnischt in langer Perücke.

R) Princeps a Schwarzenberg Haeres Landgravia in Sulz. Die zwey Wappensch. von Schwarzenberg und Sulz, jedes mit einem Fürstenhute und dem Fürstenmantel beyde bedeckt. Oben die getheilte Jahrzahl 1696.

654. Adamvs Francisc. D. G. S. R. I. Princeps. Dessen römisch bekleidetes Brustbild.

R) In Schwarzenberg Landgr. in Cleggov. Das mit dem Fürstenhute bedeckte W. 1725.

655. Ioseph. D. G. S. R. I. Prin. in Schwarzenberg. Dessen römisch bekleidetes Brustbild.

der Rechten, die Linke an den Degen gelegt. 1632.

R) Dux Burgundi. Comes Tirolis. Das gekrönte Wappen mit der Vließordenskette.

560. Ferdinand. Carol. D. G. Archidux Auſt. Geharn. Bruſtbild in ſtarken Haaren.

R) Dux Burgund. Comes Tyrolis. Das mit dem Erzherzoglichen Hute und der Ordenskette geſchmückte Wappen, mit dem Tyroliſchen Mittelſchilde. Inwendig 1646.

561. Sigismundus Franc. D. G. Archidux Auſt. Geh. Bruſtbild in bloßem Haupte, Spitzenüberſchlag und Ordenskette.

R) Dux Burgund. Com. Tyrolis. 1665. Das mit Ordenskette umgebene gekrönte W. mit Tyroliſchem Mittelſchilde.

562. Mar. Thereſia D. G. Reg. Hung. Boh. Bruſtbild,

R) Archid. Auſt. Dux Burg. Com. Tyr. 1745. Das von zwey Greifen gehaltene Wappen mit Krone und Oeſterreichiſchem Mittelſchilde.

Rhein-Pfalz.

1. Simmeriſche Linie.

563. Iohanes D. G. Co. Pal. Re. D. Ba. I. Spa. Vorwärts gekehrtes Bruſtbild mit Haube und Barette, nebſt Ordenskette.

R) Monet. nova Simernſ. An. 56. Drey Wappenſchilde mit einem Helme.

564. Iohanes D. G. Co. Pal. Re. D. Bav. I. Spainh. Bruſtbild mit kleinem Hute im Gewande. Neben: Aet — 47.

R) Monet. nov. Simerenſ. anno 5 . . .
Drey Wappenſchilde mit einem Helme. 1/2
Thaler.

2. Neuburgiſche Linie.

565. Wolfg. Wil. D. G. C. Pa. Rhe. D. Ba. Iul.
Cli. et Mo. Bruſtbild in kurzen Haaren,
Spaniſchem Kragen, Harniſch, Feldbinde und
Vließorden. Inwendig: In Deo mea con-
ſolatio.

R) Co. Vel. Sp. Mar. Rav. et Mor.
Dom. i. Rav. Das mit dem Fürſtenhute be=
deckte und der Vließkette umgebene Wappen,
neben 1623 getheilt.

566. Wolf. Guil. Co. Pal. Rh. D. Bav. Iul. Cliv.
et Mont. Bruſtbild in kurzen Haaren, mit
Spaniſchem Kragen, Harniſch, Feldbinde und
Vließorden.

R) Co. Vel. Spon. Mar. Rav. et Mor.
Do. in Rave. Das mit dem Vließorden um=
gebene und mit dem Fürſtenhute bedeckte
Pfälziſche Wappen, oben getheilt 16 — 23.
1/2 Thaler.

567. Wolfg. Wilh. D. G. Co. Pal. Rhe. Dux
Bav. Iul Cl. i. Mone. Geharn. Bruſtbild in
bloßem Haupte mit Vließorden.

R) Co. Veld. Spon. Mar. Ra. et Morſ.
D. in Ra. 1632. Das von zwey hervorra=
genden Engeln gehaltene, mit der Vließkette
umgebene und dem Fürſtenhute bedeckte
Wappen.

568. Phil. Wil. D. G. Com. P. Rhe. D. Bav.
Iul. Cle. et Mont. Bruſtbild in Perücke,

R) Moneta nova argentea Pal. Neobur. 1674. Das mit der Vließkette umgebene und dem Fürstenhute bedeckte Wappen.

569. Iohan. D. G. Co. Pa. Rhe. Dux Ba. Iul. Cli. et Mon. Geh. Brustbild in kurzen Haaren mit Umschlag.

R) Co. Ve. Sp. Ma. et Ra. Do. in. Rave. 1624. Das vollständige Wappen mit fünf Helmen.

570. Iohan. D. G. Com. Pala. Rhe. Dux Ba. Iul. Cli. et Mont. Vorwärts gekehrtes Brustbild mit Spitzenkragen, Harnisch und Feldbinde.

R) Co. Ve. Spo. Mar. et Rav. Do. in Ravenſ. 1626. Das Pfälzische Wappen mit fünf Helmen.

3. Veldenzische Linie.

571. Leopold. Ludovicq. D. G. C. P. R. D. B. et Com. Veldentiae. Geharn. Brustbild mit Feldbinde.

R) Verbum Domini manet in aeternum. Das Pfälzisch=Veldenzische Wappen mit zwey Helmen, zwischen denselben 1 — 67 — 2. 1/2 Thaler.

572. Der nemliche.
573. Der nemliche.
   A) *Ludovic.*
   R) Jahrzahl 16 — 73.
574. Der nemliche.
575. Der nemliche.
576. Derselbe.
577. Der nemliche.
578. Der nemliche.
579. Der nemliche.

580. Derselbe.
581. Derselbe.
582. Derselbe.

4. Birkenfeldische Linie.

583. Christian. IV. D. G. C. P. R. Bav. D. Geharn. Brustbild mit Orden.

R) Ex fodinis Bipontino. Seelbergensibus 1754. Wappen mit Fürstenhut und Ordenskette.

584. Christian. IV. D. G. C. P. R. Bav. Dux. Brustbild.

R) 10 Auf eine Marc Fein. Wappen mit Ordenskette, Palm= und Lorbeerzweig. Oben 17 — 60.

Pommern.

585. Philipp Julius Sterbethaler von 1625.

A) Philippus. Iulius D. G. Dux Stet. Pom. Caßu. et Van. Geharn. Brustbild mit Mantel, großen gefalteten Spitzenkragen.

R) Inschrift von 10 Zeilen.

586. Carolus XI. D. G. Rex Sue. G. & V. Geharn. Brustbild im Mantel.

R) Mon. nov. Pomer. citerioris. ₰. 1690. Das von zwey behelmten wilden Männern gehaltene Wappen.

Sachsen.

1. Lauenburg.

587. Iul. Franc. Sax. Ang. Westph. Dux. Sch. Brustbild.
R) Thu Recht Scheu Nimandt. Gekröntes Wappen. ⚜. 1678.

588. Iul. Franc. Sax. Ang. Westph. Dux. Dessen geharnischtes Brustbild in bloßem Halse.
R) Das behelmte Wappen mit den Sächsischen Churschwerdtern im vierten Felde. Oben: 1683. Unten herum: Nach altem Schrot und Korn.

2. Alt-Gotha.

589. D. G. Ioa. Fri. II. Du. Sax. Lan. Th. et Mar. Misni. Das geharn. Brustbild in bloßem Haupte und vollem Gesichte, in der Rechten den Zepter, mit der Linken den Degen haltend. Neben die getheilte Jahrzahl 1566. Sechs kleinere Schilde in der Umschrift.
R) D. G. Ioh. Wilh. Du. Sax. Lan. Th. et Mar. Misni. Volles Brustbild, geharn. mit dem Commandostaabe, links sehend.

590. D. G. Ioh. Casi. et Ioh. Ernes. Fra. Duces Sax. Zwey geharn. Brustbilder mit Kragen und bloßen Häuptern gegen einander sehend, im Abschnitte 1585.
R) Lant. Thur. e. Mar. Mis. mone. Imperi. Das Wappen mit drey Helmen.

591. D. G. Ioh. Casi. et Ioh. Ernf. Fra. Duces Saxo. Zwey geharn. Brustbilder gegen ein-

anber ſehenb, mit größern Kragen und bloßen
Häuptern, im Abſchnitte 1592.
R) Lantg. Thur. et Marchio Misn. mone.
Imperi. Das mit 12 Wappenſchilden umge-
bene Sächſiſche Wappen.

592. 2/3 Thaler, wie Nro. 591.
A) *Sax.* im Abſchnitte 1595.
R) *Mis.*

593. Der nemliche.
A) *Saxoni,* im Abſchnitte 1596.
R) *Thuri. Misni.*

594. Der nemliche.

595. D. G. Ioh. Caſi. et Ioh. Ern. Fra. Du. Sax.
Iuliae Cli. et Mon. Inwendig: Frid ernehrt
Unfrid verzehrt. Zwey Bruſtbilder gegen
einander ſehend, geharniſcht, mit bloßen
Häuptern und Spitzenkragen.
R) Landg. Thu. Mar. Mis. Com. Mar.
et Ravenſ. Dn. in Rav. In der Mitte ein
Turnierritter zu Pferde mit der Jahrzahl
1613, nebenzu zwey kleine Wappenſchilde
und ringsherum 16 größere.

3. Altenburg.

596. D. G. Fride. Wil. et Iohane. Fra. Duces
Saxo. Beyder gegen einander ſehende BB.
im Gewande und bloßem Haupte, im Ab=
ſchnitte 1578.
R) Lant. Thu. et Mar. Mis. mone. Imperi. Wappen mit drey Helmen.

595. D. G. Fri. Wil. Du. Sax. Lan. Thur. Mar.
Mi. Mo. Imp. Bruſtbild in vollem Geſichte,
Mantel, Kragen und Koller, neben die ge=

theilte Jahrzahl 1584. Die Umschrift von 6 Wappenschilden unterbrochen.
598. Der nemliche.
599. Der nemliche von 1585.
600. Dei Gra. Iohan. Philip. et Frideri. Zwey gegen einander sehende Brustbilder in bloßem Haupte und Mantel. Drey Wappenschilde in der Umschrift.
R) Ioh. Wil. et Frid. Wil. Fra. et Du. Sa. Zwey gegen einander sehende Brustbilder mit bloßem Haupte und Mantel, über denselben die Jahrzahl 1608.

4. Weimar.

601. D. G. Io. Ernef. Fridericus Wilhelmus Albertus. Vier Brustbilder in vollem Gesichte mit Mänteln und dreyfacher Kette. Im Abschnitte: Mon. nov. arg. VIII. Frat. Dux Sax. Zwischen der Umschrift drey Wappenschilde.
R) Io. Friderico. Erneftus. Frid. Wilhelm. Bernhardo. Vier andere Brustbilder im nemlichen Costume, vier Wappenschilde zwischen der Schrift. Im Abschnitte: Lineae Vinarienfis 1609.
602. D. G. Ioh. Ern. Iun. Dux Sax. Iu. Cl. et M. suo et tut. nom. Die Brustbilder der 8 Prinzen, worunter eins bis an die Kniee geharnischt, im Kragen und Feldbinde.
R) Frid. Wilh. Albert. Io. Frid. Ern. Frid. Wilh. et Bern. F. F. Das sechshelmige Wappen, neben den Helmen die Jahrzahl 1616.

603. D. G. Ioh. Phil. Frid. Ioh. Wilh. et Fr. Wil. Frat. Geharn. Brustbild mit Commandostaab und Helm neben sich, oben 1624. Vier Schilde in der Umschrift.

R) Duc. Saxon. Iul. Clivi. et Mont. Lin. Alden. Drey Brustbilder im Panzer und Feldbinde, fünf Schilde in der Umschrift.

604. Der nemliche von 1625.

605. D. G. Wilhelmus Dux. Sax. Iul. Cliv. et Montium. 1658. Geharn. Brustbild in vollem Gesichte.

R) Wilhelmsburg, im Abschnitte das Chronodistichon: sIC bene VVILheLMVs feCIt faCIetqVe bene VLtra Vt rata VerIfLVo est eLLogIo genItrIX.

606. Wilh. Ernest. I. D. G. Dux Sax. I. C. M. A. et W. Das geharnischte Brustbild in der Perücke.

R) Das fürstliche Schloß zu Weimar, von der untergehenden Sonne bestrahlet, oben: Non omnis moriar — unterhalb in der Rundung: Verblasset gleich ihr Licht stirbt doch die Wirkung nicht. Im Abschnitte: In memor. natalis Principis novaeque piae fundation XXX. Oct. MDCCXVII.

607. Ern. Aug. Constantin. D. G. Dux Sax. I. C. M. A. & W. Brustbild im Harnische, Mantel und Ordensband.

R) Iustitia et clementia. Der Sächsische gekr. Schild mit 19 kleinern Schilden umgeben. Randschrift: Memor. regim. auspicat suscepti MDCCLVI. 1756.

5. Neu-Gotha.

608. Fridericus Dux Sax. I. C. et Mont. Das mit dem Fürstenhute bedeckte Wappen, neben die getheilte Jahrzahl 1675.

R) Per aspera ad astra. Der Buchstabe F unterm Fürstenhute zwischen zwey Palmzweigen, zwischen der Umschrift vier Wappenschilde.

609. Auf die Einweihung der Schloßkirche zu Friedrichswerth.

A) Frideric. D. G. Dux Sax. I. C. & Mont. Geh. Brustbild in Spanischer Perücke.

R) Arcem et templum Friderichswerthe. Im Abschn. Inaugurari fecit. Das Schloß und die Kirche. D. 19 Iul. 1689.

610. Fridericᵍ. D. G. D. S. I. C. M. A. et W. Geharn. Brustbild in Spanischer Perücke, Ordensband und Mantel.

R) Landg. Th. M. M. Pr. D. C. Hen. C. M. E. R. D. R. E. Ton. Das sechsmal behelmte Wappen, unten 1712.

611. Fridericus III. Dux Sax. I. C. M. et Adm. Duc. Isenac. Geharn. Brustbild mit Ordenskette (Ritter St. Georg).

R) Inschrift von 12 Zeilen. Oben der größere Sächsische gekrönte Schild und 19 kleinere um die Umschrift. Randschrift: Pietate et Iustitia.

612. V. G. G. Iof. Fried. H. zu Sachsen &c. &c. Obervormund und Landesregent. Brustbild in bloßem Halse.

R) Ein geharnischter Mann stützt sich mit der Rechten auf das Schwerdt und hält in der Linken den gekr. Sächsischen Schild.

6. Saalfeld.

613. Iubilaeum Saalfeldia agit in laetitia. Des Herzogs Johann Ernsts VIII Brustbild im Harnisch mit Commandostaab in der Rechten, mit der Linken den Helm haltend.

R) Dogmata Lutheri stabunt in secula. Luthers Brustbild mit vollem Gesichte, neben 15—17.

614. Iohann. Erneft. VIII. D. Sax. I. C. M. A. & W. Geharn. Brustbild mit Spanischer Perücke. Nat. 22. Aug. 1658. D. 17. Dec. 1729. Aet. 71. An. Menf. 3. 15 Dies.

R) Coelo redux intaminatis fulget honoribus. Ein Monument mit oben stehender Urne und dem Chiffre I. E. Parenti optimo Principi pio justo clem. filialis pietas concord. fratrum monumentum P. P.

615. Franciscus Iosias D. G. D. S. Coburg Saalfeld. Brustbild mit Harnisch, Mantel und Ordensband.

R) X. eine feine Marck 1764. Das W. mit Krone.

7. Gemeinschaftlich Ilmenau.

616. D. G. Ducum Saxon. mon. communis Hennebergensis. Sächsischer Schild mit Fürstenhut, oben getheilte Jahrzahl 1692.

R) Felix fodinarum Ilmenauiensium reparatio. Die gekrönte Henne auf einem Fuße stehend. 2/3.

617. Der nemliche: *Ilmenauiens*.

Schlesien.

618. Frideri. D. G. Dux. Slesi. Legenic. z. Brigen. Dessen Brustbild von der rechten Seite in einem mit Pelz aufgeschlagenen, mit einer sonderbaren über die Ohren herabgezogenen Calotte.

R) Verbum Domini manet in aeternum. 1542. Das behelmte Wappen.

Friedland und Sagan.

Siehe Mecklenburg.

Siebenbürgen.

619. Sigismundus Bathori. Brustbild geharnischt mit Streitkolben.

R) Princeps Transsylvaniae 1590. Das von zwey Weibern gehaltene, mit Fürstenhut bedeckte Wappen.

620. Georgius Rako. D. G. P. T. Ocharn. BB. mit der Mütze, Zepter und Schwerdt.

R) Par. Reg. Hun. Dom. et Sic. Com. 1658. Gekr. Wappen, neben N. 13.

Würtemberg.

621. Iohann. - - - - - D. G. D. - - - Berg. Gekröntes Wappen.

R) Landmüntz 60. Ein liegender Hirsch. im Abschnitte: 1623. 1 fl. Stück.

622. Eberhard. D. G. Dux Wirtember. Brustbild mit vollem Gesichte, geharnischt, mit Spitzenkragen und Feldbinde.

R) Et Tec. Com. Mont. Dom. Min. Heid. 1640. Gekröntes Wappen.

623. Wilh. Lud. D. G. Dux Wirtemb. et Tec. Geharn. Brustbild mit Feldbinde.

R) Inschrift von 11 Zeilen in einem Kranze von Lorbeern und Cypressen, unten ein Todtenkopf. Sterbethaler von 1677.

624. Frid. Carol. D. G. D. Wirtemb. Administ. Geharn. Brustbild mit Feldbinde.

R) D. I. F. Die Jahrzahl 1680 getheilt ober dem bekrönten, mit einem Lorbeerkranze umgebenen Wappen.

625. Eberh. Lud. D. G. Dux Wurtem. Römisch bekleidetes Brustbild in großer Perücke.

R) Cum Deo et Die. Wappen mit Fürstenhut, unten 1694.

626. Car. Rudol. D. G. D. Wurt. & T. G. M. Adminis. & Tutor. Dessen geharn. Brustbild, 1737.

R) Das mit Fürstenhut und Mantel bedeckte Wappen. Ueberschrift: Saluti publicae. Unten: Ad legem Imperii.

Würtenberg-Schlesische Linie.

627. D. G. Christ. Ulr. Dux Wurt. T. I. S. O. B. Geharn. Brustbild.

R) Com. Montb. Dom. i. Heid. Sternb. et Med. Wappen mit vier Helmen, über welchen die getheilte Jahrzahl 1702.

628. Carol. Frid. Dux. Wurt. Tec. et Öls Admi. et Tutor. Geharn. Brustbild in Perücke, mit Ordensband und Stern.

R) Thaler aus dem Bergwerck. Der heil. Christoph, neben demselben das gekrönte

Würtembergische Wappen, unter welchem: 1740. Eine Berggegend im Hintergrunde. Zu Christophsthal im Abschnitte.

II. Neue fürstliche Häuser.

Dietrichstein.

629. Ferd. S. R. I. Princeps a Dietrichstein. Brustbild im Gewande in einer großen Perücke.

R) In Nicoisburg et Dominus in Trasp. Das mit dem Fürstenhute bedeckte Wappen, mit der Ordenskette. Oben 1695.

Eggenberg.

630. Io. Vdal. D. G. Dux Cru. Ecken. Prin. Geharn. Brustbild in breitem Kragen, geschornem Haupte und goldenem Vließe.

R) Com. Poston. Dns. in Ernhausen. 1633. Das Wappen mit Fürstenhut und Ordenskette.

631. Ioan. Ant. D. G. Dux Crumlov. Sa. Rom. Brustbild in eigenen Haaren und Spitzenüberschlag.

R) Imp. Princ. ab. Ecchenberg. 1643. Das Wappen mit dem Fürstenhute.

632. Ioan. Christ. et Ioan. Seyf. S. R. Imp. Pr. C. Gradis. Zwey gegen einander sehende geharnischte kleine Brustbilder, unter welchen 1658.

R) Duc. Crum. et Princ. ab Eggenberg Fratres. Das mit dem Fürstenhute bedeckte Wappen.

Fürstenberg.

633. Iof. Wil. Ern. S. R. I. Prin. in Furstenberg. Landgrav. in Baar et Stuhlingen &c. Geharn. Brustbild.
R) Die Bergwerksgegend im Kinzinger Thal, in dem vier Bergleute arbeiten, und einige Schmelzhütten zu sehen sind, bey aufgehender Sonne. Ueberschrift: Ausbeutethaler von S. Iofephs Cobold vnd Silber-Zeche 1729.

634. Ioseph. Wilh. Erneft. S. R. I. de Furstenberg. Geharn. Brustbild.
R) Ad legem conventionis. Das mit dem Fürstenhute bedeckte Wappen in einem verzierten Schilde. Im Abschnitte: Ausbeut-Thaler v. S. Sophia Kobold und Silberzeche bey Wittichen. 1762.

Hohenlohe.

635. Car. Alb. D. G. Pr. regn. ab. Hohenl. et Waldenb. D. in Langenburg. Geh. Brustbild in einer im Nacken zusammen gebundenen Perücke. Deo Patriae non nobis. I. L. Oexlein f.
R) Ex flammis orior. Der aus dem Scheiterhaufen emporkommende Phönix, im Abschn. 10. Eine feine Marck MDCCLVII.

636. Lud. Frid. Carol. D. G. Princ ab Hohenl. Com. de Gleich. D. in Langenb. & Cra-

nichfeld. Geharn. Brustbild mit Perücke im Nacken gebunden.

R) X. Eine feine Marok. Wappen mit Krone und Fürstenmantel. Unten die getheilte Jahrzahl 1770. S. N. R.

Lichtenstein.

637. Iof. Io. Ad. D. G. S. R. I. P. & Gub. Dom. de Liechtenstein. Geharn. Brustbild in Perücke.

R) Opp. et Carn. Dux. C. Ricb. Gran. Hisp. P. Class. S. C. M. int. Cons. 1728. Das mit der Ordenskette umgebene, mit Fürstenhut und Mantel bedeckte Wappen.

638. Iof. Wenc. D. G. S. R. I. Pr. et Gub. Dom. de Liechtenstein. Geh. Brustbild mit fliegenden Haaren und Vließkette.

R) Opp. et Carn. Dux Com. Rittb. S. C. M. Cons. int. et Campi Mareschal. Das mit der Vließkette umgebene gekrönte und von zwey schwebenden Engeln getragene Wappen, unten 1758.

639. Der nemliche.

640. Franc. Iof. D. G. S. R. I. Pr. et Gub. Dom. de Liechtenstein. Brustbild mit der Vließkette.

R) Opp. et Carn. Dux. Com. Rittb. S. C. M. Cons. int. aur. velléris Eques 1778. Das gekrönte, mit der Vließkette umgebene Wappen.

Löwenstein.

641. Carol. D. G. S. R. Imp. Princ. in Löwenst. et Werth. Geharnischtes Brustbild mit gebundener Perücke und Fürstenmantel.

R) Constantia et prudentia. Das gekrönte, von zwey Löwen gehaltene Wappen, unten 1754.

642. Carol. D. G. S. R. Imp. Princ. in Löwenst. et Werth. Geharn. Brustbild mit gebundener Perücke und Fürstenhut.

R) X. Eine feine Marck 1766. Das gekrönte, von Löwen getragene Wappen mit Ordenskette. N. S. R.

Mansfeld.

643. Henri. S. R. I. P. C. Mansfeldae N. D. in. Held. Seeb. et Schrapplau. Das mit dem Fürstenhute und Mantel bedeckte W.

R) Bey Gott ist Rath und That. Der Ritter St. Georg, der den Drachen erlegt, im Abschnitte 1774. 1/2 Thaler.

Nassau-Weilburg.

644. Car. Aug. D. G. Pr. Nass. Weilb. Geharn. Brustbild.

R) Ex visceribus fodinae Mehlbac. Das Wappen mit Fürstenhut und zwey Löwen, unten fein Silber.

645. Iohan. Franc. Henric. Guil. Maur. Henr. Casim. Franc. Alexand. Fünf geharnischte Brustbilder bis an die Kniee, im Abschnitte: 1681.

R) D. G. Naſſoviae Princip. Com. Catti-
melib. Viand. et Dec. Dom. in Beilſt. Das
mit Fürſtenhut bedeckte, von zwey Löwen gehaltene Wappen.

Oettingen.

646. Albertg. Erneſtg. D. G. Princeps Ottingen.
Bruſtbild in Perücke.

R) Furſtlich Otting. Reichsthaler 1677.
Wappen mit Fürſtenhut.

647. Ioan. Aloyſ. I. Princ. de et in Ottingen.
Geharn. Bruſtbild, am Arme M.

R) Das von zwey Hunden gehaltene W.
unter dem Fürſtenhute und Mantel auf einem
Geſtelle. Unten: X eine feine Mark. 1759.

Salm-Kyrburg.

648. Frid. D. G. Pr. a Salm Kyrb. Com. Rh.
et Syl. Bruſtbild.

R) Ad normam conventionis. 1780.
Das mit Fürſtenhut und Mantel bedeckte
Wappen.

649. Frid. III D. G. Pr. à Salm Kyrb. Com.
Rh. et Sylv. Bruſtbild.

R) Ad normam conventionis. Das mit
einer Ordenskette eingefaßte und mit Fürſtenhut bedeckte Wappen zwiſchen zwey Lorbeerzweigen. Unten R. F. 1782.

Schwarzburg.

650. Ioannes Fridericus D. G. P. S. Rud. D. S.
Senior. Geharn. Bruſtbild mit Mantel.

R) X eine feine Marck. Das mit einem Ordensbande umgebene und gekrönte Wappen, von zwey wilden Männern getragen. Unten: I. C. E. 1765.

651. D. G. Ludovicus Guntherus P. Schwarzb. Rud. Bruſtbild geharniſcht mit Mantel.

R) X. eine feine Marck. Das mit einem Ordensbande umgebene gekrönte Wappen, unten die getheilte Jahrzahl 1768.

652. D. G. Chriſtian. Gunth. Pr. Schwarzb. Sondersh. Das geharn. Bruſtbild mit dem Hubertusorden.

R) X Eine feine Marck nach dem Conventionsfus 1764. Das gekrönte Wappen. Unten: H. C. A. S.

Schwarzenberg.

653. Ferdinand. et Maria Anna. Beyder Bruſtbilder, das erſte geharniſcht in langer Peruͤcke.

R) Princeps à Schwarzenberg Haeres Landgravia in Sulz. Die zwey Wappenſch. von Schwarzenberg und Sulz, jedes mit einem Fuͤrſtenhute und dem Fuͤrſtenmantel beyde bedeckt. Oben die getheilte Jahrzahl 1696.

654. Adamvs Francifc. D. G. S. R. I. Princeps. Deſſen roͤmiſch bekleidetes Bruſtbild.

R) In Schwarzenberg Landgr. in Cleggov. Das mit dem Fuͤrſtenhute bedeckte W. 1725.

655. Ioseph. D. G. S. R. I. Prin. in Schwarzenberg. Deſſen roͤmiſch bekleidetes Bruſtbild.

R) Landgr. in Cleggov. Com. in Sulz Dux Crum. Das mit der Vließkette, Fürstenhut und Mantel gezierte Wappen, oben die getheilte Jahrzahl 1741.

656. Ioh. D. G. S. R. I. Princeps in Schwarzenberg. Brustbild.
R) Landg. in Cleg. Com. in Sulz Dux Crum. 1783. Das mit einem Fürstenhute bedeckte und Vließkette gezierte Wappen.

Trautson.

657. Franc. Euseb. Trauthson Com. in Falkhenstain. Brustbild in langer Perücke.
R) L. B. in Sprechen et Schrovenstein. Wappen mit fünf Helmen, unten die getheilte Jahrzahl 1708.

658. Io. Leop. S. R. I. Princeps Trautson Com. in Falkenstein. Das Brustbild im sammetnen Gewande.
R) Aur. vell. Eqv. S. C. & Cat. Maj. intim. & conferent. Consiliar. 1719. Das mit dem Fürstenmantel und der Vließordenskette umhangene Wappen, mit einem Fürstenhute bedeckt, auf dem fünf Helme aufgestellt sind.

Waldeck.

659. Carolus D. G. Pr. Waldecc. Römisch bekleidetes Brustbild.
R) Com. Pyrmont & Rapp. Dom. i. H. & G. Wappen mit Fürstenhut, neben die getheilte Jahrzahl 1733, unten ⚜. in einem Ringe.

660. Carol. Aug. Frid. D. G. Pr. Wald. C. P. e, R. Römisch bekleidetes Brustbild.

R) Ardua ad gloriam via. Wappen mit Fürstenhut. Unten 1741.

III. Grafen.

Bentheim.

661. Mor. C. in Tec. Ben. St. et Lim. D. in Rhe. Geharn. Brustbild mit Umschlag.

R) In te spero Domine. Dreymal behelmtes Wappen, zwischen den Helmen die getheilte Jahrzahl 1657.

Berg.

662. Guil. Co. Do. Mon. z. Dns. d. Bil. He. Box. Ho. z. Wis. Ein aufgerichteter Löwe trägt einen Wappenschild.

R) Sanct. Oswald. Rex. Numus argen. 30 St. Der heil. Oswald mit Krone und Zepter. Neben: 30. St.

Dietrichstein.

663. Sigismundus Ludovicus Comes a Dietrichstain. Brustbild mit Spitzenumschlag und Vließkette, am Arme 1651.

R) Liber Baro in Hollenburg. Der gekrönte kaiserl. Adler, unten das gekr. W. mit der Vließkette, mit der Beyschrift auf einem Bande: Sub alis protegentibus tuis.

664. Sigismundus Helfridus Comes a Dietrichstein. Brustbild.

R) Liber Baro in Hollenburg. Das ge=
krönte Dietrichsteinische Wappen zwischen zwey
Palmzweigen, unten die getheilte Jahrzahl
1664.

665. Car. Lud. S. R. I. Com. a. Dietrichstain.
Geharn. Brustbild.

R) Liber Baro in Hollenburg 1726. Das
gekrönte Wappen.

Erbach.

666. Moneta nova argentea Comitum de Er-
pach D. in B. Das Wappen mit einem
Helm, oberhalb demselben die getheilte Jahr=
zahl 1623.

R) Ferdinandus II. D. G. Rom. Imp.
semp. August. Der gekrönte kaiserl. Adler
mit dem Reichsadler auf der Brust.

Friedberg.

667. Moneta nova Castri Imp. Fridberg in Wetter. Der Ritter St. Georg, den Lindwurm
tödtend, zwey Wappenschilde in der Um=
schrift. Im Abschnitte: X. Eine feine Mark.
S. (N) R.

R) Iosephus II. D. G. Rom. Imp. S. A.
1766. ad norm. convent. Der gekrönte kai=
serliche Adler mit dem Reichsapfel auf der
Brust, unten zwey kleine Wappen.

Hanau.

668. Io. Reinh. Com. in Hanaw et Zwei. Dns. Deſſen geh. Bruſtbild mit Umſchlag, Feldbinde und kurz geſchornen Haaren.
R) In Liecht. et Ochſenſt. Mar. et advo. Arg. Das vierfeldige Wappen mit Herzſchild, neben die getheilte Jahrzahl 1609.
669. Der nemliche von 1624. Die Jahrz. oben.
670. Phil. Reinh. Com. Hanov. Rhin. & Bip. Geharn. Bruſtbild in Perücke.
R) Dom. Muntz. Lich. et Ochſ. M. & ad. Ar. Gekröntes Wappen, oben die getheilte Jahrzahl 1694. fl. Stück.
671. Phil. Rein. C. Han. Rh. & Bip. Dn. Muntz. Geharn. Bruſtbild in Perücke.
R) Lich. et Ochſ. Mar. Her. et adv. Argent. Das gekrönte Wappen, unten die getheilte Jahrzahl 1694.

Hohenlohe-Schillingsfürſt.

672. W. I. G. v. H. v. G. H. z. L. v. G. G. F. M. O. v. R. Des Grafen Wolfgang Julius geharn. Bruſtbild mit einer langen Perücke, in der rechten Hand das Wappen haltend. Unter demſeben 1697.
R) So faehrt ein recht edler Sinn vber alles Wiedrigs hinn. Ein geharn. Ritter zu Pferd im Galoppe, ein bloſes Schwerdt in der rechten Hand. Auf der Erde die perſonificirten Laſter: Neid, Geiz und Wolluſt.
673. Carol. Avg. Com. Hohenloh. & Gleich. Dyn. L. B. & Cr. Geh. Bruſtbild in eigenem im Nacken zuſammengebundenen Haare.

R) Cum Deo et Die. Das dreymal behelmte Wappen, unter demselben die Jahrzahl 1738.
674. Ioan. Frid. Com. de Hohenl. et Gleich. Dom. in Langenb. et Cranichf. Senior et feud. Adminiſtrator. Aetat. S. 77. Deſſen geharn. Bruſtbild.

R) Recte faciendo neminem timeas. Drey auf den Ordensſtern gelegte Wappenſchildchen in einer verzierten Einfaſſung. Unten auf einem Bande: 10 eine feine Marck 1760.

Khevenhüller.

675. Io. Ioſ. R. S. I. Com. a Kevenhuller Metſch, in Oſterwiz. Bruſtbild in langer Perücke und Vließkette.

R) Aur. vell. Equ. SS. RR. MM. act. int. conferent. Conſil. & ſupr. Camer. 1761. Das von zwey behelmten Löwen getragene, mit der Vließkette umgebene Wappen mit Krone, auf welcher ſieben Helme.

Königsegg.

676. S. R. I. Comites a Konigsegg et Rottenfels Domini in Aulendorf et Staufen Fratres. Vier gegen einander ſtehende Bruſtbilder. Im Abſchnitte: Uti ſanguine ita et amicitia juncti M. DCCLIX.

R) Franz. Hugo. Carl. Ferd. Chriſt. Moriz Eug. Maxim. Frid. Die Namen der vier Brüder in einer Inſchrift von 22 Zeilen.

Lenzburg.

677. Bero. Com. de Lenzb. Funda. Eccl. Bero. 1720. Das Wappen mit dem Helme.

R) Colleg. Bero. fuis Benev. DD. Der heilige Erzengel Michael mit dem Schilde: Quis ut Deus.

Lippe.

678. Herman. Adolf. Gr. v. E. Herr z. Lipp. Ao. 1658. Das vorwärts sehende geharn. Brustbild in bloßem Haupte mit vollem Gesichte, mit einem Kranze umgeben.

R) Spes confisa Deo nunquam confusa recedit. Das gekrönte Wappen.

679. Simon Henr. Gr. vnd Edler H. zur Lipp. Brustbild im Gewande.

R) Nec temere nec timide. Das gekr. von zwey Löwen gehaltene Wappen, unten zwey Palmzweige und 1685.

680. Fried. Adolph. Com. et Nob. de Lipp. Geharn. Brustbild im Gewande. Randschrift: Gott erhalte das Gräfliche Lippische Haus.

R) Iustum et Decorum. Das gekrönte Wappen mit der Ordenskette, unten 1713.

681. Wilhelm. Fr. E. D. G. S. R. I. Com. in Sch. C. & N. d. Lipp. et St. D. 24. Sept. 1748. Geharn. Brustbild im Gewande.

R) Urendo crescit. Das Wappen mit drey Helmen.

Löwenstein.

682. Max. Car. Com. in Lowenstein Werth. Geharn. Brustbild in langer Perücke.
R) In casus pervigil omnes. Ein schreitender Löwe, unten 1711.
683. Carol. Lud. S. R. I. Com. in Lowenstein Werth. Geh. Brustbild im Gewande.
R) Deus providebit. X Eine feine Marck 1770. Fünf durch ein Band mit einander vereinte Wappensch., über welchen eine Krone.

Mansfeld.

684. Ernes. e. Hoiger Gebh. et Alb. Wappen mit einem Helme. 1530.
R) Monet. arg. Comi. Domi. de Mansf. Der geharnischte Ritter St. Georg mit befedertem Helme und zum Hiebe ausgeholtem Schwerdte, unter dem Pferde der sich krümmende Drache.
685. Ernes. et Hoi. Gebhar. et Alb. Wappen mit einem Helme, 1531.
R) Der nemliche.
686. Hoiger Gebhar. Alber. et Philp. Wappen mit einem Helme. 1535.
R) Mon. arg. Comi. Domi. de Mansf. Das übrige, wie vorher.
687. Christo. Ioan. Albert. et - - - - F. Der Ritter mit gesenktem Schwerdte.
R) Comites et Domi. in Mansf. Zwey Wappenschilde mit zwey Helmen, ohne Jahrzahl.
688. Io. Geo. Io: Alb. Io. Hoi. et Brun. C. e. D. i. Mansf. Das unbehelmte W. 77.

R) Maximilia. II. D. G. Rom. Imperat. Aug. P. F. D. Der Ritter, der den Drachen durchbohret.

689. Peter. Ern. Bruno Ge. Ha. Ge. P. Das Wappen mit zwey Helmen. 93.

R) Comi. e. Domi. i. Mansfe. Nob. D. i. H. Der Ritter, welcher den Drachen durchbohret.

690. Peter Ern. Bruno Ge. H. C. P. Wappen mit zwey Helmen, zwischen denselben 1600. und G. M.

R) Com. e. Do. i. Mansf. Nob. Do. i. Hel. Der Ritter, der den Drachen mit der Lanze durchbohrt. 1/2 Thaler.

R) Com. e. Do. i. Mansf. Nob. Do. i. Hel. Der Ritter, der den Drachen mit der Lanze durchbohrt. 1/2 Thaler.

691. Hein. Co. e. Do. i. Mansf. No. D. i. Held. et Schrif.

R) Das Wappen mit einem Helme, neben demselben getheilt G. M. und weiter unten die getheilte Jahrzahl 1601.

692. Bruno Seni. Wilh. Ha. Ge. Volraht P. Das Wappen mit zwey Helmen, zwischen welchen G. M. 605.

R) Comi. e. Domi. in Mansfe. Nob. Do. i. H. Der Ritter, den Drachen erlegend.

693. David. Co. e. Do. in Mansf. Nob. D. i. Hel. et Schrapl. Der Ritter mit ausholendem Schwerdte, unter ihm der Drache auf dem Rücken.

R) Das unbehelmte Wappen, über demselben: Bei Got ist Rath vnd That, neben die getheilte Jahrzahl 1606. und G. M.

694. Fridericus Christ. Co. e. Do. in Mansf. Das Wappen mit einem Helme und getheilter Jahrzahl 1610. und G. M. getheilt.

R) Nobilis Dominus in Held. Seeburg et Schrapl. Der Ritter mit aufgehobenem Schwerdte, unter ihm der auf dem Rücken liegende Drache.

695. David. Co. e. Do. i. Mansf. Nob. D. i. Held. et Schrapl. Der Ritter mit aufgehobenem Schwerdte und dem Drachen, der auf dem Rücken liegt.

R) Das unbehelmte Wappen, die Jahrzahl 1613 und G. M. getheilt, über dem Wappen: Bei Got ist Rath und That.

696. Volrt. Iobst. e. Wolfg. Patr. Wappen mit zwey Helmen, zwischen denselben 1616.

R) Com. et Do. in. Mansf. No. Do. in Hel. Der Ritter zu Pferd, der den Drachen erlegt.

697. Christiang Fridericq. Comes ac Dom. Der Ritter mit aufgehobenem Schwerdte, unter ihm der Drache.

R) In Mansfelt Nob. Dn. in Heldr. S. e. S. Das Wappen mit einem Helm, oben H. P. — K. neben 16 — 64.

Montfort.

698. Franc. Xav. Com. de Montfort. Geharn. Brustbild mit Mantel und Gewand.

R) Das schräg stehende Wappen mit Helm und Fahne. Unten getheilt 1759.

Noſtiz.

699. Antonio Ioh. S. R. I. Com. de Noſt. et Rin. Geharn. Bruſtbild in Perücke.

R) Das verzierte von zwey Greifen gehaltene Wappen mit einem Schwane auf der Krone. G. F. N. 1719. Unten: C. M. Conſ. int. Cam. ſupr. R. Boh. Praef. Burgg. Egr.

Oettingen.

700. Ignatius Comes ab. Ottingen. Ein Gefäß mit Blumen, das eine Hand aus den Wolken mit einer Gießkanne begießt. Ueberſchrift auf einem fliegenden Bande: A ſuperiore pendet.

R) Hinc labor et opus. 1694. Das behelmte Wappen.

Reuß.

701. Heinrico Iun. et Se. Ruth. Dn. a. Plav. D. in Gr. C. G. S. & L. Das Bruſtbild mit breitem Spitzenkragen und der Feldbinde. Ich Baw auff Gott.

R) In der Mitte eine Lateiniſche Aufſchrift von 8 Zeilen. Umſchrift: Pietas ad omnia utilis. Zwiſchen dieſer Umſchrift vier Figuren aus dem Reußiſchen Wappen. Die drey untern in Schilochen eingefaßt. (Ein ſeltener Begräbnißthaler vom Jahre 1635).

702. Heinrich d. XII. i. Reuſs. G. u. H. v. Plauen. Geharn. Bruſtbild mit Zopfe und dem Orden de l'union parfaite.

R) In Iesu vivo et moriar. Wappen mit zwey Helmen. X. Eine Marck Fein 1764. I. C. — K. neben dem Wappen unten.

Sayn und Witgenstein.

703. Gustav G. z. S. W. v. Hoh. H. z. H. v. N. L. v. C. L. Brustbild in Perücke.

R) Ad palmam pressa laetius surgit. W. mit Krone. 1676. 2/3.

Schaumburg.

704. Ernestus D. G. Princ. et Comes Holf. Schawen. Brustbild geharnischt und Spitzenkragen.

R) Comes Sternb. Dominus Ge. 620. Wappen mit drey Helmen.

705. V. G. G. Philip. Graf zu Schaumb. Lipp. u. Sternb. Geharn. Brustbild, vorwärts sehend.

R) Durch Gottes Segen. 1660. Wappen mit drey Helmen.

Schlick.

706. Ferdinandus Prim. Dei Gra. Rex Boemie. Der gekrönte Böhmische Löwe.

R) Arma Do. Slic. Stef. et Fra. Co. de Basan. Das Wappen mit drey Helmen, über dem mittelsten der heilige Joachim, einen Schein um das Haupt. Unten 27. (Dieser Thaler ist nach Ferdinands im Jahre 1626 erfolgtem Tode geprägt).

707. Heinric. Schlick Comes a Pafan. Anna mit dem Jesuskinde und der heiligen Maria, neben St. Anna, unten das Wappen und 16—32.

R) Ferdinandus II. Rom. Imp. semper Augustus. Der gekrönte doppelte Adler, das Böhmische Wappen auf der Brust.

Solms.

768. Christian August Graf zu Solms Laubach v. T. H. z. M. W. & S. vermaehlt mit. Geharn. Brustbild.

R) Elisabetha Amalia Friderica Graefin zu Ysenburg den 27 Dec. 1738. BB.

709. Elis. Amal. Frid. Princ. in Solms N. Pr. i. Ysenb. nat. D. 20. Nov. 1714. Den. 22. Nov. 1748.

R) In mem. amabilis conj. F. F. Christ. Aug. Com. in Solms. Ein Genius mit umgekehrter verlöschender Fackel, nebst dem bekrönten Solms-Ysenburgischen Wappen, im Abschnitte: Rel. 2. fil. et 2 filias.

Sprinzenstein.

710. Ioan. Ernricus S. R. I. C. et Dom. de et in Sprinzenstein et Neuhaus. Geharn. BB. in langer Perücke.

Stollberg.

711. Christian Ernst. Graf zu Stollberg K. R. W. u. H. Her. z. E. M. B. A. L. u. C. 1760. Dessen geh. Brustbild in der Perücke

mit dem schwarzen Adlerorden und dem Orden de l'union parfaite.

R) Ein runder Altar mit auffsteigendem Danke: Gott sey gebenedeyt für diese seltne Zeit. Im Hintergrunde die Stadt Wernigerode. Nach funfzigjähriger Regier. zu Wernigerode seit dem 9. Nov. 1710.

712. Christo. Frid. u. Iost Christi. Gebr. Gr. zu St. K. R. W. u. H. XXIV. Mariengrosch. fein Silber. I. I. G. 1710.

R) Gott seegne und erhalte unsere Bergwercke. Der Hirsch bey der mit S. bezeichneten Säule.

713. Wohl Denen die Seine Zeugnisse Halten Die ihn von ganzem Herzen suchen. Ps. CXIX. v. 2. den 25 Iunii. I. I. — G. ⅔.

R) Der nemliche.

714. Christo. Frid. u. Iost Christi. Gebr. Gr. z. St. K. R. W. u. H. XXIV. Mariengrosch. fein Silber. I. I. G. 1737.

R) Der nemliche.

715. Die nemliche Umschrift. Wappen mit Krone. 1737. I. I. — G. getheilt, neben dem Wappen unten ⅔.

716. Friedrich Botho. u. Carl Ludwig Gr. zu Stolb. K. R. W. u. H. Wappen mit Krone, unten C.

R) X. Eine feine Marck nach dem Convent. Fuss. 1764. Der Hirsch an der Säule.

717. Der nemliche.
718. Der nemliche.

A) Unten 2/3.
R) Unten C. **XX.** eine feine.

719. Der nemliche.

(Windisch-

Windischgrätz.

720. Leopold. Vict: Io. S. R. I. Comes a Windischgratz. Dessen Brustbild in der Perücke.
R) S. C. M. Consf. Statvs intimus & haered. per Styr. sup. Stab. praefectus 1732. Das zweymal behelmte von zwey Wölfen gehaltene Wappen.

Freiherr von Batenburg.

721. Dena. novus D. Batenb. triginta Stuber. Reichsadler mit Krone.
R) Domine conserva nos in pace. A° 1564. Ein aufrecht stehender Löwe.
722. Mo. no. Lib. Baron - - - - Impe. Rechei. Wappen mit zwey Helmen.
R) Ferdi. Elec. Romano. Impe. sem. Augustus. Der gekrönte Reichsadler.

f. Italienische.

I. Florenz.

723. Ein halber Thaler mit dem gekrönten Wappen und Jahrzahl 1663. Das übrige ist verschliffen.
724. Cosmus III. D. G. Ma. Du. Etruri. VI. Geharn. Brustbild in langen Haaren. Unter der Achsel 1676.
R) Filius meus dilectus. Die Taufe Jesu vom Johannes am Jordan. 1/2 Thaler.

725. Cosmus III. D. G. Mag. Dux Etruriae 1677. Geharn. Brustbild.
R) Filius meus dilectus. Die Taufe Jesu.
726. Cosmus III. D. G. Mag. Dux Etruriae VI. Brustbild mit der Zackenkrone. Unten 1683.
R) Et patet et favet. Der Hafen zu Livorno.
727. Cosmus III. D. G. Mag. Dux Etruriae VI. 1684. Geharn. Brustbild.
R) Filius meus dilectus. Die Taufe Jesu.
728. Franc. III. D. G. Loth. Bar. et M. Etr. D. Rex Hier. Belorbeertes BB. im Harnische.
R) In te Domine speravi. Das gekrönte Wappen, mit zwey Lorbeerzweigen und der Vliesordenskette umgeben. Darunter: Pisis und 1739. Ein halber Thaler.
729. Petrus Leopoldus D* P* R* H* et* B* A* A* M* D* Etrur* Dessen geharn. BB. in eigenem Haare mit umgelegtem Hermelinmantel.
R) Dirige Done. gressus meos. Das gekrönte Wappen. Pisis 1766.
730. Der nemliche.

II. Genua.

731. Dux et Guber. Reipu. Genuen. Das von zwey Greifen gehaltene Genuesische Wappen.
R) Non surrexit major. 1675. Johannes der Täufer.
732. Dux et Gub. Reip. Genu. Das mit Sternen in den vier Winkeln besetzte Kreuz.
R) Et rege eos 1675. I. L. M. Die Mutter Gottes mit dem Jesuskinde in einer Wolke sitzend.

III. Lucca.

733. Sanctus Martinus. Der heil. Martin.
R) Respublica Lucensis 1750. Das gekrönte Wappen.

IV. Mantua.

734. Ferd. Car. D. G. Dux. Mant. Mont. Car. Guaſ. Brustbild in einer Perücke.
R) Convenientia cuique. Eine Trophee von Kanonen und andern Kriegsgeräthen, 1702. Randschrift: Majestatis praesidio.

V. Mayland.

735. Maria Thereſia D. G. Reg. Hun. Boh. Arch. Auſ. Brustbild.
R) Mediolani Dux. et C. Gekr. Wappen, unten 1749.
736. M. Thereſia D. G. R. Imp. Hu. Bo. Reg. A. A. Brustbild.
R) Mediolani Dux. 1778. Mayländisches Wappen. Randschr. Iustitia et clementia.
737. Ioseph. II. D. G. R. Imp. S. Aug. G. H. et B. Rex A. A. Brustbild mit Lorbeerkr.
R) Mediolani et Mant. Dux 1783. W. mit Krone.

VI. Meſſerano.

738. Franc. Fil. Ferr. Fli. Princ. Meſſera. Geharn. Brustbild bis an den Schoos, mit der Linken den Griff des Degens haltend.

R) Non nobis Dne sed nom. tuo da gloriam. Der gekrönte Reichsadler mit dem Messeranischen Wappen auf der Brust, ohne Jahrzahl. B. 12. unten.

VII. Modena.

739. Raynaldus I. Mut. R. M. Ec. Du. Brustbild in langer Perücke.

R) Nobilitas Estensis. Einfacher Adler, über demselben eine Krone, das Wappen auf der Brust.

740. Raynaldus I. Mut. Reg. Ec. D. XI. Mi. I. Geharn. Brustbild. 1720.

R) Protector noster aspice. Ein knieender Bischof mit Inful und Staab, unten die Zahl 160.

741. Hercules III. D. G. Mut. Reg. Mir. Ec. Dux. Brustbild im Gewande.

R) Proxima soli 1782. Das gekrönte mit drey Ordensketten umgebene Wappen. Randschrift: Mensura et pretium.

742. Der nemliche ohne Randschrift. 1/4 Thlr.
743. Der nemliche mit Randschrift von 1783. 1/2 Thaler.

VIII. Parma.

744. Ferdinandus I. Hisp. Infans. Brustbild in eigenen gebundenen Haaren.

R) D. G. Parmae Pla. Guast. Dux. 1734. Wappen mit Krone und goldener Vließkette.

745. Der nemliche. 1/2 Thaler.

IX. Ragusa.

746. Rector Reip. Rhagusin. Brustbild im Mantel und großer Perücke.
R) Ducat. et Sem. Reip. Rag. 1766.

X. Sardinien und Savoyen.

747. Car. Em. D. G. Dux Sab. P. Ped. Geh. Brustbild mit Kragen. 1588.
R) Opportune. Ein Centaur mit Bogen und Pfeil, unten eine fallende Krone. 1588 in der Umschrift.

748. Car. Em. D. G. Rex Sar. Cyp. et Ier. 1758. Brustbild.
R) Dux Sabaud. et Montisfer. Princ. Pedem. Wappen mit Krone und Ordenskette.

749. Der nemliche von 1762. 1/2 Thaler.

XI. Sicilien.

750. Car. D. G. Rex Nea. Hisp. Infans. Das gekrönte Wappen. F. B. A. Unten der Werth G. 60.
R) De socio Princeps. Ein liegender Flußgott, in der Ferne der rauchende Vesuv. Im Abschnitte: D. G. 1734. G.

751. Carolus D. G. Sic. et Hier. Rex. Hisp. Inf. Geharn. Brustbild in langer Perücke und Lorbeerkranze.
R) Fausto coronationis anno. Der einfache Adler mit einer kleinen Krone und ausgebreiteten Flügeln, neben F. N. getheilt, unten 1735.

752. Car. D. G. Rex Neap. Hifp. Infans. Gekröntes Wappen, neben M — M. A. unten G. 120.

R) De focio Princeps. Flußgott ꝛc. D. C. 1747. G.

753. Car. D. G. utr. Sic. et Hier. Rex. Geharn. Bruſtbild, unten D. G.

R) Hifpaniar. Infans. 1750. Zwey Chiffern, R. Wappen mit Krone, unten G. 120.

754. A) Der nemliche.

R) — — — — 1752. M. M. R.

755. Ferdinand. IV. D. G. Siciliar. et Hier. Rex. Geh. Bruſtbild mit Vließorden, unten F. A.

R) Hifpaniar. Infans 1766. Wappen mit zwey Ordensketten. Gr. 120.

756. Ferdinandus D. G. Sicil. et Hier. Rex. Bruſtbild.

R) Hifpaniarum Infans. Ein Kreuz mit Kronen und Lilien in den vier Ecken, unten 1785. 1/2 Thaler.

XII. Trivultio.

757. Ant. Cajetanvs Trivvl. S. R. I. Prin. & C. Deſſen Bruſtbild in der Perücke. Unterm Arme die Zahl 130.

R) Coms. M. XI. Bar. Retennii Imper. XV. et c. 1686. Zwey ſchräg geſtellte Wappen. Darüber ein Kopf mit drey Geſichtern, unten eine Korngarbe. Monnoyes en argent. p. 316.

XIII. Venedig.

758. Franc. Contar. Dux. Ven. Das Blumenkreuz, unten I. B. C.

R) Sanctus Marcus Venet. Der geflügelte Löwe. Unten 140.

759. Dominic. Contar. Dux Venet. Blumenkreuz, unten L. P.

R) Sanctus Marcus Venet. Der geflügelte Löwe, im Abschnitte 70.

760. S. M. V. Paul. Rainerius D. Der heilige Marcus, vor dem der Doge knieet, unten B. C.

R) Ducatus Venetus. Der Venetianische Löwe mit dem Buche, worin die Worte zu lesen: Pax tibi Ma. Evalis Me.

761. Franc. Erizzo. Dux Ven. Blumenkreuz, unten B. B.

R) Sanctus Marcus Venet. Der geflügelte Löwe, unten 140.

762. Franc. Lauredano Duce 1756. Der geflügelte Löwe.

R) Respublica Veneta. Weibliches BW. in der Dogenmütze.

g. Schweizerische.

I. Basel.

763. Die Abbildung der Stadt Basel. Oben: Basilea.

R) Domine conserva nos in pace. Das Stadtwappen in einem Kreise von acht anbern Wappenschilden, von einem Basilisken gehalten.

II. Bern.

764. Ein schreitender Bär, über demselben der zweyköpfige Adler. Ringsherum 20 — und über dem Adler in einem halben Zirkel sieben Wappenschilde.

R) Sanctus Vincentius. 1494. (mit altgothischen Buchstaben) Der heil. Vincenz in einem Buche lesend, einen Palmzweig in der linken Hand. Ringsherum ein Kranz.

Ein seltener und sehr gut conservirter Thlr.

III. Schafhausen.

765. Moneta nova Scafusensis. Ein Schaafbock, der aus einem Hause hervorspringt. Oben: 1622.

R) Deus spes nostra est. Der einfache Adler, über demselben eine Krone.

766. Der nemliche.

IV. Zürich.

767. Mo. no. Thuricensis civit. Imperi. Ein Löwe, der den Wappenschild und den Reichsapfel hält.

R) Domine serva nos in pace. 60. Der Reichsadler mit Krone.

768. Mon. no. Thuricensis civitatis Imperialis. Drey Wappenschilde von zwey Löwen gehalten, unten 1559.

R) Das Stadtwappen mit der Umschrift: Dne. serva nos in pac. Ringsherum neun Wappen.

769. Moneta nova Reipublicae Tigurinae. Ein Löwe mit dem Wappen, in der einen Klaue den Reichsapfel, in der andern das Schwerdt haltend.

R) Domine conserva nos in pace. 1652. in einer Einfassung, in welcher oben ein Engelskopf.

770. Moneta Reipublicae Tigurinae. Das Wappen auf einem Fußgestelle, von zwey Löwen gehalten, davon einer ein Schwerdt, der andere einen Palmzweig hält.

R) Domine conserva nos in pace. Die Stadt Zürich von der Wasserseite, 1723.

771. Moneta Reipublicae Tigurinae. Der Wappenschild von einem Löwen gehalten, der in der rechten Klaue ein Schwerdt trägt.

R) Die Stadt von der Wasserseite, 1753.

772. Moneta Reipublicae Tigurinae. Ein Löwe, der mit der linken Klaue das Wappen, in der rechten ein Schwerdt trägt.

R) Tigurum. Die Stadt Zürich von der Wasserseite, unten 1768.

h. Holländische.

I. Friesland.

773. Mo. no. arg. Pro. confoe. Belg. Westf. Ein geharnischter Mann stehend mit Schwerdt und Wappen, neben die Jahrzahl 1661.

R) Concordia res parvae crescunt. Der Löwe mit Pfeilen und Schwerdt in einem gekrönten Wappenschilde. 1/2 Thaler.

II. Holland.

774. Mo. no. arg. Pro. confoe. Belg. Co. Holl. Ein geharnischter Mann stehend mit Schwerdt und Wappen. Die Jahrzahl 1662 getheilt.

R) Concordia &c. Der Löwe mit Pfeilsbündel und Schwerdt in einem gekr. Schilde.

III. Ober-Yssel.

775. Nemo laeditur, nisi a se ipso. Ein Ygel, den drey Jagdhunde anfallen, in einer waldigen Gegend. Unten der Oberyssellische Löwe in einem Schilde. Vivat transi.

R) Vincit amor mortem caetera mortis erunt. Zwischen dieser Umschrift die Wappen von Kampen, Deventer und Zwoll. In der Ferne die Stadt Kampen an der Yssel, an deren diesseitigem Ufer sich eine männliche und eine weibliche Figur, deren jede einen Stern auf dem Haupte hat, umarmen. Oben in den Wolken drey Sterne. Ohne Jahrzahl.

IV. Utrecht.

776. Mo. no. arg. Pro. confoe. Belg. Traj. Ein geharnischter Mann zu Pferd, in der Rechten das Schwerdt haltend, unten das Wappen.

R) Concordia res &c. 1660. Der Löwe mit Pfeilbündel und Schwerdt in einem ge-

krönten Wappenschilde, das ebenfalls zwey gekrönte Löwen halten.
777. Der nemliche von 1662.
778. Der nemliche. Die Jahrzahl 1680. in einer Einfassung unter dem Wappen.
779. Mo. arg. ord. foed. Belg. Trai. Der Löwe mit Pfeilbündel und Schwerdt in einem gekrönten Wappenschilde, neben 1. G. (1 fl.)
R) Hac nitimur hanc tuemur. Pallas hält in der Rechten die Lanze mit dem Freyheitshute, stützt sich mit der Linken auf ein Buch, das auf einem Säulenfuße steht, unten 1715.

i. Reichs- und andere Münzstädte.

I. Augsburg.

780. Augusta Vindelicorum. Die Stadt Augsburg, oben der Tannzapfen, unten die Jahrzahl 1626.
R) Imp. Caef. Ferd. II P. f. Ger. Hun. Boh. Rex. Der gekrönte Reichsadler mit Schwerdt und Zepter, unten 1/3.
781. Augusta Vindelicorum. Die Stadt Augsburg, darüber ein Engelskopf, vor derselben der Tannzapfen und die Jahrzahl 1643. in einer Einfassung, darunter drey Hufeisen.
R) Imp. Caef. Ferd. III. P. f. Ger. Hun. Boh. Rex. Geh. Brustbild in kurzem Haare und Barte mit Lorbeerkranz und Vliesorden.

II. Beſançon.

782. Moneta civit. Imperi. Biſuntinae. Der gekrönte doppelte Reichsadler mit dem Stadtwappen auf der Bruſt.
R) Carolus Quint. Rom. Imperator. Der Kaiſer gekrönt und geharniſcht in ganzer Figur, in der Rechten den Zepter und in der Linken den Reichsapfel, neben die getheilte Jahrzahl 1660.

III. Bremen.

783. Bremer Statgelt. Wappen mit Krone, neben getheilt 1672. unten 74. Grot.
R) Leopold. D. G. Rom. Imp. ſemp. Aug. Der gekrönte doppelte Reichsadler. 1/2 Thaler.

IV. Breyſach.

784. Moneta nova Briſachienſis. Ein Wappenſchild, über demſelben 1553.
R) Domine conſerva nos in pace. Ein einfacher Adler.

V. Campen.

785. Mone. no. civitatis Impe. Campenſis. Das Stadtwappen mit der getheilten Jahrzahl 1598.
R) Rudol. II. D. G. Elec. Ro. Imp. ſem. Auguſ. Der dopp. gekr. Reichsadler.

VI. Campen, Zwoll und Deventer.

786. Mo. no. trium civitatum Imperialium. Innwendig Ca — Ro. Roma. Imper. Karl V Brustbild mit Krone, Vließorden, Schwerdt und Reichsapfel.

R) Campenfis Zwollenfis Daventrie. Die drey zusammengehängte Wappenschilde dieser drey Städte.

VII. Cölln.

787. Mon. nova arg. civitatis Colonienfis. Das von einem Greifen und Löwen gehaltene Stadtwappen. Im Abschnitte: Burg ($\frac{2\frac{1}{2}}{3}$) Fuess.

R) Leopoldus I. D. G. Rom. Imperator femp. Auguftus. Der dopp. gekr. Reichsadler, neben getheilt 1700.

VIII. Colmar.

788. Moneta no. liberae civit. Imp. Colmar. 1670. Die Stadt Colmar. Oben: Colmar, und zwey Wappenschilde, der doppelte Adler und Streitkolben, über welchen ein Engelskopf.

R) Leopold. D. G. Romanorum Imperator femp. Aug. Der dopp. gekr. Reichsadler mit dem Stadtwappen auf der Bruft.

IX. Danzig.

789. Moneta argentea civitatis Gedanenfis. Das von zwey Löwen gehaltene Stadtwap-

pen, unten G. R. und 1649. in einer Ein‎-
faſſung.

R) Ioan. Caſim. D. G. Rex Pol. et Suec.
M. D. L. Ruſ. Pr. Gekröntes Bildniß mit
Spitzenüberſchlag und Orden.

X. Eßlingen.

790. Huldigungsmünze auf Joſeph I von 1705.

XI. Frankfurt.

791. Moneta nova Reipub. Francofurt. (60)
Der einfache gekr. Adler, unten M. F.
R) Nomen Domini turris fortiſſima 1672.
Ein verziertes Kreuz.

792. Franckfurter Stadtmüntz (60). Der ein‎-
fache gekrönte Adler, neben 11. F.
R) Nomen Domini turris fortiſſima 1693.
Ein verziertes Kreuz.

793. Moneta Reipubl. Francofurt. ad legem
conventionis. Das Wappen, im Abſchnitte:
X. St. eine F. M. MDCCLXXII. P. C. B.
R) Nomen Domini turris fortiſſima. Die
Stadt Frankfurt oben beſtrahlt, unten Mer‎-
kuriusſtaab und zwey Füllhörner.

XII. Gröningen.

794. Flor. arg. civ. Groningae. 1592. Wappen
mit Krone.
R) Sit nomen Domini benedictum. Der
doppelte Adler mit Krone. — Hol. einge‎-
ſtempelt.

XIII. Hagenau.

795. Num. arg. Imp. Came. ac Civit. Hagena. Das Stadtwappen, über demselben LX. K. neben 1669.

R) Leopold. I. D. G. Roman. Imp. sem. Aug. Der doppelte gekr. Reichsadler.

XIV. Schwäbisch-Halle.

796. Auf die Erbauung des neuen Rathhauses, 1735.
797. Moneta nova Reipublicae Halae Suevicae. Drey Wappenschilde. C. G. L. 1746.

R) Franciscus D. G. Rom. Imp. semp. Aug. Geharn. und belorbeertes Brustbild mit Vliesorden und Mantel.

XV. Hamburg.

798. Monet. nov. civita. Hamburgensis 623. Stadtwappen.

R) Ferdinandus II. D. G. Roma. Imp. S. Au. Der doppelte gekrönte Adler mit 32. auf der Brust.

799. Monet. nov. civitat. Hamburg. Anno Iubil. II. 1730. Stadtwappen mit Helm, neben I. H — L.

R) Carolus VI. D. G. Rom. Imp. semp. August. Der doppelte gekrönte Adler mit Zepter, Schwerdt und Reichsapfel auf der Brust.

XVI. Hildesheim.

800. Hildesheimisch Stadtgeldt. 24. Mariengroschen 1692.
R) Da pacem Domine in diebus noſtris. Behelmtes Wappenſchild, herzförmig.

XVII. Kempten.

801. Mon. no. civitatis Campido. 1540. Gekr. Wappenſchild mit dem kaiſerlichen Adler und drey kleinern Schilden.
R) Karolus V. Roma. Imp. ſem. Aug. Gekröntes Bruſtbild mit Zepter und angegürtetem Schwerdte.

XVIII. Münſter.

802. Hic Mauſolaeum Martis pacisq. trophaeum. Die Stadt Münſter. Monaſt. Weſtph. oben in einer Einfaſſung.
R) Eine Krone und ein Zepter auf einem Kiſſen. Oben drey fliegende Tauben mit Oelzweigen. Umſchrift: Pax optima rerum Ao. Dni. MDCXLVIII. 24. Oct.

XIX. Nimwegen.

803. Inſignia urbis Imperialis Novimage. Der gekrönte Reichsadler mit dem Stadtwappen auf der Bruſt.
R) Carolus V. Romano. Impe. ſemper Auguſtus. Geharn. Bruſtbild mit Krone, Zepter und umgürtetem Schwerdte.

804. Civitatis Imperialis Noviomagiensis. Der doppelte Adler mit dem Stadtwappen auf der Brust, in einem gekr. von zwey Löwen gehaltenen Wappenschilde, unten 1567.
R) Maximi. II. Imp. August. P. f. decreto. Der dopp. gekr. Adler mit dem Reichsapfel auf der Brust.

XX. Nürnberg.

805. Mone. argent. Reip. Nornberg. Stadtw.
R) Carol. V. Rom. Impe. August. Der doppelte Adler gekrönt. 1/2 Thaler.

806. In einem verzierten Schilde: Respub. Nurenberg. f. f. An dem Schilde die zwey mit Engelsköpfen verzierten Stadtwappen, unten 1616.
R) Mathiae Rom. Imp. Aug. P. f. decreto. Der doppelte gekr. Reichsadler mit 30. auf der Brust.

807. Moneta argentea Reip. Norimbergensis. Die ins Dreyeck gestellten drey Wappen zwischen Oel= und Palmzweigen.
R) Sub umbra alarum tuarum. Die Stadt Nürnberg, oben der Name Iehovah in einer Glorie, unten im Abschn. MDCLXXX. in einer Cartouche.

808. Prospekt der Stadt, oben der Name Iehovah in einer Glorie. Im Abschnitte: Moneta Reipublicae Norimbergensis. 1698.
R) eXoptata DIV pax CoeLI ex MVnere VenIt. Die Göttin des Friedens stehet auf einem Piedestal, einen Oelzweig in der rechten, den Schlangenstaab in der linken Hand. An den Seiten zwey Genien mit Palmzwei=

gen, und den zwey Stadtwappen. Auf dem
Piedestal die Buchstaben G. F. N.
809. Der nemliche.
810. Die Stadt Nürnberg. Oben X. Eine feine
Mark. Unten Norimberga 1754.
R) Franciscus D. G. Rom. Imp. semp.
Aug. Dessen geharn. mit Lorbeern bekröntes
Brustbild mit goldenem Vließe.
811. Benedictus Dominus qui dedit pacem in
finibus nostris. Eine weibliche Figur mit
Stadtkrone; in der Linken den Oelzweig, ne=
ben einem Altare, worauf ein Rauchfaß,
unten das daran gelehnte Stadtwappen. Im
Abschnitte: X. S. E. F. Mark 1763. S. F.
R) Franciscus D. G. Rom. Imp. semp.
Aug. Der doppelte gekrönte Reichsadler mit
Schwerdt und Zepter, das gekrönte mit der
Vließkette umgebene Wappen auf der Brust.

XXI. Regensburg.

812. Moneta Reip. Ratispon. Die Stadt Regens=
burg. X. St. Eine F. C. M. 1756. I. C. B.
R) Franciscus D. G. Rom. Imp. semp.
Aug. Brustbild im Harnische und Lorbeerkr.
813. Moneta Reip. Ratisbonensis. Das Wappen
in einem Kranze von Eichenlaub. Im Ab=
schnitte: X. Eine feine Mark 1791. G. C. B.
R) Leopoldus II. D. G. Rom. Imp. semp.
Aug. Brustbild mit Lorbeerkranz. *Körnlein.*

XXII. Rostock.

814. Moneta nova Rostochiens. 610. Ein Greif,
so das Stadtwappen hält.

R) Rudol. II. D. G. Ro. Im. fem. Auguf. P. F. D. Der gekrönte Reichsadler mit dem Reichsapfel auf der Bruſt.

XXIII. Straßburg.

815. Moneta nova Reip. Argentinenſis. Das Stadtwappen, über demſelben LX. K.
R) Gloria in excelſis Deo. Eine Lilie, ohne Jahrzahl.
816. Nummus Reip. Argentoratenſis. Das Stadtwappen, über welchem eine Lilie, neben zwey Löwen.
R) Solius virtutis flos perpetuus. Eine Lilie.
817. Der nemliche.
818. Der nemliche, jedoch ohne Lilie über dem Wappen.
819. Moneta nova Argentinenſis. Drey Lilien mit Krone.
R) Lud. XIIII. D. G. Fr. et Nav. Rex. Bruſtbild mit Perücke.
820. Eine Kanone mit Geräthſchaft, in der Ferne eine Zelt, oben das Stadtwappen, neben 15.—90.
821. Eine Kanone mit Geräthſchaft ohne Zelt, über derſelben das Straßburgiſche Stadtwappen und die getheilte Jahrzahl 1590. 1/2 Thaler.
822. Rigorem clementia temperet. Die Stadt Straßburg; über derſelben ein Engel mit Schwerdt und Palmzweig, im Abſchnitte in der oben mit einem Engelskopfe verzierten Einfaſſung: S. P. q. Argentorate. D. DD. C. Maier. A° MDCXV.

R) Cum invi. S. Cae. Ma. Ein Schild in der Mitte, 12 andere Schilde im Kreise.

823. 1/2 Thaler. Das von zwey Löwen gehaltene Wappen auf einem Fußgestelle, unten 1629. Alles in einer bekränzten Einfassung.

R) Die Stadt Straßburg, über derselben ein Engel, in der Rechten eine Lilie, in der Linken ein Palmzweig. Im Abschnitte: Der Tugend Cron Thut Ehwig sten.

824. Die Stadt Straßburg, über derselben: Strasburg, und die von zwey Engeln gehaltene Lilie; unten im Abschnitte: O wie wol ist derselben stat die auf Got ihr Vertrauen hat — 1627. Io. Georg Lutz fec.

R) Regir o Herr die ganze Statt darzu einen wohlweisen Rath das sie dieselb zu Deiner Ehr Richten und vnssern feinden wern. Das von zwey Löwen gehaltene Stadtwappen.

825. Der nemliche.

826. Auf den Nimweger Frieden 1679.

A) Schrift in 11 Zeilen. Pace inter Leopold. I. Rom. Imp. et Ludov. XIV. Gall. Reg. Neomagi facta &c.

R) Aurea pax potius tibi o Argentina &c. Die Arche Noä, auf welche eine Taube mit dem Oelblatte zufliegt.

827. Moneta nova Argentinensis. Eine Lilie.

R) Gloria in excelsis Deo. XXX Sols. 1682.

828. Moneta nova Argentinensis. Eine Lilie.

R) Sit nomen Domini benedictum 1701. Das gekrönte Französische Wappen mit den zwey kreuzweiß gelegten Zeptern.

829. Moneta nova Argentinenßs. Schwerdt und Zepter kreuzweiß, oben eine Krone und weiters drey Lilien dazwischen. 1/2 Thaler.

R) Sit nomen Domini benedictum 1705. Bekröntes Wappen mit drey Lilien.

830. Der nemliche.

831. Moneta nova Argentinensis. Wappen mit Krone, 17—10.

R) Lud. XIIII D. G. Fr. et Nav. Rex. Geharn. Brustbild in Perücke. 1/2 Thaler.

832. Der nemliche von 1713.

XXIV. Thorn.

833. Moneta nova argentea civitatis Thorunensis. Das von einem Engel gehaltene Stadtwappen in einem runden verzierten Schilde, neben getheilt 1642. M. S.

R) Uladis. IIII. D. G. Rex Pol. et Suec. M. D. Lit. Ruf. P. Brustbild mit Krone, Spitzenkragen, Schwerdt und Reichsapfel.

834. Der nemliche Av. ohne M. S. von 1649.

R) Ioan. Casim. D. G. Rex Pol. et Suec. M. D. L. Ruf. Pr. Gekröntes Brustbild mit Spitzenkragen, Ordenskette und Gewand.

XXV. Ulm.

835. Moneta argent. Reip. Ulmensis. Wappen in einer mit einem Engelskopfe verzierten Einfassung.

R) Da pacem nobis Domine 1704. Der gekrönte Reichsadler mit dem Reichsapfel auf der Brust. Eine Klippe, wiegt 1 Loth.

XXVI. Worms.

836. Libera Wormatia Sacri Romani Imperii fidelis filia. Die Stadt Worms von der Rheinseite.

R) So setzt mich Gott nun an den Ort wo Luther eh bekannt Sein Wort. Das Rathhaus, im Abschnitte: selt getrost ICh Der herr bIn MIt euCh.

XXVII. Zwoll.

837. Moneta arg. civit. Zwoll. Ein geharnischter Mann mit Schwerdt und Wappen, neben getheilt 1662.

R) Concordia &c. Der Löwe mit Pfeilbündel und Schwerdt in dem bekrönten Wappenschilde.

k. Miscellan-Thaler.

838. Ein Wiedertäufer-Thaler.

A) In der Mitte: Dat Wort is. Fleisch geworden (das d verkehrt). Darunter: K. Umschrift: We. nicht. gebore. is. uth. de. Wai. vn. Geis. mac. nich.

R) Doppelte Umschrift: Ingaen int. Rike Gades. Ein Koninck upre O. A. ein Godt. ein gelove. ein Doepe. In der Mitte in einem Schilde: Tho Mvnster. Oben: 1534. In der äußersten Umschrift zwey kreuzweiß gelegte Schwerdter. Ein Doppelthaler.

Neuere silberne Münzen.

a. Kaiserliche.

I. Römisch-Kaiserliche.

1. **Ferdinand I.** (als Römischer König). Gekröntes Brustbild, W. 1556. 6.
2. — — Gekr. Brustbild, dopp. Adler. 3.
3. Die nemliche.
4. **Maximilian II.** Brustbild. Dominus provideb. 5.
5. **Rudolph II.** BB. W. 1594. 6.
6. Die nemliche von 1605. 5.
7. **Ferdinand II.** Brustbild und drey Wappenschilde, 1624. 3.
8. Die nemliche.
9. — — Brustbild und dopp. Adler, 1633. 2.
10. **Leopold I.** Brustbild und Reichsadler mit W. 1659. 5.
11. — — Mit dopp. Adler und Concordia Regum optima. 1660. 4.
12. — — BB. Reichsadler mit W. 1670 (III.) 4.
13. Die nemliche von 1673 (VI.) 5.
14. — — — — — (III.) 4.
15. — — — — 1674 (XV.) 6.
16. — — — — 1676 (XV.) 6.

17. Die nemliche von 1679 (VI.) 5.
18. — — — — 1685 (VI.) 5.
19. Leopold I. Brustbild und zwey Wappenschilde mit Krone, 1692 (III.) 3.
20. — — Brustbild und Reichsadler mit Wappen. 1693. 6.
21. — — Brustbild und Reichsadler mit dem Böhmischen Löwen. 1699. (II.) 3.
22. Joseph I. Brustbild und Mutter Gottesbild. 1709. 3.
23. Karl VI. BB. In hoc signo &c. 1731. 3.
24. Maria Theresia. Gekröntes Wappen und Löwe mit Wappensch. 1751. 4.
25. — — BB. Wappen von Luxemburg 1776. (XII Sols). 5.
26. — — Doppelter Adler mit Wappensch. und Andreaskreuz. 4.

II. Rußisch-Kaiserliche.

27. Elisabeth. Gekröntes Brustbild und dopp. Adler. 1757. 5.
28. — — Doppelter Adler und zwey Wappenschilde. 1757. (Esthland). 2.
29. Catharina II. Gekröntes Brustbild, dopp. Adler mit (15) 1765. 4.
30. — — Brustbild und Inschrift in einer gekrönten Einfassung. 1773. 3.
31. ⎫
  ⎬ Copeiken verschiedener Größe.
46. ⎭

b. Königliche.

I. Spanische.

47. Ferdinand und **Elisabeth**. Gekröntes W. und Pfeilbüschel. 5.
48. Die nemliche. 4.
49. Die nemliche. 4.
50. Die nemliche. 3.
51. Ferdinand (Karls V Bruder). Gekröntes Brustbild und einfach gekrönter Adler. 5.
52. ⎫ Philipp II. Brustbild und gekr. Wappen
 ｜ ⎬ (mit undeutlicher Jahrzahl). Dominus
57. ⎭ mihi adjutor. 5.
58. — — BB. und Andreaskreuz. Dominus mihi &c. (undeutliche Jahrzahl). 4.
59. — — Gekr. Brustbild, Wappensch. 1562. Comes Burgundie. 3.
60. — — Brustbild und gekr. Wappen. 1564. Dominus mihi &c. 5.
61. Die nemliche. 5.
62. ⎫
 ｜ ⎬ — — Brustbild und gekr. Wapp. 1566.
66. ⎭ Dominus mihi &c. 5.
67. — — Brustbild und Andreaskreuz. Dominus &c. 1571. 5.
68. Die nemliche. 4.
69. Die nemliche. 4.
70. Die nemliche. 4.
71. Die nemliche von 1572. 5.
72. Die nemliche. 5.
73. — — Gekröntes Brustbild und Wappensch. mit Comes Burgundie 1593. 3.

74. Philipp II. Gekr. BB. und gold. Vließ. 1.
75. Die nemliche. 1.
76. Philipp III. Brustbild und Kreuz. Barcino Civ. 1611. 2.
77. Philipp IV. Leon. und Cast. W. in einer Einfassung. Gekr. W. 1627. 5.
78. Die nemliche. 5.
79. — — Andreaskreuz und gekröntes Wappen. 1632. 6.
80. Die nemliche. 6.
81. — — Brustbild und Kreuz. Barcino Civi. 1638. 4.
82. Karl II. Brustbild und goldenes Vließ in einer Einfassung. 1692. 4.
83. Philipp V. Cast. und Leon. Wappensch. und gekröntes W. 1721. 3.
84. Die nemliche von 1732. 3.
85. — — Gekr. Wappen und Säulen. 1737. Utraque unum. 2.
86. Die nemliche von 1738. 3.
87. Die nemliche von 1743. 2.
88. Die nemliche von 1744. 2.
89. Ferdinand VI. Gek. Wappen und Säulen. 1749. Utraque unum. 2.
90. Die nemliche von 1750. 2.
91. Die nemliche von 1755. 2.
92. Karl III. Brustbild und gekr. W. zwischen zwey Säulen. 1773. 3.
93. Die nemliche. 2.
94. Die nemliche von 1776. 5.
95. — — Brustbild und gekr. W. 1782. 2.
96. — — Brustbild und gekr. W. zwischen zwey Säulen. 1782. 5.
97. Die nemliche von 1787. 3.
98. Die nemliche. 4.

99. **Karl IV.** Brustbild und gekröntes Wappen. 1789. 2.
100. Die nemliche von 1793. 2.
101. Ein unförmliches Stück mit Cast. und Leon. Stempel und Wappen.

II. Französische (Königliche).

102. **Franz I.** Gekr. Wappen und Kreuz. 4.
103. **Heinrich II.** Gekröntes Wappen und Lilienkreuz. 1549. 4.1/2.
104. — — Brustbild und gekr. Wappen. XPS. vineit &c. 1550. 5.
105. — — Gekröntes Wappen und Lilienkreuz. Sit nomen &c. 1550. 5.
106. Die nemliche. 5.
107. — — Brustbild und gekr. Wappen. XPS. vincit &c. 1558. 4.1/2.
108. **Karl IX.** Drey Lilien mit Krone und Lilienkreuz. Sit nomen &c. 4.
109. **Franz II.** Gekr. F. und Kreuz mit Krone und Lilien dazwischen. 4.
110. **Heinrich III.** Brustbild und Blumenkreuz. 1587. Sit nomen &c. 4.
111. — — Gekr. Wappen und Kreuz mit Lilien und Namens-Chiffre. Sit nomen &c. 4.
112. — — Gekr. Namens-Chiffre mit drey Lilien und Lilienkreuz. Sit nomen &c. 4.
113. — — Lilienkreuz und gekröntes Wappen. Sit nomen &c. 4.
114. **Karl X.** Carolus X. Franc. Rex. Gekr. Wappen. Sit nomen &c. 1593. Kreuz mit vier Kronen in den Ecken. 4.

115. Heinrich IV. Gekr. Brustbild mit gekröntem Lilienwappen und Namens=Chiffre. XPS. vincit &c 5.
116. — — Blumenkreuz und gekröntes Wappen. 1592. Sit nomen &c. 5.
117. — — Lilienkreuz und gekröntes W. 1598. Gratia Dei sum &c. 4.
118. — — Brustbild und Blumenkreuz mit H. in der Mitte. Sit nomen &c. 1603. 5.
119. — — Blumenkreuz und gekröntes Wappen. 1603. 5.
120. Die nemliche. 5.
121. — — Brustbild und Blumenkreuz mit H. in der Mitte. Sit nomen &c. 1606. 4.
122. — — Lilienkreuz mit dem gekrönten Wappen von Frankreich und Navarra. 5.
123. Die nemliche. 5.
124. Ludwig XIII. X. Deniers tournois. BB. und drey Lilien. 1628. 3.
125. — — Brustbild und gekröntes W. 1642. Sit nomen &c. 5.
126. Die nemliche. 3.
127. Ludwig XIV. Brustbild und gekröntes W. 1662. Sit nomen &c. 3.
128. — — Gekröntes Wappen und Lilienkreuz. 1690. 3.
129. — — Gekröntes Wappen und Lilienkreuz. 1696. Sit nomen &c. 3.
130. Die nemliche. 3.
131. Die nemliche. 3.
132. Die nemliche. 3.
133. Die nemliche von 1698. 3.
134. Die nemliche von 1700. 3.
135. Die nemliche von 1701. 3.

136. Ludwig XIV. Brustbild mit zwey Zeptern, Kronen und Lilien in den Ecken. 1704. Salvum fac &c. 3.
137. — — Brustbild mit drey Lilien und vier Kronen. 1705. Salvum fac &c. 4.
138. — — Gekröntes Wappen mit Lilienkreuz und Sit nomen &c. 1706. 3.
139. — — Gekröntes L. und Kreuz mit Lilien in den Ecken (Piece de XXX Deniers). 4.
140. Ludwig XV. Brustbild und gekröntes W. 1718. Sit nomen &c. 4.
141. — — Brustbild mit dopp. gekr. und ins Kreuz gestellten LL. Chrs. regn. vinc. &c. 5.
142. — — Brustbild und gekröntes W. 1726. Sit nomen &c. 5.
143. Die nemliche von 1728. 5.
144. Die nemliche von 1749. 2.
145. Die nemliche. 2.
146. Die nemliche. 2.
147. Ludwig XVI. Brustbild und Wappen. Sit nomen &c. 1784. 4.
147½. — — Brustbild und Genius der Freyheit, Regne de la Loi 1791 (15 Sols). 4.
148. Die nemliche von 1792 (30 Sols). 6.

(Republikanische.)

149. Le Fevre le Sage & Comp. Monnoie de confiance mit dem Sinnbilde der Freyheit. Das Stück zu 20 Sols. 1792. 4.
150. Die nemliche. 4.
151. Die nemliche zu 10 Sols. 3.
152. Eine ähnliche zu 5 Sols von der Porcellan manufaktur. 1792. 2.

III. Englische.

153. **Elisabeth.** Gekr. Brustbild und Wappen. Posui Deum. 6.
154. Die nemliche. 6.
155. Die nemliche, kleiner. Posui. 5.
156. Die nemliche. 5.
157. Die nemliche von 1571. 5.
158. Die nemliche von 1575. 5.
159. Die nemliche von 1580. 5.
160. Die nemliche von 1581. 5.
161. Die nemliche von 1591. 5.
162. **Jakob I.** Gekr. Brustbild und Wappen. Quae Deus conjunxit nemo separet. 6.
163. Die nemliche vom 1605. 5.
164. **Karl I.** Gekr. Brustbild und W. 3.
165. **Protektorat.** Münze von Neu-England. 1652. 3.
166. **Karl II.** Brustbild und gekrönter Namens-Chiffre. 1674. 2.
167. Die nemliche von 1679. 2.
168. Die nemliche von 1680. 2.1/2.
169. **Jakob II.** Brustbild und III. mit Krone. 1686. 3.
170. **Wilhelm.** Brustbild und I. mit Krone. 1701. 1.
171. **Anna.** BB. und III. mit Krone. 1706. 3.
172. **Georg II.** Brustbild und II. mit Krone. 1735. 2.
173. Die nemliche. 2.
174. — — BB. und I. mit Krone. 1746. 1.
175. — — Brustbild und IIII. Gekr. Wappenschild. 1745. 4.1/2.
176. — — Brustbild und IIII. Gekr. Wappenschild. 1746. 3.

177. 1 Pence 1746. 1.
178. Georg III. Brustbild und III. mit Krone. 1762 (3 Pences). 3.
179. — — Brustbild und gekröntes W. 4.

IV. Dänische.

180. Christian IV. Wappen und gekr. Namens-Chiffre. 3.
181. — — Gekr. BB. und Krone. 1624. 4.
182. Iustus Iehovah Iud. und gekr. Namenszug. 1644. (6 Schilling) 5.
183. Die nemliche. (2 Marck) 6.
184. Christian V. BB. und Krone. 1694. 4.

V. Schwedische.

185. Christina. Vorwärts sehendes Brustbild und Salvator mundi 1646. 6.
186. Karl XI. Brustbild und drey Kronen 1670. (2 Marck) 6.
187. Die nemliche von 1671. 6.
188. Groschen von 1671. 3.
189. BB. mit drey Kronen 1674. (2 Marck) 6.
190. Die nemliche von 1683. 6.
191. Karl XII. Gekrönter Namenszug und drey Kronen 1708. (5 Ö.) 4.
192. — — BB. und drey Kronen (1 Marck) 1710. 5.
193. — — Gekr. Namenszug und drey Kronen 1712. (5. Ö). 4.
194. 1 Daler mit Phöbus 1718. 4.
195. Friedrich. Gekrönter Namenszug und drey Kronen 1723. (1 Or.) 2.

196. Guſtav III. Gekr. Namenszug und Schwe⸗
diſches Wappen 1777. (8. Ör.) 4.

VI. Ungariſche.

197. Leopold I. Bruſtbild und Patrona Hun⸗
gariae (XV) 1665. 6.
199. Die nemliche (VI) 1668. 4.
199. Die nemliche von 1669. 4.
200. Die nemliche von 1671. 4.
201. Die nemliche von 1672. 4.
202. Die nemliche von 1677. 4.
203. BB. und Patr. Hung. (XV) 1678. 6.
204. Die nemliche von 1680. 6.
205. Die nemliche von 1692. 6.

VII. Polniſche.

206. Sigism. Aug. Gekr. Bruſtbild und zwey
gekrönte Wappenſch. 1566. 4.
207. Die nemliche. 4.
208. Sigismund III. Gekr. Bruſtbild und drey
gekrönte Wappenſch. 1596. 5.
209. — — Gekröntes Bruſtbild und Wappen⸗
ſchild. 1602. 3.
210. Johann III. Bruſtbild und zwey Wappen⸗
ſchilde. 1684. 4.
211. Auguſt III. Gekröntes Bruſtbild und W.
1753. 5.

VII. Preußiſche.

212. Friedrich Wilhelm I. Gek. Wappenſchild
und Namenszug 1725. 4.

213. Friedrich II. Gekröntes Brustbild und zwey gekrönte Wappensch). 1756. 4.
214. Brustbild und Adler 1779 (Böhm). 3.
215. Die nemliche 1783. 3.
217. Friedrich Wilhelm II. Brustbild und gekröntes W. 1786 (8 Grosch. Stück). 6.
218. 1 Pfenning 1791. 2.

c. Churfürstliche.

I. Maynzische.

219. Maynzisch= Heßisch= Nassauisch= und Frankfurter gemeiner Albus 1626. 2.
220. Die nemliche von 1635. 2.
221. Die nemliche von 1664. 2.
222. Maynzisch= Heßisch= und Darmstädtischer Albus 1639. 2.
223. Münze mit Lothar. Fried. und seines Nachfolgers Joh. Phil. W. 1673. 4.
224. Damianus Hartard. Auf sein Absterben, mit Inschrift und W. 1678. 4.
225. Maynzer II Albus 1693. 3.
226. Eine ähnliche von 1693 nach dem Schluß der V. Staende. 3.
227. 12 Kr. Stück nach dem Schluß der fünf Stände 1693. 5.
228. II Albus Stück von 1694. 3.
229. 12 Kr. Stück nach dem Schluß ꝛc. 1694. 5.
230. Die nemliche. 5.
231. Die nemliche. 5.

232. **Lotharius Franz.** Auf deßelben Absterben 1729. mit Inschrift und W. 5.
233. Die nemliche. 5.
234. Eine kleinere auf den nemlichen Vorfall. 4.
235. **Emmerich Joseph.** Auf deßelben Absterben 1774. Inschrift und Wappen. 4.

II. Trierische.

236. **Philipp Christoph.** Petermentcher von 1623. 2.
237. Die nemliche von 1628. 2.
238. Die nemliche. 2.
239. **Karl Caspar.** Petermentcher von 1652. 2.
240. Die nemliche von 1653. 2.
241. — — — — 1654. 2.
242. — — — — 1655. 2.
243. — — — — 2.
244. — — — — 1656. 2.
245. — — — — 1658. 2.
246. — — — — 1659. 2.
247. — — — — 2.
248. — — — — 2.
249. — — — — 1660. 2.
250. — — — — 1661. 2.
251. — — — — 2.
252. — — — — 1662. 2.
253. — — — — 2.
254. — — — — 2.
255. — — — — 1663. 2.
256. — — — — 1666. 2.
257. — — — — 1668. 2.
258. — — — — 2.
259. — — — — 2.
260. — — — — 1669. 2.

261. Die nemliche von 1669. 2.
262. — — — — 1670. 2.
263. — — — — 1671. 2.
264. — — — — — 2.
265. — — — — 1672. 2.
266. — — — — 1674. 2.
267. — — — — 1676. 2.
268. Johann Hugo. Petermentcher von 1679. 2.
269. Die nemliche von 1680. 2.
270. Die nemliche von 1681. 2.
271. Die nemliche von 1684. 2.
272. III Petermentcher Stück von 1692. 4.

273.
|
277. } Die nemlichen von 1693. 4.

278.
|
282. } Die nemlichen von 1694. 4.

283. Die nemliche von 1707. 4.
284. Die nemliche von 1708. 4.
285. Eine ohne Jahrzahl.
286. Eine dito.
287. Auf die Sedis-Bakanz 1715, mit dem heil. Petrus und der heil. Helena. 5.

288. Joh. Philipp. Petermentcher von 1750. 2.

289.
|
295. } Joseph Wenzel. Albus von 1791. 2.

296.
|
309. } Alte Petermentcher.

III. Cöllnische.

310. **Philipp.** Eine Münze mit heil. Bild und W. 1513. 3.
311. **Ferdinand.** Gekröntes Wappen und dopp. gekrönter Adler. 4.
312. **Maximilian Friedrich.** Gekröntes Wappen und Inschr. 1766. 4.

IV. Pfalzbayerische.

313. **Philipp.** Brustbild mit Churhut, Reichsapfel und Schwerdt. Mit drey Wappensch. und Helm 1504. 3.1/2.
314. **Friedrich V.** Krönungsdenkmünze 4. Nov. 1619. 2.
315. — — Böhmischer Löwe und drey Pfälzische Wappenschilde mit Krone 1621 (12). 5.
316. — — Gekröntes Brustbild und Böhmisch-Pfälzischer Wappenschild. 6.
317. **Karl Ludwig.** Kleine Münze 1657. 2.1/2.
318. Die nemliche. 2.1/2.
319. Halbergulden mit Brustbild und den drey gekrönten Pfälzischen Wappenschilden 1660. mit: Dominus providebit. 5.
320. Ein Viertels-Gulden, wie vorhergehender 1660. 4.
321. **Joh. Wilhelm.** II Albus Stück 1701. 4.
322. Die nemliche von 1702. 4.
323. — — Brustbild und drey Wappensch. mit Krone und zwey Ordensketten (1/3) 1712. 5.
324. **Karl Philipp.** Gekr. Wappenschild und Inschrift (20 Kr.) 1723. 4.1/2.
325. Die nemliche von 1727. 4.1/2.

326. **Karl Theodor.** Brustbild und Patrona Bavariae 1778. (Dreybätzner) 4.
327. Vicariats=Sechsbätzner von 1790. 5.
328. Die nemliche. 5.
329. Die nemliche von 1792. 5.
330. Die nemliche. 5.
331. 6 Kr. Stück mit Brustbild und gekröntem W. 1794. 3.1/3.
332. Dergleichen Kreuzer 1794. 2.
333. Churpfälzisches Kaltschmidts=Zeichen 1764. 5.1/2.
334. **Albert.** Bayerischer Weckenschild und Löwe 1506. 3.1/2.
335. **Ferdinand Maria.** Gekrönter Bayerischer Schild und Reichsapfel mit 2. 1665. 2.
336. **Karl Albert.** Vicariatsmünze mit Brustbild, Reichsadler und W. 1740. 3.
337. Eine ähnliche, etwas größer, 1740. 4.
338. **Maximilian III.** 6 Kr. Stück 1749. 4.
339. Eine kleine Bayerische Münze von 1621. 2.
340. Landmünze von 1680. 3.
341. Eine Oberpfälzische Münze mit den zwey Pfälzischen gekr. Wappensch. und dem Löwen 1622. Adjutor nost. in nomi. Domin. 6.

V. Sächsische.

342. **Johann Friedrich** und **Herzog Georg** mit dem Chur= und drey Wappenschilden. 1535. 4.
343. **August.** Brustbild und W. 1559. 5.
344. — — Mit dem Sächsischen und Erzamts= schilde. 4.

345. **Christian II, Joh. Georg und August.** Des Churfürsten und seiner beiden Brüder Brustbild. 6.
346. **Johann Georg II.** Geharn. Brustbild und Wappen 1678. 4.
347. **Johann Georg III.** Inschrift und zwey gekrönte Wappenschilde (2 Groschen-Stück) 1693. 5.
348. Die nemliche. 5.

VI. Brandenburgische.

349. **Friedrich Wilhelm.** Brustbild und Schild, 1656 (Groschen). 3.
350. Die nemliche von 1657. 3.
351. Dritteltshaler mit Brustbild und Wappen. 1669. 6.
352. Die nemliche von 1671. 6.
353. ⎫
354. ⎬ Die nemlichen von 1672. 6.
355. ⎭
356. Die nemliche von 1673. 6.
357. Die nemliche. 6.
358. **Friedrich III.** Brustbild und zwey gekrönte Wappensch. 169 . . 3.

VII. Braunschweigische.

359. **Georg Ludwig.** II Mariengroschen-Stück mit springendem Rosse 1702. 3.
360. II Mariengroschen-Stück mit heil. Andreas 1708. 3.
361. Die nemliche. 3.
362. Die nemliche. 3.

363. IIII Mariengroschen-Stück 1708 mit heil. Andreas. 4.
364. I Mariengroschen mit Mutter Gottes. 1710. 2.1/2.
365. VI Mariengroschen-Stück mit heil. Andreas 1710. 4.
366. IIII Pfen. von 1711. 2.
367. II Mariengroschen-Stück mit dem springenden Rosse 1714. 3.
368. Die nemliche. 3.
369. Die nemliche. 3.
370. 1/6 Thaler mit wildem Manne und vier gekrönten Wappensch. 1722. 4.1/2.
371. Georg II. II Mariengroschen mit Inschrift und gekr. Namenszug 1732. 3.
372. Die nemliche. 3.
373. II Mariengroschen mit Inschrift und wildem Manne 1733. 2.1/2.
374. Georg III. IIII Pfennig mit Inschrift und gekr. Namenszug 1766. 2.
375. Die nemliche. 2.
376. I Mariengroschen 1769 mit gekr. Namenszug. 2.1/2.
377. Die nemliche. 2.1/2.
378. IIII Pfen. mit Inschrift und gekr. Namenszug 1769. 2.
379. I Mariengroschen-Stück mit Inschrift und gekr. Namenszug 1770. 2.1/2.
380. Die nemliche von 1778. 2.1/2.

d. Geistliche Fürsten.

I. Päbstliche.

381. Pius V. Brustbild und Bononia mater studiorum. 5.
382. Die nemliche. 5.
383. Gregorius XIII. Brustbild und Bononia &c. 5.
384. Die nemliche. 5.
385. Clemens IX. Wappen und Sacros Basilei Lateran. Possess. 1667. 2.
386. Innocentius XI. Wappen und Nocet minus 1686. 2.
387. Die nemliche von 1688. 2.
388. Die nemliche. 2.
389. Innocentius XII. Wappen und Peccata redime 1691. 2.
390. Clemens XI. Brustbild, heil. Georg und Maurel. Ferr. Prott. 5.1/2.
391. Wappen und heil. Paulus.
392. Innocentius XIII. Wappen und Satis ad nocendum. 2.
393. Wappen und Erigit Elisas. 1723. 3.
394. Benedikt XIII. Wappen und An. Iubil. MDCCXXV. 3.
395. Clemens XII. Wappen mit Urbe nobilitata MDCCXXXV. 5.1/2.
396. Wappen und In cibos pauperum 1737. 3.
397. Benedikt XIV. II Bajocchi 1746. 3.
398. Wappen und heil. Petrus. 3.
399. Die nemliche. 3.

400. *Sede vacante* mit Wappen und heil. Geist 1758. 3.
401. **Clemens XIII.** Wappen und heil. Petrus und Paulus 1761. 6.
402. **Clemens XIV.** Brustb. mit Bono. docet. Wappen von Bologna 1773. 4.1/2.
403. **Pius VI.** Carlino, mit Inschrift und Wappen 1777. 3.1/2.
404. Münze mit Wappen und heil. Petronius 1778. 3.
405. Wappen und Bononia docet 1779. 5.
406. Bajocco Romano 1780. 3.
407. Blume und Wappen 1783. 3.
408. Wappen mit Auxilium de Sancto 1783. 3.
409. Brustbild und heil. Petronius 1784. 3.
410. II Carlini Romani Stück, Inschrift. Zwey Schlüssel mit der dreyfachen Krone. 5.
411. Wappen und Mutter Gottes 1785. 4.
412. Brustbild und Wappen mit Bononia docet. 1786. 6.
413. Brustbild und heil. Petronius. 1786. 4.
414. V Bolognini 1777. Inschrift und W. 3.
415. Bononia mater studiorum. Zwey Schlüssel mit der dreyfachen Krone und dem Wappen von Bologna. 3.

II. Salzburg.

416. **Leonhard.** Zwey Wappenschilde und heil. Rupertus. 1510. 4.
417. Die nemliche von 1519. 4.
318. Die nemliche. 4.
419. **Paris.** Die Mutter Gottes mit Wappen, und der heil. Rupertus ebenfalls mit Wappen. 1627. 5.

420. **Max. Gandolph.** W. auf beyden Seiten 1673. 2.
421. Wappen und heil. Rupertus 1682. 3.

III. Bamberg.

422. Auf den Tod des Bischofs Friedrich Karl 1746. Inschrift und Wappen. 4.1/2.

IV. Chur.

423. **Joseph.** Wappen mit dem gekr. Reichs-adler und Ferd. II. Titel 162 . . 5.

V. Olmütz.

424. **Karl.** Brustbild und Wappen 1670. 4.
425. Die nemliche. 4.
426. Brustbild und Wappen 1647. 5.
427. **Anton Theodor.** BB. und W. 4.1/2.

VI. Osnabrück.

428. **Ernst August.** II Mariengroschen mit Inschrift und Namenszug 1667. Sola bona quae honesta. 2.
429. I Mariengroschen mit Mutter Gottes 1683. 1.1/2.
430. IIII Mariengroschen-Stück. Springendes Roß mit Sola bona &c. 1689. 4.
431. Die nemliche. 4.
432. 1/3 Thaler mit Wappen und heil. Andreas 1692. 6.
433. **Karl.** II Mariengr. Stück von 1714. 4.
434. Die nemliche. 4.

VII. Straßburg.

435. Johann. Klippe mit Wappen und dopp. Reichsadler. 3.
436. Wappen und dopp. Reichsadler. 3.
437. Leopold. W. auf beyden Seiten 1632. 3.
438. Ludwig Constantin. Brustbild und W. 1759. 5.
439. Die nemliche. 4.
440. Die nemliche. 3.
441. Die nemliche. 3.

VIII. Würzburg.

442. Münze mit Wappen und h. Kilian 1628. 3.
443. Die nemliche. 3.

IX. Corvey.

444. II Mariengroschen-Stück vom Abte Arnold. 1653. 3.

X. St. Gallen.

445. S^{tus} Gallus und Wappen. 1774. 3.1/2.

XI. Teutschmeister.

446. Franz Ludwig. Auf desselben Absterben 1732. Inschrift und Wappen. 4.

e. Weltliche Fürsten.

I. Altfürstliche Häuser.

Baden.

447. **Friedrich.** Kleine Münze mit Brustbild von 1623. 2.
448. **Wilhelm.** Brustbild und W. 1626. 5.
449. **Karl August.** Gekr. Wappen mit Fürsten-Mantel. Das gekrönte Ordenskreuz mit **Fidelitas** 1740 (1 fl. Stück). 6.

Brandenburg.

1. Anspach.

450. **Johann Friedrich.** Brustbild und gekröntes Wappen 1677. 5.
451. **Auf sein Absterben.** Brustbild und Inschrift 1686. 3.
452. **Karl Wilhelm Friedrich.** Auf seine Huldigung mit Brustbild und Inschrift 1729. 5.
453. Die nemliche. 5.
454. **Alexander.** Groschen von 1779. 3.
455. Die nemliche. 3.

2. Bayreuth.

456. **Georg Wilhelm.** Auf besselben Absterben 1726, mit der Devise: Toujours le même und Inschrift. 5.

457. Auf die nemliche Gelegenheit mit Brustbild und Inschrift. 3.

Braunschweig.

1. Mittlere Wolfenbüttelische Linie.

458. **Heinrich Julius.** Auf desselben Absterben 1613. Inschrift mit Wappen. 5.
459. **Friedrich Ulrich.** Wilder Mann mit dopp. Reichsadler 1621. 4.
460. IV Mariengroschen=Stück. Gekr. Namens= Chiffre mit Inschrift 1624. 4.
461. I Mariengroschen. Gekrönt. Namens=Chiffre 1625. 1.1/2.
462. II Mariengroschen mit gekr. Namens=Chiffre 1632. 2.

2. Neue Wolfenbüttelische Linie.

463. **Rudolph August.** Wilder Mann und In= schrift. Remigio altissimi 1669. (12 Ma= riengroschen). 6.1/2.
464. Die nemliche von 1674. 6.1/2.
465. VI Mariengroschen. Wilder Mann und In= schrift. Remigio altissimi 1689. 4.
466. **August Wilhelm.** IIII Mariengroschen 1717. Inschrift. Wilder Mann mit Parta tueri. 3.1/2.
467. Ein ähnliches II Mariengrosch. Stück 1718. 2.1/2.
468. IIII Mariengroschen=Stück 1730. 3.1/2.
469. **Karl.** Gekrönter Namens=Chiffre und das springende Roß 1755. Mit Nunquam re= trorsum. IIII Marengr. 3.1/2.

470. Ein ähnliches II Mariengr. Stück 1756. 3.
471. IIII Mariengroschen= Stück mit Umschrift, wildem Manne und Nunquam retrorsum 1773. 3.1/2.

3. Neue Lüneburgische Linie.

472. **Georg Wilhelm.** II Mariengroschen mit gekröntem Namenszuge 1665. 3.
473. **Johann Friedrich.** Brustbild mit Ex duris gloria. 1673. (1/3) 5.
474. Die nemliche. 5.
475. XII. Mariengros. Umschr. und wilder Mann. 1673. Ex duris gloria. 6.
476. Die nemliche von 1674. 6.
477. Die nemliche. 6.
478. VI. Mariengr. Wie die vorhergehende 1674. 4.
479. IIII. Mar. Gr. mit Umschrift, springendem Rosse und dem Motto: Ex duris gloria. 1676. 3.1/2.
480. I Mariengroschen mit Umschrift und Mutter Gottes. 1.
481. Die nemliche. 1.
482. Die nemliche. 1.
483. Die nemliche. 1.
484. **Georg Wilhelm.** Umschrift mit dem springenden Rosse und dem Motto: Quo fas et gloria ducunt. 4.

Hessen.

485. **Philipp.** Hessisches Wappen und die vier Wappenschilde der Rheinischen Churfürsten. 1512. 4.

Hessen-Cassel.

486. **Wilhelm VI.** Wappen mit Umschrift und segelndem Schiffe. Vela ventis his levantur vom Jahre 1653. 5.
487. **Karl.** IIII Albus Stück von 1681. 5.

Hessen-Darmstadt.

488. ⎫
    ⎬ II Albus Stück mit Wappen von 1693
496. ⎭ und 1694. 4.

497. ⎫
    ⎬ I Albus Stück mit Wappenschild 1694,
504. ⎭ 1697, 1699 und 1702. 2.1/2.

505. **Ernst Ludwig.** X. Kreutzer mit Umschrift und gekr. Wappen 1733. 4.
506. II Albus mit Wappen 1747. 4.
507. Die nemliche von 1748. 4.
508. IIII Heller 1748. 1.
509. **Ludwig VIII.** Dreybätzner mit gekröntem Namens-Chiffre 1765. 5.
510. 6 Kreuzerstück von 1765. 4.
511. **Ludwig IX.** Brustbild und gekr. Namens-Chiffre. 4.

Jülich.

512. 3. Stüber Gulich und Bergisch Landmünz 1792. 4.
513. Die nemliche. 4.
514. 2 Stuber von 1792. 3.

Leuchtenberg.

515. **Johann.** Drey Wappenschilde auf der einen und ein Wappenschild auf der andern Seite, über demselben die Jahrzahl 1532. und Deus tibi soli gloria. 5.

Lothringen.

516. **Anthon.** Gekröntes Wappen, und ein aus den Wolken hervorragender Arm mit: Fecit Potnciam in Bracio suo. 5.
517. Brustbild und Wappen mit einem doppelten Kreuze zu beyden Seiten. 1538. 4.
518. Wappenschild und Zeichen der Stadt Nancy. 2.
519. **Franz.** Gekröntes Brustbild und gekr. W. 1545. 5.
520. Der Herzog in Rüstung, und Zeichen der Stadt Nancy. 1/2.
521. **Karl.** Brustbild und Zeichen der Stadt Nancy mit dopp. Kreuzen zu beyden Seiten des Schwerdts. 2.
522. Münze, zu Nancy geprägt, mit dem Lothringischen Wappen und Schwerdte. 3.
523. ⎫ **Heinrich.** Münze, zu Nancy geprägt,
\| ⎬ mit dem Lothringischen Wappenschilde,
528. ⎭ und Adler. 2.
529. ⎫ **Karl.** Münze der Stadt Nancy mit ge-
\| ⎬ theiltem Wappenschilde und Schwerdt.
537. ⎭ 2.
538. Dergleichen mit doppeltem Kreuze und einfachem Wappenschilde. 2.
539. Dergleichen mit getheiltem Wappen und Adler. 2.

540. **Karl und Nicolaus.** Adler und einfacher Wappenschild. 2.
541. Die nemliche. 2.
542. **Leopold** Adler mit dopp. gekr. Wappenschilde. 3.
543. Die nemliche. 3.
544. Die nemliche. 3.

Nassau.

545. **Johann Moriz.** Gekröntes Wappen und Kreuz mit acht Spitzen 1672. 3.
546. Fürstlich-Nassauischer Albus 1681. mit einfachem Wappenschilde. 2.
547. II Albus Stück mit gekröntem Wappen 1684. 3.

Oesterreich.

548. Kärnthische Münze mit Herzog Leopold und drey gekr. Wappenschilden 1517. 4.1/2.
549. **Ferdinand.** Geharn. und gekr. Brustbild mit Zepter und gekr. Wappen, ohne Jahrzahl. 5.1/2.
550. Die nemliche, jedoch kleiner und mit ungekröntem Wappen 1569. 4.1/2.
551. **Albert und Elisabeth.** Münze mit beyder Namens-Chiffre in einer Einfassung und gekröntem Wappen, mit getheilter Jahrzahl 1616. 4.
552. Wappen und Blumenkreuz 1620. 4.1/2.
553. Das Burgundische Kreuz mit Krone und gekröntem Wappen. 6.
554. Das Burgundische Kreuz mit Krone A. E. und gekr. Wappen. 4.

555. **Leopold.** Brustbild und gekröntes Wappen 1623. 5.
556. Die nemliche von 1624. 5.
557. Kleinere Münze mit Brustbild und Tyrolischem Wappensch. auf doppeltem Kreuze. 2.
558. **Ferdinand Karl.** Gekrönt. Brustbild und zwey Wappenschilde 1642 (Gr.) 3.
559. Die nemliche von 1643. 3.
560. Die nemliche von 1650. 3.
561. Die nemliche von 1659. 3.
562. **Sigismund Franz.** Brustbild und zwey gekr. Wappenschilde 1663 (Gr.) 3.
563. Die nemliche. 3.
564. **Maria Theresia.** Groschen von 1773. 3.
565. Vorderösterreichische VI Kr. von 1792.
566. Die nemliche.
567. Vorderösterreichische III Kr. von 1792.

Rhein-Pfalz.

1. Veldenz.

568. **Georg Gustav.** BB. und W. 1622. (12) Soli Deo gloria. 4.
569. **Leopold Ludwig.** Gekr. Wappen und dopp. gekr. Reichsadler. 1673. 5.
570. Pfalz-Veldenzer 2 Kr. Stück von 1674. 3.
571. Die nemliche. 3.
572. Dergleichen Kreuzer von 1674. 2.
573. Die nemliche. 2.
574. Die nemliche. 2.
575. Die nemliche. 2.

2. Neuburg.

576. Moneta nova Palatina Neoburgica. Der Pfälzische Löwe. In Deo mea consolatio. 1622. Gekröntes Wappen. 5.1/2.
576. **Wolfgang Wilhelm.** Eine kleinere Münze mit Wappen und Reichsapfel 1632.

3. Zweybrücken.

578. Johann I. Groschenstück mit Pfalzzweybrückischem Wappenschilde, dopp. Reichsadler und Rudolfs II Titel 1604. 3.1/2.
579. Dergleichen ohne Jahrzahl. 3.1/2.
580. Johann II. Brustbild. Wappen. Verbum Domini manet in aetern. Ohne Jahrz. 6.
581. Brustbild und Wappen, die Jahrzahl 1620 getheilt, auf den beyden Seiten das Wappen (12). 5.
582. Die nemliche. 5.
583. Die nemliche von 1621. 5.
584. Die nemliche. 5.
585. Die nemliche. 5.
586. Eine ähnliche mit der Jahrzahl 1621 in der Umschrift. 5.1/2.
587. ⎫
  | ⎬ Die nemlichen vom Jahre 1622. 5.1/2.
594. ⎭
595. 3 Stüber (12). Mit getheilter Jahrzahl 1622. auf der Rückseite neben dem W. 5.
596. XXIIII. Kreuzer Stück mit Brustbild und dem Pfälzischen und Jülchischen Wappen 1626. 6.

4. Birkenfeld.

597. Albus mit Pfälzisch-Sponheimischem Wappenschilde und Inschrift.
598. Christian IV. BB. und Inschrift. 36 Kr. Stück 1747. 6.
599. Die nemliche. 6.
600. Dergleichen Sechsbätzner 1747. 5.
601. Die nemliche. 5.
602. Die nemliche. 5.
603.
  } Dergleichen Dreybätzner 1747. 4.
606.
607. Silberabschlag von einem kupfernen halben Kreuzer 1759. 4.
608. Die nemliche. 4.
609. Dergleichen von einem kupfernen Pfenning 1759.
610. Die nemliche. 3.
611. Die nemliche. 3.
612. Silberabschlag von einem kupfernen Kreuzer. 3.1/2.

Pommern.

613. Bogislaus. Wappensch. und Chiffre. 3.1/2.

Sachsen.

1. Alt-Gotha.

614. Johann Casimir und Johann Ernst. Sächsischer Rautenschild mit F. E. VV. und drey Wappenschilde auf der andern Seite. 1621. 5.

2. Altenburg.

615. **Joh. Philip. Friedr. Joh. Wilhelm** und **Friedr. Wilh.** Sächsischer Wappenschild, von einem Engel gehalten, neben A. B. — auf der Rückseite Wappenschild mit 1621. 4.
616. Brustbild im Spitzenüberschlage, Feldbinde und vierfeldigem Wappen mit Sächsischem Herzschilde 1624. 4.

3. Weimar.

617. Münze der acht Weimarischen Prinzen, auf jeder Seite mit vier Brustbildern. 6.

4. Coburg.

618. **Albert III.** Brustbild und Kreuz mit vier Wappenschilden in den Ecken 1693. (1/6 Thaler) 5.
619. Eisenacher Landmünze 1736. 2.
620. Gothaisches 6 Pfennigstück 1755. 2.1/2.

Schlesien.

621. **Georg.** Brustbild und Adler 1661. (Groschen). 3.
622.
   } **Christian.** Eine ähnliche Münze von
625.   1668 und 1669. 3.
626. **Ludwig.** Brustbild und Adler 1663. (XV.) 5.
627. **Sylvius Friedrich.** Brustbild und Adler mit Krone 1675. 3.1/2.

Würtemberg.

628. **Ludwig.** Klippe mit Reichsapfel und W. 1571.
629. **Julius Friedrich.** Gekr. Wappen und liegender Hirsch 1622. (60) 6.1/2.
630. Dergleichen Abguß. 1623. 6.1/2.
631. **Eberhard Ludwig.** Brustbild und Wappen. Cum Deo et Die. 1694. 5.
632. **Christian Ulrich.** Brustbild und Adler 1696. (Gr.) 3.
633. **Ludwig Eberhard.** Brustbild und Wappen 1710. 3.
634. Die nemliche. 3.
635.⎫
636.⎭ Kreuzer von 1680 und 1758. 2.

II. Neufürstliche Häuser und Grafen.

Brezenheim.

637. **Karl August.** Brustbild und W. 1790. (1/2 Conventionsthaler). 7.
638. Sechsbätzner vom nemlichen Jahre. 5.
639. Dreybätzner vom nemlichen Jahre. 4.
640. Die nemliche. 4.

Bentheim.

641. **Moriz.** XII. Mariengroschen Stück 1671. Inschrift und Wappen. 6.

Hanau.

642. **Johann Reinhard.** Wappen und dopp. Adler 1620. (XII.) 5.
643. Brustbild und Wappen 1621. 5.
644. Wappen und dopp. Adler 1626. (XII.) 5.
645. Brustbild und Wappen 1626. 5.
646. **Philipp Reinhard.** II Albus Stück von 1693. Inschrift und W. 4.
647. I Albus 1694. 2.
648. II Albus 1694. 4.
649. Hanauische Münze mit Wappen und Reichsadler 1613. 3.
650. Hanau = Lichtenbergische Münze 1667 mit Wappen und Reichsadler. 3.
651. Die nemliche von 1669. 2.

Leiningen.

652. **Bero.** Wappen mit befiedertem Helme und Erzengel Michael 1720. 5.

Lenzburg.

653. **Georg Wilhelm.** Brustbild mit gekröntem Wappen und Soli Deo gloria 1691. 5.

Lippe.

654. **Simon.** Behelmtes Wappen und Reichsapfel 16 . . . 3.
655. **Friedrich Adolph.** Ein Mariengroschen ohne Jahrzahl. 2.

Löwenstein-Wertheim.

656. **Eucharius Cassimir.** Gekröntes Wappen und Inschrift 1097. 4.
657. Ein Kreuzer von 1704. 2.

Mansfeld.

658. **Franz Maximilian und Heinrich Franz.** Der h. Georg und gekr. W. 1672. (1/3) 6.

Sayn.

659. **Georg Friedrich.** Burggraf zu Kirchberg. Auf sein Absterben, mit Inschrift auf beyden Seiten. 1749. 5.
660. Die nemliche. 5.

Solms.

661. Verschiedene geringere Münzen mit Wappen und Reichsadler aus dem vergangenen Jahrhunderte. 3.

Stollberg.

662. **Johann.** IIII Mariengroschen-Stück mit gekr. Wappenschilde. 4.
663. ⎫
668. ⎬ Kleine Stollbergische Münzen von 1719, 1723 und 1733. 1.1/2.
669. **Christoph Friedrich und Jost Christian.** Gekröntes Wappen und ein Hirsch an der gekrönten Säule 1735. (1/3) 6.
670. Eine kleinere dito 1733. (1/6) 4.

Waldeck.

671. II Mariengroschen-Stück von Georg Friedrich 1654. 2.1/2.
672. Die nemliche. 2.1/2.

Wied.

673. Friedrich Alexander. Brustbild und Stadt Neuwied 1743 (1/4 Gulden). 4.
674. Die nemliche. 4.
675. Die nemliche. 4.
676. Stuber von 1751. 2.1/2.
677. Halber Stuber von 1752.

Rechelm.

678. *Ernestus* de Lynden. Wappen und dopp. gekrönter Reichsadler.

f. Italienische.

I. Florenz.

679. Cosmus I. Brustbild und der heilige Johannes. 5.
680. Ferdinand II. Brustbild und heil. Johannes 1622. 3.1/2.
681. Wappen von der Stadt Florenz und der h. Johannes. 3.
682. Johann Gasto I. Gekröntes Wappenschild von Toskana und heil. Johannes. 2.1/2.

683. Mutter Gottes und Kreuz 1735. Zu Pisa geschlagen. 3.
684. Franz III. Lothringisch-Toskanisches gekr. Wappenschild und Mutter Gottes 1738. Zu Pisa geschlagen. 3.
685. Peter Leopold. Brustbild und gekröntes Wappen 1780. 3.1/2.
686. Die nemliche von 1783. 4.1/2.
687. Die nemliche von 1784. 2.1/2.

II. Genua.

688. Kreuz mit Sternen in den vier Ecken. Mutter Gottes mit dem Jesuskinde auf einer Wolke 1665. A. B. Et. rege eos. 5.
689. Kleine Münze mit Inschrift und gekr. Wappenschilde 1671. 1.1/2.
690. Gekröntes Wappen und heiliger Johannes. Non surrexit maior 1675. (20) 5.
691. Eine ähnliche aus der nemlichen Zeit. Die Umschrift an einigen Orten unlesbar. 6.
692. Kreuz mit Sternen in den Ecken und Mutter Gottes. 1715. 2.
693. Gekr. Wappen und Mutter Gottes. F. M. S. Et rege eos 1720. 4.
694. Gekröntes Wappen und Mutter Gottes. Sub tuum praesidium &c. 1746. 3.
695. Die nemliche. 3.
696. Gekröntes Wappen, von zwey Adlern gehalten, und Mutter Gottes. Sub tuum praesidium 1747. 6.

III. Lucca.

697. Kleine Münze von 1715. 2.

698. Wappenschild mit zwey Löwen. Iuſtitia et pax. 1725. 4.
699. Gekröntes Wappenschild und heil. Martinus 1736. 7.
700. Die nemliche, kleiner 1745. 5.
701. Gekr. Wappenschild und Sanctus Vultus 1756. 6.
702. Gekr. Wappenschild und Sanctus Vultus 1766. 3.
703. Gekröntes Wappenschild auf beyden Seiten. 1768. 2.

IV. Mayland.

704. Der h. Ambrosius und zwey Säulen oben mit Bischofsmütze. Carolus V. Imp. 4.
705. Maria Theresia. Bruſtbild und Inſchrift. 1750. 3.
706. Die nemliche, kleiner 1750. 2.1/2.
707. Bruſtbild und gekr. Wappen 1762. 3.1/2.
708. Die nemliche, kleiner 1762. 2.1/2.
709. Joseph II. Belorbeertes Bruſtbild und gekröntes Wappen 1784. 6.
710. 5 Solidi Stück 1787. 3.

V. Modena.

711. Franz I. Bruſtbild und die Mutter Gottes, das Jesuskind anbetend. Quem genuit adoravit. 5.
712. Rainald. Bruſtbild und Adler mit gekröntem Wappen auf der Bruſt. 4.
713. Franz III. BB. und einfacher Adler oben mit der Krone. Non aemulantur 1738. 6.
714. Die nemliche, kleiner. 5.

VI. Neapel und Sicilien.

715. **Karl.** Brustbild und Kreuz mit Krone. Fausto coronationis anno 1735. 5.
716. Die nemliche. 5.
717. Brustbild und gekr. einfacher Adler. Fausto coronationis anno 1735. 6.
718. Die nemliche. 6.
719. Die nemliche, kleiner. 3.
720. Brustbild und gekrönter Adler 1737. 4.
721. Eine ähnliche von 1751. 2.

VII. Parma und Piacenza.

722. **Ferdinand.** Gekröntes Wappen und heil. Thomas 1785. (XX Soldi) 4.
723. Gekr. Wappen und Mutter Gottes 1785. (V. Soldi) 2.1/2.
724. Gekröntes Wappen und heil. Hilarius 1786. (X Soldi) 3.1/2.
725. Gekröntes Wappen und heil. Justina 1786. (V Soldi) 3.

VIII. Ragusa.

726. ⎫ Kleine Münzen mit S. Blasius und Tuta
⎬ Salus. Der heilige Blasius und der
729. ⎭ Heiland.

IX. Sardinien.

730. **Karl Emanuel.** Brustbild und gekröntes Wappenschild 1755. 4.1/2.
731. Brustbild und gekr. Wappen 1756. 4.
732. BB. und gekr. Wappensch. 1757. 4.1/2.

733. Brustbild und einfacher gekr. Adler 1758. 3.
734. Brustbild und gekröntes größeres Wappen 1764. 5.
735. Victor Amadeus. Brustbild und gekröntes Wappen 1774. 5.1/2.
736. V.B. und einfacher gekr. Adler 1783. 3.1/2.
737. Die nemliche. 3.1/2.
738. Der gekrönte Namens-Chiffre und Kreuz mit Krone 1785. 3.
739. Der gekrönte Namens-Chiffre und Lilienkreuz. 2.1/2.

X. Venedig.

740. Petrus Lando. Der knieende Doge und Weltheiland. Gloria tibi soli. 6.
741. Leonard. Lauredano. Der knieende Doge und Heiland mit Gloria tibi soli. 4.1/2.
742. Aloysius Mocenigo II. Der knieende Doge und der Löwe 1722. Sanct. Marcus Ven. 4.
743. Johannes Cornaro II. Das Kreuz und Wappenschild. Sanct. Marc. Venet. 6.
744. Der knieende Doge und Löwe. 6.
745. Franz Erizzo. Blumenkreuz und Wappenschild. Sanctus Marc. 4.1/2.
746. Aloysius Pisani. Der knieende Doge und der Löwe 1734. 3.
747. Petrus Grimani. Der knieende Doge und der Löwe. 5.
748. Franz Lauredano. Der knieende Doge mit dem Löwen. 7.
749. Sanctus Marcus Venetus. Der Löwe. Iustitiam diligite. Die Gerechtigkeit 1722. 5.1/2.

750. Deo. Opt. Max. et Reip. Ven. Der Löwe. Omni Do. q. suum est. Die Gerechtigkeit. 4.1/2.
751. S. Marcus &c. Der Löwe. Iudicium regium. Die Gerechtigkeit, 3.
752. Kleine alte Münze mit dem knieenden Doge und Löwen. Mit undeutlicher Umschrift. 1.1/2.

g. Schweizerische.

I. Basel.

753. Stadt Basel und neun Wappenschilde, ohne Jahrzahl. (1/4) 5.
754. Die nemliche.
755. Ein geharnischter Krieger und dopp. Adler. Mum. Plancus & Domine conserva nos. Ohne Jahrzahl. 4.
756. Stadt Basel und neun Wappenschilde, ohne Jahrzahl. (1/2) 7.
757. Eine Münze mit Inschrift und Stadtwappen. 5.
758. Eine kleine Münze. 1.1/2.
759. Die nemliche. 1.1/2.

II. Bern.

760. Wappen und Kreuz. Benedictus sit Iehovah Deus. 1680. (1/4) 6.
761. Wappen und doppelte ins Kreuz gestellte gekr. B. Dominus providebit. 1759. 3.

762. Wappen und Blumenkreuz. Dominus providebit. 1785. 4.

III. Freyburg.

763. Wappen und Blumenkreuz. Sanctus Nicolaus 1788. 4.

IV. Genf.

764. Wappen und Inschrift. Post tenebras lux. (6 Sols) 1765. 4.1/2.
765. Wappen und Kreuz. Post tenebras lux. 1776. 4.
766. Ein Sols von 1788. 2.1/2.

V. Schafhausen.

767. Wappen und einfacher Adler. XPE veni cum pa. &c. 5.

VI. Solothurn.

768. Wappen mit dem heil. Vrsus 1624. 4.

VII. Schwitz.

769. Doppelter gekrönter Adler und heil. Martinus 1624. 3.
770. Die nemliche. 3.

VIII. Zug.

771. Das von einem Engel gehaltene Wappen und doppelter Adler mit Kreuz. Cum his

qui od. pace eram paci 1621. (halber Thaler). 7.

IX. Zürich.

772. Wappen und Pro Deo et Patria in einer Einfassung 1741. (10) 5.

b. Niederländische.

I. Geldern.

773. Gekr. Wappenschild und das Bild der Freyheit. Hac nitimur hanc tuemur. 1723. 6.

II. Holland.

774. Ein Stüber von 1739. 2.
775. Ein dito von 1765. 2.

III. Ober-Yssel.

776. Gekröntes Wappen und Bild der Freyheit. Hac nitimur &c. 1736. 6.

IV. Utrecht.

777. Gekröntes Wappen und geharnischter Reiter. Concordia res parvae crescunt. 1686. 6.
778. Gekröntes Wappen und Bild der Freyheit. Hac nitimur &c. 1715. 6.

V. West-

V. Westfriesland.

779. Gekröntes Wappen und segelndes Schiff. Deus fortitudo et spes nostra. 1677. (6 Stüber) 4.1/2.

i. Städtische.

I. Aachen.

780. Münze von 1711 mit Kaiserkrone und Adler. 5.
781. Münze mit Inschrift und Wappen 1727. 2.
782. Münze mit Krone und einfachem Adler. 1752. 5.
783. Eine ähnliche, etwas kleiner 1752. 4.
784. Eine kleine Münze mit Inschrift und Brustbild Karls des Großen. 2.1/2.

II. Augsburg.

785. Münze mit dem Zeichen der Stadt und doppeltem Adler. 1637. 2.1/2.
786. Eine kleinere mit dem Zeichen der Stadt von 1697. 1.1/2.

III. Besançon.

787. Wappen und gekr. Brustbild Kaiser Karls V. 1554. 2.
788. Eine andere mit Kreuz, Wappen und Brustbild Kaiser Karls V. 1555. 2.

789. Wappen und gekröntes Brustbild Karls V. 1619. 3.
790. Eine ähnliche von 1622. 3.
791. Eine ähnliche größere von 1623. 4.1/2.
792. Eine kleinere von 1623. 3.1/2.

IV. Colmar.

793. Stadtwappen und dopp. gekrönter Adler mit Rudolphs II Titel. (Gr.) 3.1/2.
794. Stadtwappen und dopp. gekrönter Adler. Domine conserva nos &c. 1669. 5.

V. Cölln.

795. Stadtwappen und Becher 1600. 3.1/2.
796. Eine ähnliche von 1716. 3.

VI. Frankfurt.

797. Einfacher gekrönter Adler und Kreuz. Sit nomen Domini &c. 1606. 3.1/2.
798. Albus von 1657. 2.1/2.
799. II Albus Stück. Inschrift und einfacher gekrönter Adler 1693. 3.
800. Die nemliche. 3.
801. Stadt Frankfurt und einfacher gekr. Adler 1773. (Kr.) 2.
802. Inschrift und einfacher Adler 1778. 3.1/2.
803. Kreuzer von 1780. 2.
804. Schulprämie. Inschrift und einfacher Adler, ohne Jahrzahl. 4.1/2.

VII. Genf.

805. Wappen und Kreuz in einer verzierten Einfassung. Post tenebras lux. 1567. 3.1/2.
806. Eine ähnliche von 1638. 4.
807. Eine ähnliche von 1640. 4.
808. Die nemliche. 4.

VIII. Goslar.

809. Einfacher Adler und Reichsapfel 1737. 2.

IX. Hagenau.

810. Groschen mit Stadtwappen und dopp. gekr. Reichsadler. Unten Mathias. 3.

X. Hameln.

811. XII. Mariengroschen. Inschrift und Stadtwappen 1672. 6.

XI. Hannover.

812. Stadtwappen und Inschrift. VI Mariengr. 1668. 5.

XII. Hildesheim.

813. VI Mar. Gr. Inschrift und behelmtes W. Da pacem Domine 1673.

XIII. Ißny.

814. Einfacher Adler und Stern mit sechs Spitzen 1522. 5.
815. Eine ähnliche von 1530. 5.

XIV. Kempten.

816. Münze mit dopp. gekröntem Reichsadler und Stadtwappen 1514. 3.

XV. Metz.

817. Halber Gr. mit heil. Stephan und Kreuz mit vier Sternen in den Ecken. 2.1/2.
818. Die nemliche. 2.1/2.
819. Ganzer Groschen mit heiligem Stephan und Kreuz. Benedictum sit &c. 4.
820. XII Groschen mit Stadtwappen und heil. Stephan 1620. 5.
821. Die nemliche von 1621. 5.
822. VI. Groschen mit Stadtwappen und heil. Stephan 1622. 4.
823. Eine kleine Münze mit Schild und M. von 1648. 2.

XVI. Nördlingen.

824. Wappen und Brustbild Kaiser Karls V. 1527. 3.1/2.
825. Eine größere von 1531. 5.
826. Die nemliche von 1533. 5.

XVII. Northeim.

827. VI. Mar. Gr. Stadtwappen und Inschrift 1670. 5.1/2.

XVIII. Nürnberg.

828. Kr. von 1773. 2.
829. Pfenning von 1772. 1.

XIX. Regensburg.

830. Wappenschild, von einem Engel gehalten, und dopp. gekr. Reichsadler mit Herzschilde und Ferdinands II Titel. (1/6). 5.
831. Auf die Krönung und den Reichstag 1653. 4.
832. ⎫
⎬ Regensburger Kreuzer von 1640, 1643,
839. ⎭ 1647, 1649, 1651 und 1652.
840. Ein Heller. 1.

XX. Straßburg.

841. ⎫ II Sols Stück von 1682 mit Inschrift
⎬ und Stadtzeichen. Glor. in excelſ.
844. ⎭ Deo. 3.
845. Die nemliche von 1683. 3.
846. I Sol. von 1683. 2. ⎫
847. II S. Stück von 1684. 3. ⎬ Wie vorige.
848. I Sol. 1684. 2. ⎪
849. I Sol. 1684. 2. ⎭
850. Schulprämie von 1685. 5.
851. II Sols Stück von 1687 mit Inschrift und Stadtzeichen. Glor. in excelſ. Deo. 3.

Ohne Jahrzahl.

852. Aſſis Reip. Argent. duplex (XII). Lilie. Gloria in excelſis Deo. Blumenkreuz. 5.1/2.
853. ⎫ Aſſis Reip. Argentoratenſis. Lilie. Glo-
⎬ ria in excelſis Deo et in terra pax.
856. ⎭ 5.1/2.
857. Argentoratum. Kreuz. Gloria in excelſis Deo. Lilie. 4.
858. Aſſis Argent. duplex. Lilie. Gloria in excelſis &c. Blumenkreuz. 4.1/2.

859.⎫ Semissis Argentinensis. Lilie in einer
 | ⎬ verzierten Einfassung. Gloria in excel-
871.⎭ sis Deo Lilienkreuz. 4.
872.⎫ Die nemlichen Münzen, jedoch mit einem
 | ⎬ kleinen Wappenschilde auf dem Lilien=
897.⎭ kreuze. 4.
898.⎫
 | ⎬ 2 Kr. Stück mit Stadtwappen und Lilie. 3.
913.⎭
914. XII. Kr. Stück mit Stadtwappen und Lilie. 5.
915. Die nemliche. 5.

XXI. Tann.

916. Wappenschild und heil. Theobald. 4.

XXII. Weissenburg am Rhein.

917. Stadtwappen und dopp. gekrönter Adler mit Ferdinands II Titel 1622. 4.
918. Eine ähnliche größere von 1626. 5.

Silberne Münzen
aus dem mittlern Zeitalter.

Römisch-Kaiserliche.

1. *Carolus.* Mit Monogramm auf beyden Seiten. 2.
2. *Hludowicus Imp.* Ein Kreuz.
   X*Pistiana religio.* Eine Kirche. 3.
3. Die nemliche. 3.
4. Die nemliche. 3.
5. Die nemliche. 3.
6. *Otto.* Mit Monogramm auf beyden Seiten. 2.
7. *Fredericus Impert.* Das belorbeerte BB.
   P. MGVAM. Eine Stadt mit drey Thürnen. 3.
8. *Frideric.* Impera. Rex Sicil. Einfacher Adler in einer Einfassung.
   Duc. Apul. Principat. Capui. Schild in einer Einfassung. 4.
9. *Federic.* Impator. Einfacher gefr. Adler — mit einem Kreuz. 3.
10. *Ludovicus* Rom. Rex. Gekröntes Brustbild, vorwärts sehend.
    Moneta Aquensis. Kreuz mit einem Adler und 9 Kugeln. 3.
11. Die nemliche. 3.

Frankreich.

12. *Carlus* Rex Fr. Kranz.
    Metullo. Monogramm. KAROLVS. 3.
13. *Carlus* Rex Fr. Monogramm.
    Mogontia. Kreuz. 3.
14. ⎫ Bndictu fit nome Dni nri Dei Ihu XPi.
    ⎬ *Ludovicus* Rex. Ein Kreuz.
19. ⎭ Turonus civis. Thurn mit Kreuz. 4.
20. ⎫ Bndictu fit nome Dni nri Dei Ihu XPi.
    ⎬ *Philippus* Rex. Kreuz.
36. ⎭ Turonus civis. Ein Thurn mit Kreuz. 4.
37. *Philippus* Rex. Kreuz.
    Turonus civis. Thurn.
38. *Philippus* Rex. Krone.
    Lilienkreuz. 3.
39. *Iohannes* Rex Bndictum &c. Kreuz.
    Turonus civis. Thurn mit Krone. 4.1/2.
40. Die nemliche. 4.1/2.
41. Die nemliche, jedoch der Thurn mit einem Kreuze. 4.1/2.
42. *Iohannes* Dei Gra. Kreuz mit Lilien in den Ecken.
    Francorum Rex. Krone. 4.1/2.
43. *Karolus* Rex Bndict. &c. Kreuz.
    Francorum. Thurn mit Kreuz. 3.
44. RL. Di. G. Fracoru. Rex Benedictum sit. Kreuz.
    Grossus Turonus. Drey Lilien mit Krone. 5.
45. *Karolus* Francorum Rex. Gekröntes K. mit zwey Lilien zur Seiten.
    Benedictum. Kronenkreuz mit Lilien und dem Hermelin von Bretagne in den Ecken. 4.

46. *Karolus* Francorum Rex. Schild mit drey Lilien.

Sit nome Dni &c. Kreuz mit Lilien und Kronen in den Ecken. 4.1/2.
47. Die nemliche. 4.1/2.
48. Die nemliche. 4.1/2.
49. Die nemliche. 4.1/2.
50. *Karolus* Francorum Rex. Drey Lilien mit Krone.

Sit nomen &c. Lilienkreuz. 5.
51. *Karolus* Francorum Rex. Schild mit drey Lilien und Krone in einer Einfassung.

Sit nomen &c. Kreuz mit Lilien und Krone in einer Einfassung. 4.
52. *Karolus* Francorum Rex. Drey Lilien in einer Einfassung.

Sit nomen &c. Einfaches Kreuz in einer Einfassung. 4.
53. *Ludovicus* Francorum Rex. Schild mit drey Lilien und Krone in einer Einfassung.

Sit nomen &c. Kreuz mit Kronen und Lilien in den Ecken. 5.
54. Die nemliche, etwas kleiner. 4.
55. Die nemliche mit drey Lilien ohne Krone und mit einem einfachen Kreuze in einer Einfassung.
56. *Fraciscus* Britonu Dux. Hermelin in einer Einfassung.

Sit nomen &c. Kreuz. 4.1/2.
58. Die nemliche. 4.1/2.
59. Comes Pvinciae. Brustbild.

Civitas Massil. Eine Kirche mit Kreuz. 3.

England.

60. *Edwa*. R. Angl. Dns. Hyb. Gekr. BB.
  Canton civitas. Kreuz mit 12 Kugeln. 3.
61. Die nemliche. 3.
62. *Edw*. R. Angl. Dns. Hyb. Gekr. Brustbild.
  London civitas. Kreuz mit 12 Kugeln. 3.
63. *Henric*. D. Gra. Rex Angl. et Franc. Gekröntes Brustbild.
  Posui Deum adjutore meū villa Calisie. Kreuz mit Kugeln. 4.1/2.
64. Die nemliche, kleiner. 3.
65. *Henricus* Francorum et Anglie Rex. Französisch= und Englischer Wappenschild.
  Sit nomen &c. Ein Kreuz mit Lilie und Leopard, unten Henricus. 5.
66. Die nemliche.

Sicilien.

67. *Karol*. .... Dei Gr. Neap. et Sicil Rex. Der König sitzend mit Krone, Zepter und Reichsapfel zwischen zwey Löwen. 4.

Böhmen.

68. *Wladislaus* Secundus Dei Gracia Rex Boemie. Krone.
  Grossus .... Der Böhmische Löwe. 4.1/2.
69. Die nemliche. 4.1/2.

Chur-Maynz.

70. *Theob*. Arepp. M. Der heilige Petrus mit Kreuz und Schlüssel.

Mone. nova Bing. Maynzischer Wappenschild mit den drey Wappen der übrigen Rheinischen Churfürsten. 4.

Chur-Trier.

71. *Bruno* Archieps. Der Erzbischof mit Kreuz. Petrs Treveris &c. 3.1/2.
72. Die nemliche. 3.1/2.
73. Die nemliche. 3.1/2.
74. Die nemliche. 3.1/2.
75. ⎫ *Boemundus.* Des Erzbischofs Brustbild
 ⎬ mit der Mütze.
81. ⎭ Archieps Treven. Zwey ins Kreuz liegende Schlüssel. 3.
82. *Cono* Archieps Treverens. Der heil. Petrus mit Kreuz und Schlüssel, oben zwey kleine Schilde.
 Per Gal. Arch. ... moneta Trever. Schild in einer Einfassung. 4.1/2.
83. Der nemliche Avers.
 Bndictu sit nome &c. Moneta Trev. Wappen und unten zwey Schlüssel. 4.1/2.
84. Die nemliche. 4.1/2.
85. Die nemliche. 4.1/2.
86. *Cono* Dei Gra. Brustbild in Bischofsmütze.
 Archieps Trever. Zwey Schlüssel. 3.
87. *Cuno* Arepus Treveren. Der heil. Petrus mit Kreuz und Schlüssel. Oben zwey Wappenschilde.
 Bndictu sit &c. Wappen und Schlüssel. Moneta Treve. 4.1/2.
88. *Cuno* Arep. Trever. Der heil. Petrus mit Kreuz und Schlüssel, darunter ein Wappenschild.

Moneta Confluenc. Kreuz, in beffen jedem Winkel drey Kugeln. 3.
89. *Bald.* Archieps. Brustbild in der Bischofs=mütze.
Treven. Zwey Schlüssel. 2.1/2.
90. *Jacob.* A. epi. Trev. Der heil. Petrus mit Kreuz und Schlüssel, vor ihm ein Wappen=schild,
Groſſus Reneſ. I — Confluen. Lilienkreuz mit dem Wappenschilde der vier Rheinischen Churfürsten.

Chur-Cölln.

91. *Heur.* Archieps. Coln. Der Erzbischof sitzend mit Bischofsstaab und Buch.
Sign. Ecce Sci. Caſſii Bunen. Eine Kirche mit fünf Thürnen. 3.
92. *Fridicus* Ariepus Colo. Der heilige Petrus mit Schlüſſel und Kreuz.
Moneta Tuycien. Wapppen nebst den drey Wappen der andern Rheinischen Chur=fürsten. 4.1/2.
93. *Ropertus* Arieps. Colonie. Der heil. Petrus mit Schlüſſel und Buch. Rechts und links zwey kleine Wappenschilde.
Benedictum &c. Groſus Tuicis. Kreuz mit Sternen in den Ecken. 4.

Metz.

94. ⎱ *Adalbero* Epc. Doppelt gelegtes Kreuz mit Sternen in den Ecken.
123. ⎰ S. Stephanus. Des Heiligen Bild. 2.1/2.

124. ⎤ *Adalbero* Epc. Metis.
| ⎬ S. Stephanus. Des Heiligen Brusts
162. ⎦ bild. 2.1/2.
163. *Poppo* Metenſis Eps.
S. Stephanus. Der heil. Stephan. 2.1/2.
164. Die nemliche. 2.1/2.
165. *Popp.* Metns. Eps.
Kirche mit zwey Thürnen. 2.1/2.
166. Die nemliche. 2.1/2.
167. Die nemliche. 2.1/2.
168. ⎤ *Iohanes* Eps. Der Bischof mit der Mütze
| ⎬ und Staab.
175. ⎦ Metenſis. Kreuz mit Stern und halben Monde in den Ecken. 2.
176. *Theode.* Eps. Met. Löwe.
Mone. de Marſal. Kreuz. 2.
177. *Corad.* . . . Eps. Met. W. mit Staab.
Moneta nova Marſal. Kreuz. 3.
178. . . . . . . Eps. Me. Ein Bischof mit der Mütze und dem Staabe.
Moneta Metenſ. Kreuz. 2.
179. S. Stephanus. Des Heiligen Brustbild.
Mone. Metenſis. Kreuz.
180. Die nemliche.
181. ⎤ S. Stephanus. Der Heilige knieend.
| ⎬ Metis. Kreuz. 2.1/2.
193. ⎦
194. ⎤ S. Stephanus. Brustbild.
| ⎬ Boccheneis. Doppeltes auf einander
208. ⎦ liegendes Kreuz mit Sternen in den Ecken. 2.1/2.
209. ⎤ S. Stephanus. Brustbild.
| ⎬ Rumelingis. Doppeltes Kreuz mit
231. ⎦ Sternen in den Ecken. 2.1/2.

232. S. Stephanus. Bruftbilb.
  Marfal. Doppeltes Kreuz ꝛc. 2.1/2.
233. ⎱ S. Paulus. Bruftbilb.
  ⎰ Sarburg. Kreuz mit Sternen in den
239. ⎱ Ecken. 2.1/2.

Speyer.

240. *Georius* . . . . . Spirenfis. Die Mutter
  Gottes mit Jefuskind, unten das Wappen.
  Mone. nov. Brufel. . . . . Lilien=
  kreuz mit dem Wappenfchilde der vier Rhei=
  nifchen Churfürften. 3.

Pfalz.

241. *Ludwic.* C. P. R. Dux B. Der heil. Petrus
  mit Kreuz und Schlüffel.
  Mone. nov. Wach. Pfälzifches Wappen
  mit drey kleinern Schilden. 4.
242. *Frid.* C. P. R. Dux Ba. Der heil. Petrus
  mit Kreuz und Schlüffel.
  Mone. nova . . . . . Das Wappen mit
  dem kleinern Wappenfchilde der übrigen drey
  Rheinifchen Churfürften. 4.
243. Die nemliche. 4.

Brabant.

244. ⎱ Moneta Lovanie. Blumenkreuz.
  ⎰ Dux Brabantie. Wappen. 2.1/2.
265. ⎰

Jülich.

266. *Rein.* Dux Iul. . . . Der heil. Petrus mit Kreuz und Schlüssel.
 Mon. nov. Bergnſ. Der Löwe mit den kleinern Wappenſchilden der vier Rheiniſchen Churfürſten. 4.

Lothringen.

267. *Renatus* D. G. I. Rex Lot. . . . Lothringiſches Wappenſchild.
 Moneta facta in Nanceio. Doppeltes Kreuz. 2.
268. *Karolus* D. Dux Lot. . . . . Gekr. Bruſtbild mit Lothringiſchem Wappenſchilde.
 Bndictu. &c. Moneta in Sierk. Degen mit zwey Eichblättern. 4.1/2.
269. *Karolus* Dux Lother. . . . . . Des Herzogs ganzes Bild mit dem Schwerdte und dem Zeichen von Lothringen.
 Bened. &c. Kreuz. 4.
270. ⎫
271. ⎬ Kleine Lothringiſche Münzen. 2.
272. ⎭

Luxemburg.

273. *Antho.* Di. Gr. . . . Dux. Gekrönter Löwe mit Schild.
 Moneta Duc. Brab. et Lucemb. Kreuz mit Lilien und Löwen in den Ecken. 5.
274. *Wencel.* Romanorum Rex et Boe. Aufrecht ſtehender gekrönter Löwe mit Schild.

Moneta nova fca. Lucebur. Kreuz mit Sternen in den Ecken. 5.
275. Die nemliche. 5.
276. Die nemliche. 5.
277. *Wencel.* Dei Gra. Luc. Bra. Dux. Ein Tolosanisches Kreuz.
Moneta nova Luceburgenſ. Zwey Schilde mit stehenden Löwen, darüber eine Krone. 5.
278. Die nemliche. 5.
279. *Elizabeth* Dei Gr. Luceb. Duciſſa. Aufrecht stehender gekrönter Löwe.
Moneta nova Dca. Lucemburgenſ. Kreuz mit Sternen und Löwen in den Ecken. 5.
280. Die nemliche. 5.

Gräfliche.

281. Wilhelm Comes. Kreuz, und in der äuſſern Umſchrift: Bndictu ſit.
Turonus civis. Thurn mit Kreuz. 4.1/2.
282. Iohs. Dux Burg. Comes Flandrie. Zwey Wappenſchilde mit Helm.
Moneta nova Cometis Flandrie. Kreuz mit Lilien und Löwen in den Ecken. 6.
283. Marchio Namur. Bruſtbild.
G. Comes Flandrie. Kreuz mit zwölf Kugeln in den Ecken. 3.
284. Margareta Comitiſſa ſignum Crucis. Ein Kreuz mit vier halben Monden in den Ecken.
Moneta Valengenſis. Geharniſchter Reiter mit dem Schwerdte auf einem geschmückten Turnierpferde. 4.

285. C. Henrici in Stolberg. Ein Hirsch in einem eingefaßten Schilde.
Domini in Wernegerode. Blumenkreuz in einer Einfassung. 4.

Italienische.

286. S. Ioannes B. Der heilige Johannes taufend.
Florentia. Lilie. 5.
287. S. Iohannes B. Der heilige Johannes mit Kreuz, neben zwey Lilien.
Florentia. Lilie. 3.
288. Sanctus Iohannes Batista. Der Heilige sitzend.
Lilie. 3.1/2.
289. S. Iohanne B. Brustbild des Heiligen mit Kreuz.
Florentia. Lilie. 3.
290. Die nemliche. 3.
291. Galeaz Vicecoes Mediolani. Der Basilisk mit G. Z. zur Seite.
S. Abrosius Mediolan. Der Heilige sitzend. 4.
292. Roma caput mundi. Eine gekrönte Figur sitzend.
Senatus populusq. R. Ein Löwe. 4.
293. Karolus S. . . . . . . Kreuz.
Coes Ped'montis. Schild mit drey Lilien. 2.1/2.
294. Moneta de Luca — Otto Rex mit Adler.
S. Vult. de Luca. Gekröntes BB. 3.
295. ⎱ Münzen verschiedener Größe von Ancona,
        Perusia, Ravenna und andern Italie-
314. ⎰ nischen Städten.

E e

Städtische.

315. Moneta urb' aqus' Anno Domini millefimo C⸱CCXX. Kreuz.
SCS. Karolus Mag. Iperato. Karl der Große mit der Krone, in der Rechten eine Kirche, in der Linken den Reichsapfel, unten ein Wappenschild mit einfachem Adler. 4.

316. Bndictu fit &c. Walramus Com. Kreuz. Civis Turonus. Thurn mit Kreuz. 4.

317. Moneta civitatis Conſtanc. Schild in einer Einfaſſung.
Tibi ſoli gloria et honor. Einfacher Adler. 4.1/2.

318. Sit nomen &c. Turon. Fran. Kreuz.
Moneta nova. Gekr. einfacher Adler. 4.

319. Die nemliche mit *Franc.* 4.

320. Sit no. Dni Dei nri &c. Turonus Francef. Kreuz.
Moneta nova civit. Einfacher Adler. 4.

321. Die nemliche. 4.

322. Sit no. Dni &c. Turonus Francf. Kreuz.
Moneta nova civi. Einfacher Adler. 4.

323. Sit nom. &c. Turon. Franc'f. Kreuz.
Moneta nova. Einfacher gekr. Adler. 4.

324. Sit nomen Dni Dei nri. &c. Turon: Francfort. Kreuz.
Monet. nova. Einfacher gekr. Adler. 4.

325. Sit nomen &c. Turonus Francfurt. Kreuz.
Mo. nov. Einfacher gekrönter Adler. 4.

326. Die nemliche. 4.

327. Ein Kreuz ohne Umſchrift.
Francofurti. 2.

328.⎫ Endictu. sit &c. Groſſus Mete. Kreuz
  | ⎬   mit vier Sternen in den Ecken und klei=
331.⎭   nem Schilde.

S. Steph. Prothom. Der heil. Stephan
knieend, mit zwey Schilden auf den Seiten.
4.

332. Moneta nova Novimag. Geharn. Reiter.
Timor Dei initium Sapien. Ein Schild
mit doppeltem Adler auf einem Kreuze.
4.1/2.

333. Moneta nova Groningenſis. Dopp. Adler,
unten mit Schild.
Anno Domin. M. CCCCLXXIII. Ein
Kreuz. 4.1/2.*

334. Moneta Argentinenſis. Lilienkreuz in einer
Einfaſſung.
Gloria in excelſis Deo. Lilie in einer ver=
zierten Einfaſſung. 4.

335. Moneta Argent. Kreuz.
Gloria in excelſ. Do. Lilie in einer Ein=
faſſung. 3.

336. Moneta Argent. Auf beyden Seiten. 2.

Außerdem eine große Menge Münzen theils
mit verwiſchter, theils ohne Umſchrift, nebſt
mehreren Sorten von gut erhaltenen Hohl=
pfennigen.

www.ingramcontent.com/pod-product-compliance
Lightning Source LLC
Chambersburg PA
CBHW022149300426
44115CB00006B/410